Wolfgang Wippermann

Top Secret

HERDER spektrum

Band 6228

Das Buch

Verschwörungstheorien üben eine große Anziehungskraft aus. Noch immer haben sie Konjunktur – auch wenn es mit ihrem Wahrheitsgehalt meist nicht allzu weit her ist. Hinter den verschiedensten Personen und Menschengruppen sieht man das personifizierte Böse lauern, seien es die nach der Weltherrschaft strebenden Illuminaten oder die Weisen von Zion. Und könnte nicht vielleicht doch die CIA hinter den Anschlägen des 11. September 2001 stecken? Politisch und gesellschaftlich ist es hochgefährlich, wenn Verschwörungstheorien bestimmte „Agenten des Bösen" für Katastrophen und gesellschaftliche Probleme verantwortlich machen. In „Top Secret" stellt Wolfgang Wippermann anhand zahlreicher Quellen und Beispiele die einflussreichsten Verschwörungstheorien vor und klärt über deren fragwürdige Entstehungshintergründe auf.

Der Autor

Wolfgang Wippermann, geb. 1945 in Bremerhaven, ist Professor für Neuere Geschichte an der Freien Universität Berlin. Er hatte verschiedene Gastprofessuren inne, u.a. in Peking, Innsbruck und Minnesota. In seiner Forschung beschäftigt er sich besonders mit den Themenbereichen Nationalsozialismus, Faschismus und Bonapartismus. Mit seinen streitbaren Thesen ist er in Fernsehen und Zeitung präsent. Zahlreiche Veröffentlichungen, u. a. „Der Ordensstaat als Ideologie", „Wessen Schuld? Vom Historikerstreit zur Goldhagen-Kontroverse" oder „Totalitarismustheorien".

Wolfgang Wippermann

Top Secret

Die großen Verschwörungstheorien
und was dahinter steckt

HERDER

FREIBURG · BASEL · WIEN

Titel der Originalausgabe: Agenten des Bösen.
Verschwörungstheorien von Luther bis heute
© be.bra verlag GmbH, Berlin 2007
ISBN 978-3-89809-073-5

© Verlag Herder GmbH, Freiburg im Breisgau 2010
Alle Rechte vorbehalten
www.herder.de

Umschlagkonzeption: Agentur R·M·E Roland Eschlbeck
Umschlaggestaltung: Verlag Herder
Umschlagfoto: © United Press International/eyevinel/interTOPICS
Foto des Autors: © privat

Herstellung: fgb · freiburger graphische betriebe
www.fgb.de

Gedruckt auf umweltfreundlichem, chlorfrei gebleichtem Papier
Printed in Germany

ISBN 978-3-451-06228-5

Inhalt

Einleitung
Das leibhaftige Böse

Woran liegt es, dass dem Menschen Böses widerfährt?

Der Historiker Dieter Groh hat darauf verwiesen, dass Menschen leicht bereit sind, alles Böse in der Welt auf eine Verschwörung zurückzuführen. Diese Disposition zur »verschwörungstheoretischen Versuchung« sei außerordentlich weit verbreitet, es handele sich um eine allgemeine menschliche Eigenschaft – eine »anthropologische Konstante«, die sich in verschiedenen »historischen Varianten« nachweisen lasse. Trägt der Glaube an die Existenz von Verschwörungen also Züge einer psychischen Eigenart des Menschen oder gar einer Krankheit? Gibt es so etwas wie ein »Verschwörungs-Gen«? Weder Psychologen oder Mediziner noch Anthropologen haben etwas Derartiges nachweisen können. Und solange eine solche Theorie nicht erhärtet ist, lässt sich der Verschwörungsglaube schwerlich mit der Natur des Menschen erklären, sondern muss als Produkt menschlichen Denken und Handelns begriffen werden.

Die weitaus meisten Verschwörungen existierten und existieren ausschließlich in der Einbildung des Menschen; es handelt sich um vorgestellte und eingebildete (= *ideo*) Begiffe und Wörter (= *logien*), das heißt um gedankliche Konstrukte, mit denen bestimmte Zielsetzungen erreicht werden sollen. »Verschwörungstheorien« oder »Verschwörungsmythen« haben immer einen ideologischen Charakter und sind daher treffender als Verschwörungsideologien zu bezeichnen. Ausgangspunkt allen verschwörungsideologischen Denkens ist der Glaube, dass für jegliches Übel in der Welt der Böse schlechthin – der Teufel – verantwortlich ist. Doch kann der Teufel – das personifizierte, das leibhaftige Böse – nicht alles Teufelswerk allein tun. Er braucht Helfershelfer: die Agenten des Bösen.

An erster Stelle sollen dies die Juden gewesen sein. Schon im Neuen Testament ist nachzulesen, dass sich die »teuflischen Juden« in der Synagoge des Satans versammelt und gegen Jesus verschworen hätten. Dieses Urbild von der »jüdischen Verschwörung« lässt sich über all die Jahrhunderte in den verschiedensten Ausformungen deutlich nachverfolgen, von den Schriften Martin Luthers bis hin zu den Verschwörungsideologien über den 11. September. In diesem Buch wird die Geschichte der Verschwörungsideologien zum ersten Mal umfassend dargelegt. Der Bogen reicht dabei von der Verschwörung des Teufels, der Juden und der »Hexen« über die Freimaurer und Illuminaten, Kommunisten und Sozialisten bis hin zur Legende der »Weisen von Zion«, mit der Hitler seine Ideologie von der »jüdisch-bolschewistischen Weltverschwörung« begründete.

Die Geschichte der Verschwörungsideologien, die mit zu Hitler geführt hat, ist nicht mit ihm zu Ende gegangen. Nach 1945 ist es sogar zu einer explosionsartigen Vermehrung der alten und zur Erfindung einiger neuer Verschwörungsideologien gekommen, so zum Beispiel der Behauptung, den Holocaust habe es nicht gegeben oder er werde von Juden für materielle und politische Zwecke instrumentalisiert. Zu diesen »revisionistischen« kamen antikommunistische und kommunistische, antiislamische und islamische Verschwörungsideologien sowie, besonders verbreitet, die über den 11. September 2001.

Daran, dass Menschen glauben, der leibhaftige Teufel oder »Agenten des Bösen« seien unter uns, wird sich vermutlich auch in Zukunft wenig ändern, wie die Beschäftigung mit aktuellen satanischen und esoterischen Verschwörungsideologien zeigt. Es ist jedoch nicht nur notwendig, sondern auch möglich, sich aus der »selbstverschuldeten Unmündigkeit« (Immanuel Kant) und den selbst errichteten mentalen »Gefängnissen« (Fernand Braudel) zu befreien, in die uns das verschwörungsideologische Denken gebracht hat.

Das vorliegende Buch soll dazu beitragen.

Wolfgang Wippermann
Berlin, Januar 2007

1. »Widersacher«

Die Verschwörung des Teufels

Der Teufel hat verschiedene Namen. Im Griechischen heißt er »diabolos«, was soviel wie »Verleumder« bedeutet. Im Alten Testament wird er »Satan«, das bedeutet »der Widersacher«, genannt.[1] Und als solcher Widersacher des Hohenpriesters Josua tritt Satan in den Prophetenbüchern bei Sacharja (3,1) auf und verklagt Josua. Doch der gleichfalls anwesende »Engel des Herrn« verweist Satan in seine Schranken: »Der Herr schelte dich, du Satan!« Der fügt sich offensichtlich und verschwindet.

Im Buch Hiob ist dies etwas anders.[2] Hier tritt der Satan – offenbar bereits in einer leibhaftigen Gestalt – mit den nicht näher charakterisierten »Gottessöhnen« vor Gott (Hiob 1, 6) und behauptet, dass Hiob Gott leugnen würde, wenn dieser ihn prüfe. Gott prüft ihn. Hiob verliert seine Söhne und sein Hab und Gut, bleibt aber fest und erklärt: »Der Herr hat's gegeben, der Herr hat's genommen; der Name des Herrn sei gelobt.« (1, 21)

Im 2. Kapitel erscheint Satan noch einmal vor Gott, wiederum zusammen mit den »Gottessöhnen«. Eine neue Prüfung wird vereinbart, Hiobs Körper wird mit Geschwüren bedeckt. Doch abermals bleibt Hiob, anders als es der Satan vorausgesagt hat, fest und erklärt: »Haben wir Gutes empfangen von Gott und sollten das Böse nicht auch annehmen?« (2, 10) Nicht nur, dass Satan unterliegt, er ist auch hier eher Ankläger des Menschen als Gegenspieler Gottes. Gott bedient sich Satans, um Hiob zu prüfen. Hiob macht dafür auch keineswegs Satan verantwortlich, sondern Gott, dessen Prüfung er sich willig unterwirft. Doch scheint bereits hier die grundlegende Festschreibung der Bedeutung des Teufels zu beginnen.[3]

Von noch größerer Bedeutung ist der Teufel in der um 300 v. Chr. entstandenen Chronik des Alten Testaments, die auf dem Buch Samuel fußt. Im zweiten Buch der Chronik (21, 1) stellt sich Satan gegen Israel und »reizt David, dass er Israel zählen ließe«. Doch dies »mißfiel Gott sehr, und er schlug Israel«. Der vorher ausdrücklich gewarnte David erkennt, dass er schwer gesündigt hat, und bittet Gott, die Schuld von ihm zu nehmen. Gott lässt ihn zwischen folgenden Strafen wählen: drei Jahre Hungersnot, drei Monate Flucht vor seinen Widersachern oder drei Tage Pest im Lande. David wählt Letzteres und »siebzigtausend Menschen aus Israel« sterben an der Pest. David baut einen Altar, weshalb Gott dem Engel gebietet, »sein Schwert in seine Scheide« zu stecken. David sieht, dass Gott ihn erhört hat. In der Chronik findet man eine deutliche Abweichung vom Buch Samuel (2. Sam. 24,1). Heißt es bei Samuel: »Der Zorn Jahwes entbrannte abermals gegen Israel«, lässt der Chronist »Satan gegen Israel« auftreten. Satan ersetzt also keineswegs Gott, sondern Gottes Zorn. Satan ist weder der Menschen- noch gar der Gottesfeind;[4] der Teufel erscheint auch hier in völliger Abhängigkeit von Gott. Im Alten Testament gibt es kein »Reich Satans, das dem Reich Gottes entgegenstünde«,[5] also keine voll ausgebildete Satanologie.

Allerdings lassen sich Textstellen des Alten Testaments so lesen, dass dies möglich ist. Dazu gehören einmal die im 2. Buch Mose (22,17) erwähnten »Zauberinnen«,[6] die man »nicht am Leben lassen« soll, und zum anderen die oft erwähnten »Dämonen«, derer man sich jedoch durch verschiedene magische Praktiken und Rituale erwehren kann. Als besonders hilfreich gelten Reinigungswasser, die aus der Asche einer roten Kuh oder aus dem Blut von geschlachteten Vögeln hergestellt werden. Zur Gewinnung eines bestimmten Reinigungswassers reicht es aus, einen lebenden Vogel in dieses Wasser zu tauchen, um ihn dann wieder freizulassen. Diese abergläubischen Rituale scheinen die Juden aus den animistischen Religionen ihrer Nachbarvölker übernommen und in ihren Jahwekult integriert zu haben. Der Theologe Herbert Haag spricht von einem »umweltlichen Strandgut«, das, um im Bild zu bleiben, an die monotheistische Religion »angespült« worden ist, um dann für die Verstärkung des Teufelsglaubens verwendet zu werden.[7]

Dies geschah bereits in den Apokryphen und Pseudopigraphen,[8] die sämtlich nach dem babylonischen Exil der Juden entstanden sind. Im Buch Henoch, geschrieben im zweiten Jahrhundert vor Christi, wird die Entstehung der Sünde auf das Verhalten von Engeln zurückgeführt, die es nach den hübschen Töchtern der Menschen gelüstet habe.[9] Die von diesen (insgesamt 200) Engeln gezeugten boshaften Riesen werden den Menschen so zur Plage, dass Gott schließlich den »Haupt- oder Erzengeln« Michael, Uriel, Rafael und Gabriel den Auftrag gibt, die »gefallenen Engel« und ihre (menschliche) Brut zu vernichten. Die gefallenen Engel wollen das verhindern und wenden sich an Henoch mit der Bitte um Hilfe, doch der hält ihnen eine Strafpredigt, in der es heißt: »Ihr waret heilig und ewig lebend, und dennoch beflecktet ihr euch durch Frauenblut und zeugtet mit dem Blut des Fleisches Kinder, indem ihr nach der Menschen Blut begehrtet und also Fleisch und Blut hervorbrachtet, wie jene, die sterblich und vergänglich sind.«

Der Teufel beziehungsweise »Satan« erscheint auch im »Buch der Weisheit«, dessen Entstehungszeit nicht gesichert ist; die Schätzungen reichen von 300 vor bis 100 nach Chr. Es wurde auf Griechisch in Alexandria geschrieben und richtete sich an die vom Hellenismus gefährdeten Juden: »So denken sie und gehen in die Irre, denn ihre Bosheit macht sie blind. Denn sie kennen die Geheimnisse Gottes nicht, sie hoffen nicht auf einen Lohn der Frömmigkeit und anerkennen keinen Preis für lautere Seelen. Denn Gott schuf den Menschen zur Unvergänglichkeit und machte ihn zum Abbild seiner eigenen Ewigkeit. Durch den Neid des Teufels aber kam der Tod in die Welt, und es erfahren ihn alle, die jenem angehören.«[10]

Von »Neid« beziehungsweise der Verschwörung des »Teufels« wird auch im ebenfalls apokryphen »Jubiläenbuch« berichtet, das im 2. Jahrhundert vor Christus entstanden sein soll. Es handelt von zwei Arten von Engeln, nämlich den »Engeln des Angesichts« und den »Engeln der Heiligung«. Letztere steigen auf die Erde hinab – zunächst, um die Menschen Recht und Gerechtigkeit zu lehren. Doch werden sie schwach und lassen sich von den Töchtern der Menschen betören, mit denen sie Riesen zeugen. Dies wird bestraft: Die sündhaften Engel werden in die Tiefen der Erde gesperrt, ihre Riesenkinder zerfleischen sich selbst. Doch aus diesen Riesenkindern fahren Dämonen aus, die sich gegen die Menschen verschwören und sie zur Sünde verführen: »Da begannen die Söhne Noahs einander zu bekämpfen, gefangenzunehmen und zu töten, Menschenblut auf die Erde zu gießen, Blut zu genießen, feste Städte, Mauern und Türme zu bauen, einen Menschen über das Volk zu setzen und damit den Anfang des Königtums zu machen, in den Krieg zu ziehen, Volk gegen Volk, Nation gegen Nation, Stadt gegen Stadt, alles Schlimme zu tun, Waffen zu erwerben und ihre Söhne den Krieg zu lehren.«

Einen voll entwickelten Dualismus findet man in dem »Testament der Zwölf Patriarchen«, das in griechischen, armenischen und slawischen Versionen überliefert ist, aber auf einer jüdischen Grundschrift aus dem 2. Jahrhundert v. Chr. basieren soll. Es handelt von den Abschiedsreden der zwölf Söhne Jakobs. Im Mittelpunkt stehen »Riesen«, die aber nicht, wie im Henochbuch, von Engeln, sondern von »Wächtern« gezeugt wurden, die von geilen Menschenfrauen verführt wurden.[11] Neben diesen »Riesen« gibt es »Dämonen« und »Geister«, über deren Herkunft und Zeugung nichts gesagt wird: die »bösen Geister«, die Eifersucht und Neid erregen, ferner die »unreinen Geister«, die durch gute Werke vertrieben werden können. Und schließlich die (insgesamt acht) »Irrtumsgeister«, die für Buhlerei, Streit, Schmeichelei, Lüge etc. verantwortlich sind. Sie werden auch »Geister Belials« oder »Engel Satans«

genannt, haben also einen Gebieter, nämlich Satan, der wie ein Gegengott für alles Böse verantwortlich ist: »Zwei Wege gab Gott den Menschenkindern, zwei Neigungen, zwei Handlungsweisen, zwei Handlungsarten und zwei Ziele. Deshalb sind alle Dinge zweierlei, eines dem anderen gegenüber. Zwei Wege gibt es: des Guten und des Bösen. Deswegen sind in unserer Brust zwei Neigungen, die ganz verschieden sind.«[12]

Diese dualistischen Vorstellungen stammen offensichtlich aus dem persischen Zarathustra-Glauben. Dafür spricht auch die Tatsache, dass der Teufel keineswegs in allen Schriften auftaucht, die in den jüdischen Kanon aufgenommen worden sind. Sie fehlen in den Büchern Sirach, Makkabäer, Baruch, in den Psalmen Salomons und anderen. Anders war es in den nach ihrem Fundort so genannten Qumran-Schriften der jüdischen Sekte der Essener, die ganz entschieden die dualistische These vom Kampf zwischen den »Söhnen des Lichts« und den »Söhnen der Finsternis« vertraten.[13]

An sie haben die Verfasser des Neuen Testaments angeknüpft. In ihm wird der Teufel zu einem »quasi gottgleichen (Inbegriff) des Bösen«,[14] während gleichzeitig der im Alten Testament durchaus noch zürnende und sogar grausame Gott zum »lieben Gott« des Kindergebets stilisiert wird. Alles Böse wird nun auf den Teufel zurückgeführt. Er hat sich gegen Gott und die Menschen verschworen.

Wie im Alten werden auch im Neuen Testament verschiedene Dämonen erwähnt. Mit ihrer Austreibung beschäftigt sich Jesus an mehreren Stellen,[15] und zwar so erfolgreich, dass »die Pharisäer« neidisch werden, weshalb sie den Verdacht äußern, Jesus treibe die »bösen Geister« durch den hier »Beelzebub« genannten Teufel aus. Jesus weist dies zurück und macht die Pharisäer auf einen Denkfehler aufmerksam: Der Satan könne nicht den Satan austreiben. Natürlich gewinnt Jesus das Reduell mit den Pharisäern. Der Hinweis auf den »Satan« hat hier lediglich die Funktion, die intellektuelle Überlegenheit Jesu über die Schriftgelehrten zu beweisen.

Ähnlich ist es auch beim Gleichnis vom Säemann, das sowohl bei Markus (4, 14–20) als auch Lukas (8, 11–15) und Matthäus (13, 18–23) erwähnt wird. Doch nur bei Letzterem findet man einen Hinweis auf den Teufel beziehungsweise, wie es in der Luther-Übersetzung heißt, den »Argen«, der das vom Säemann gesäte Korn – womit der Glaube gemeint ist – wegreißt. Auch im »Bekenntnis des Petrus«, das sowohl bei Matthäus (16, 13–23) wie Markus (8, 27–33) erwähnt wird, erfahren wir nicht viel über den Teufel. Beide Male kündigt Jesus seinen Jüngern seine Leiden und seinen Tod an. Darauf erklärt Petrus, dass dies Gott verhüten möge, was er schon deshalb könne und müsse, weil Jesus »Christus, des lebendigen Gottes Sohn« ist. Doch Jesus weist Petrus' Ansinnen mit folgenden Worten zurück: »Hebe dich, Satan, von mir!« Der Teufel ist hier eine Metapher für die Versuchung Jesu, dem kommenden Martyrium zu entgehen, indem er Petrus' Rat folgt und seinen Vater bittet, ihm Leid und Tod zu ersparen.

Mit ganz anderer Intensität tritt der Teufel dagegen in der Geschichte über die Versuchung Jesu in der Wüste auf. Bei Markus (1, 12 f.) wird sie sehr knapp folgendermaßen wiedergegeben: »Und alsbald trieb ihn [Jesus, d. Verf.] der Geist in die Wüste; und er war in der Wüste vierzig Tage und ward versucht von dem Satan und war bei den Tieren, und die Engel dienten ihm.«

Matthäus (4, 1–11) schmückt die Versuchungsgeschichte weiter aus. Danach wird Jesus vom »Teufel« dreimal versucht: Einmal soll er Steine zu Brot wandeln, dann von einer Zinne des Tempels springen, und schließlich bietet ihm der Teufel die Herrschaft über die »Reiche der Welt« an, wenn Jesus bereit ist, ihn anzubeten. Diese Versuchungen werden mit Bibelzitaten begründet, doch Jesus widerlegt die theologischen Argumente des bibelkundigen Teufels, der sich daraufhin geschlagen gibt und Jesus wieder verlässt. Bei Lukas (4, 1–13), der eine ansonsten inhaltlich identische Geschichte erzählt, weicht der Teufel von Jesus nur »eine Zeitlang«. Dies ergibt Sinn, wird

Jesus doch später noch einmal durch die Bitte Petrus' vom Teufel versucht. Die Versuchungsgeschichte ist zweifellos bedeutungsvoll, jedoch nur eine von vielen anderen. Es lässt sich der Schluss ziehen, dass der Teufel für die Evangelisten Markus, Matthäus und Lukas zwar existent ist, aber keine zentrale Bedeutung hat.

Anders im Evangelium des Johannes: Hier wird der Teufel zum Gegenspieler Jesu und zum »Herrn der Welt«,[16] der die Werke der Menschen »böse« macht, wenn sie mehr die »Finsternis (...) als das Licht« lieben.[17] Allerdings verspricht Jesus auch, dass der Teufel, der über Jesus »keine Macht« hat (14, 30), »ausgestoßen« (12, 31) und »gerichtet« (16, 11) wird. Dennoch treibt der Teufel weiter sein Unwesen. Er hat Kain[18] und Judas Ischariot[19] zu ihren Taten verleitet und erweist sich als »Vater« der Jesus feindlich gegenüberstehenden Juden.[20]

Diese dualistische Sicht wird vom Verfasser der Johannes-Briefe auf den Punkt gebracht: Danach sind die, die »Sünde« tun, »vom Teufel« oder »Kinder des Teufels«, während diejenigen, die »recht« tun, von »Gott geboren« sind. Dieser Gedanke wird in der Offenbarung des Johannes fortgeführt: Alle Feinde der Christen, allen voran »die Juden«,[21] sind »Kinder des Teufels«, der hier bereits als fleischliches Wesen, nämlich als »Drache« mit »sieben Köpfen«[22] oder als »Tier aus dem Abgrund«[23], auftritt. Obwohl schließlich besiegt, kann der Teufel weiter auf der Erde wirken, und zwar als »Antichrist«.

Die Gestalt des in der Offenbarung nur einmal erwähnten »Antichristen« wurde in mittelalterlichen Legenden und »Antichrist-Spielen« weiter ausgeschmückt. Dabei wurde vor allem auf seine jüdische Herkunft verwiesen, sollte er doch von einer jüdischen Hure in Babylon geboren worden sein, die sich mit dem Teufel eingelassen habe. Der Antichrist sei dann nach Palästina gegangen, wo er sich als Gegenspieler Gottes betätigte, weshalb er am Ende aller Tage in das Innerste der Erde verbannt werde.[24] Der »Antichrist« ist also so etwas wie ein Sohn des Teufels.

Weitere Geschichten über den schon fast leibhaftigen Teufel und seine Söhne haben verschiedene der im 2. Jahrhundert entstandenen gnostischen Sekten beigetragen, die von der Erkenntnis (Gnosis) ausgingen, dass es einen unüberbrückbaren Gegensatz zwischen Gut und Böse, Gott und dem Teufel gäbe, wobei die Welt als Schöpfung des Teufels angesehen wurde.[25] An diese dualistischen oder nach dem iranischen Philosophen Mani auch manichäistisch genannten Vorstellungen knüpften die Athinganen, Bogomilen und Katharer an, die nach ihrer südfranzösischen Hochburg Albi auch Albigenser genannt wurden. So glaubten die Bogomilen, die im 10. Jahrhundert auftraten und sich teilweise noch bis ins 16. Jahrhundert behaupten konnten, dass Gott zwei Söhne gezeugt habe, nämlich »Jesus« und »Satanael«, der für alles Schlechte auf der Welt verantwortlich sei. Um sich von »Satanaels« Einfluss zu befreien, sollen die Bogomilen auf Privateigentum, fleischliche Ernährung und sexuelle Beziehungen verzichtet haben. Auch die Katharer des 12. und beginnenden 13. Jahrhunderts wollten sich durch strenge Askese vom Wirken des die Welt beherrschenden Teufels befreien und zu, wie ihr Name sagt, »Reinen« werden.[26] Sie wurden zunächst von der Amtskirche unbehelligt gelassen, doch als die Katharer dazu übergingen, den Reichtum der Kirche zu kritisieren und sie als Vermittlungsinstanz zwischen Gott und den Gläubigen abzulehnen, war es mit dieser Zurückhaltung vorbei. Die bisher geduldete Laienbewegung der Katharer wurde zu Beginn des 13. Jahrhunderts zu einer illegalen Sekte erklärt und grausamen Verfolgungen ausgesetzt, die ihren Höhepunkt im sogenannten Albigenser-Kreuzzug fanden.

Begründet wurde diese damals beispiellose Gewaltanwendung seitens der Kirche, die bis dahin nur gegenüber den Muslimen als legitim angesehen worden war, mit der Behauptung, die Katharer würden bei ihren geheimen Ritualen den Teufel anbeten und sich mit ihm gegen die rechtschaffenen Christen verschwören. Der Ideologie von der Verschwörung der »Ketzer« wurde nicht zuletzt deshalb Glauben geschenkt, weil zugleich der Teufelsglauben radikalisiert wurde. Auch führende Theologen wie Thomas von Aquin hielten es nun für möglich, dass der Teufel eine körperliche, zwischen Mensch und Tier schwankende Gestalt annehmen und Menschen dazu verleiten könne, allerlei Unheil zu tun.[27]

Und Unheil gab es viel im späten Mittelalter: von außenpolitischen Bedrohungen wie dem Einfall der Mongolen im 13. Jahrhundert über die sich häufenden Naturkatastrophen bis hin zu der schrecklichen Pestepidemie Mitte des 14. Jahrhunderts. Für all dieses Unheil, das sich rational nicht erklären ließ und in dem die angsterfüllten Menschen die Vorboten des unmittelbar bevorstehenden Unterganges der Welt sehen wollten, wurden neben den traditionellen Außenseitern der Gesellschaft wie Juden und Leprakranken nun auch die Katharer und andere Sekten verantwortlich gemacht,[28] deren geheimer Herr der Teufel persönlich sei, der diese Teufelssekten zu ihren fluchwürdigen Taten anstiften würde.

In diesem Klima der um sich greifenden und eskalierenden Angst kam es zu dem, was der französische Mentalitätshistoriker Jean Delumeau als »diabolische Explosion« bezeichnet hat.[29] Diese wiederum führte zu einer explosionsartigen Vermehrung der diabolischen Verschwörungsideologien, welche die gesamte Kirchengeschichte durchziehen. Erst nach und unter dem Einfluss der Aufklärung fanden sich einige evangelische Theologen bereit, den Teufelsglauben zu reformieren. Friedrich Schleiermacher begründete dies 1821 mit dem Satz, dass »die Vorstellung vom Teufel, wie sie sich unter uns ausgebildet hat«, so »haltungslos« sei, »daß man eine Überzeugung von ihrer Wahrheit niemandem zumuten« könne.[30] Doch diese Dekonstruktion des Teufelsglaubens wurde nicht von allen, vor allem nicht von den katholischen Theologen akzeptiert – und sie kam zu spät, waren doch inzwischen auch andere Gruppen dämonisiert und als Agenten des Satans bezeichnet worden. An erster Stelle die Juden.

2. »Teufelskinder«

Die Verschwörung der Juden

»Ihr habt den Teufel zum Vater«, ruft Jesus den Pharisäern zu, so heißt es im Johannes Evangelium.[1] Als Pharisäer (wörtlich: die Abgesonderten) bezeichnet wurde eine theologische Gruppierung im antiken Judentum. Als Grund für die negative Darstellung der Pharisäer im Neuen Testament kann die ab etwa 70 n. Chr. einsetzende christliche Mission angesehen werden, die eine Abwertung der nicht zum Christentum zu bekehrenden Juden betrieb. Beschrieben wird ein Streit zwischen Jesus und den »Pharisäern« sowie »den Juden« generell.[2] Zu Beginn trachten die Pharisäer danach, Jesus wie der Teufel in der Wüste zu »versuchen.« Dazu wenden sie einen geradezu teuflischen Trick an, führen sie doch eine gerade »im Ehebruch ergriffene Frau« vor Jesus, um ihn zu fragen, ob sie nach Moses' Gesetz zu steinigen sei. Doch Jesus durchschaut die böse Absicht und hält ihnen entgegen: »Wer unter euch ohne Sünde ist, der werfe den ersten Stein.«

Die Aussage dieses Satzes, der auch heute noch dem Christentum völlig entfremdeten Menschen geläufig ist, ist eine durchaus positive, zugleich aber antijüdisch konnotiert. Wird hier doch dem alttestamentarischen Prinzip des Gesetzes und der angemessenen Bestrafung (häufig fälschlich mit »Auge um Auge, Zahn um Zahn« übersetzt und wiedergegeben) das christliche der Liebe und der Vergebung gegenübergestellt. Jesus verdammt die Ehebrecherin nicht und ermahnt sie nur, »hinfort nicht mehr« zu sündigen. Die Pharisäer jedoch geben sich nicht geschlagen und verwickeln Jesus in ein Streitgespräch, in dem dieser sich als Gottes Sohn zu erkennen gibt. Die Pharisäer glauben ihm nicht. Daraufhin sagt Jesus ihnen, dass sie ihn töten und damit ihres »Vaters«, nämlich »des Teufels Werke« tun werden: »Ihr habt den Teufel zum Vater, und nach eures Vaters Gelüste wollt ihr tun. Der ist ein Mörder von Anfang und steht nicht in der Wahrheit.«[3]

Auch in den anderen Evangelien wird die Verurteilung und Hinrichtung Jesu durch den römischen Procurator Pilatus nach römischem Recht und durch die nur bei den Römern übliche Kreuzigung (nach jüdischem Recht wurden Verbrecher gesteinigt) als Ergebnis einer Verschwörung der Juden dargestellt. So bereits im ältesten und kürzesten Evangelium, dem des Markus. Auch hier »lauerten« die Pharisäer darauf, »daß sie eine Sache wider ihn [Jesus, d.Verf.] hätten.«[4] Und auch hier kündigt Jesus an, dass er »viel leiden und verworfen werde von den Ältesten und Hohenpriestern und Schriftgelehrten und getötet werde«. Und so geschieht es auch. Es sind die »Hohenpriester und Schriftgelehrten«, die danach »suchten, wie sie ihn mit List griffen und töteten.«[5] Sie sind es, die »falsch Zeugnis wider Jesus« ablegen, ihn für »des Todes schuldig« erklären und ihn »aus Neid« Pilatus übergeben, der Jesus nur hinrichten lässt, »um dem [jüdischen, d. Verf.] Volk zu Willen zu sein«, das immerfort »Kreuzige ihn!« schreit.[6]

Noch deutlicher judenfeindlich wird die Verschwörung der Pharisäer und »Juden« im Evangelium des Matthäus dargestellt und ausgemalt. Geradezu systematisch bereiten die Pharisäer Jesu Ermordung vor.[7] Sie »überreden« das (jüdische) »Volk«, von Pilatus die Verurteilung von Jesus zu erbitten. Dieser versucht aber alles, um Jesus zu retten. Doch »sie«, die Juden, schreien immer wieder: »Laß ihn kreuzigen!« Pilatus beugt sich diesem Druck, betont aber, dass er »unschuldig an seinem [Jesu, d. Verf.] Blut« sei, und wäscht sich zum Zeichen seiner Unschuld die Hände. Die Juden dagegen erklären trotzig und vermessen: »Sein Blut komme über uns und unsere Kinder.«

Nimmt man all dies wörtlich, so wie es geschrieben steht und wie es jahrhundertelang auch gelehrt wurde, kann an der Schuld der Juden kein Zweifel bestehen: Sie haben sich gegen Jesus verschworen und sie haben ihn schließlich auch ermordet und damit das von Jesus vorhergesagte »Werk« des Teufels vollbracht. Daher »lügen« sie, wenn sie sagen, dass sie noch »Juden«, das heißt »Gottes auserwähltes Volk« sind. Stattdessen sind sie des »Satans Synagoge« beziehungsweise »Teufelskinder«.[8]

Den schon in der Bibel verteufelten und der Verschwörung gegen Jesus Christus bezichtigten Juden hat man später auch andere teuflische Verbrechen und Verschwörungen zugewiesen, so etwa den Ritualmord an unschuldigen christlichen Knaben. Diese Legende (oder, wie man besser und zutreffender sagen sollte, diese Ideologie) tauchte im 12. Jahrhundert in England auf und wurde in der Folge in anderen christlichen Ländern verbreitet.[9] Danach sollen Juden christliche Kinder entführt und getötet haben, um deren Blut für religiöse Zwecke zu verwenden. 1235 soll sich ein derartiger Ritualmord in Fulda ereignet haben.[10] Die fünf Kinder eines Müllers waren bei einem Brand ums Leben gekommen. Der Verursacher konnte nicht ermittelt werden, und so beschuldigte man die Juden der Brandstiftung und des Ritualmordes. 32 Mitglieder der jüdischen Gemeinde Fuldas wurden daraufhin sofort niedergemetzelt. Das Pogrom fand Nachahmung, auch aus anderen Städten wurden vermeintliche Ritualmorde gemeldet. Eine neue Verfolgungswelle kündigte sich an.

Doch der als gebildet geltende Kaiser Friedrich II. schritt ein. Er berief eine Kommission von geistlichen und weltlichen Würdenträgern, die 1236 zu dem Schluss kam, dass »weder im Alten noch im Neuen Testament (…) zu finden (sei), daß die Juden nach Menschenblut begierig wären.«[11] Es spräche sogar eine »nicht geringe Wahrscheinlichkeit dafür, daß diejenigen, denen sogar das Blut erlaubter Tiere verboten ist, keinen Durst nach Menschenblut haben können.« Friedrich II. verkündete, dass

»Sechs von Juden in Regensburg ermordete Kinder«.
Stich aus dem 17. Jahrhundert.

die »Juden zu Fulda (…) und die übrigen deutschen Juden« unschuldig seien.

Doch dies half den Juden wenig. Inzwischen war eine weitere antisemitische Legende aufgetaucht, nach der Juden Hostien gestohlen und sie mit Messern durchbohrt hätten, um damit den Leib Christi erneut zu quälen.[12] Zum Beweis dieser
wahnwitzigen Behauptung wies man beispielsweise auf eine
rötliche Färbung einer Hostie hin, die durch einen Spaltpilz
namens *bacillus prodigiosus* hervorgerufen worden war, von
Zeitgenossen jedoch auf ein Wunder zurückgeführt wurde.

In Röttingen trat 1298 ein Metzger mit dem treffenden Namen Rindfleisch auf und erklärte seinen Mitbürgern, dass er
vom Himmel dazu ausersehen sei, alle Juden zu vernichten.

Rindfleisch führte mit seinen Anhängern einen mehrmonatigen Vernichtungsfeldzug durch verschiedene fränkische und bayerische Städte durch, dem nach zeitgenössischen jüdischen Angaben etwa 5000 Juden zum Opfer fielen. Rindfleischs Beispiel machte Schule. 1336 bis 1338 führte ein heruntergekommener Adliger, der sich von seinen Anhängern »König Armleder« nennen ließ, eine Rotte von, wie sie sich selber bezeichneten, »Judenschlägern« durch Franken, Schwaben und Österreich.[13]

Die Rindfleisch- und Armleder-Massaker wirken, so schlimm sie waren, fast wie ein bescheidenes Vorspiel der großen Pogromwelle, die Mitte des 14. Jahrhunderts über ganz Deutschland hinwegging, wobei fast 100 Judengemeinden zerstört wurden. Anlass waren die Gerüchte, die Juden hätten Brunnen vergiftet und damit die Pest verbreitet – eine geradezu »klassische« Verschwörungsideologie, die in säkularisierter Form und im übertragenen Sinne bis heute anzutreffen ist. Häufig wurden die Juden schon totgeschlagen, bevor die Pest die jeweilige Stadt erreichte. Durchgeführt wurden die Massaker[14] in der Regel nach vorher sorgfältig ausgearbeiteten Plänen.

Diese grausamen Verbrechen sind von der Kirche zwar nicht gebilligt, aber auch nicht verhindert worden, und dies wegen der tief verwurzelten und immer wieder verbreiteten christlichen Vorurteile gegenüber den Juden. Sie sind auch nicht durch Martin Luther überwunden worden, ja die Reformation hat sogar zu einer Radikalisierung des christlichen Antisemitismus geführt.[15] Diese Entwicklung war nicht vorauszusehen, ist doch Luther weder in seinen berühmten Wittenberger 95 Thesen von 1517 noch in seinen drei wichtigsten reformatorischen Schriften aus dem Jahr 1520[16] auf die Juden und die christliche Judenfeindschaft eingegangen. Allerdings hat er offensichtlich auch keinen Grund gesehen, in dieser Frage reformierend zu wirken oder die Vorurteile gar völlig zu überwinden. Schließlich hatte Luther die Juden noch in seiner Pslamenvorlesung von 1515 zur in der Offenbarung des Johannes erwähnten »Synagoge des Satans« gerechnet und sie für die Ermordung Jesu verantwortlich gemacht, weshalb sie auch aus dem »Ölbaum des Herrn« ausgebrochen seien.[17] Ob sie wieder in den Ölbaum einzupropfen, das heißt zum Christentum zu bekehren seien, ließ Luther hier offen.

Anders in der Schrift *Das Magnificat verdeutscht und ausgelegt* aus dem Jahr 1520[18]: Hier forderte Luther die Bekehrung der Juden und verband dies mit dem bemerkenswerten Satz: »Man sage ihnen [den Juden, d.Verf.] die Wahrheit, wollen sie nicht, laß sie fahren.«[19] Dies klang nach Toleranz, war aber keineswegs so gemeint. In der drei Jahre später verfassten Schrift *Daß Jesus Christus ein geborener Jude sei* beharrte Luther darauf, dass sich die Juden nun endlich bekehren lassen müssten.[20] Allerdings habe dies »freundlich« zu geschehen und nicht so, wie es die von Luther noch nicht reformierte Kirche getan habe. Als tolerant oder gar judenfreundlich wird man diese Haltung jedoch kaum bezeichnen können: Mit welchem Recht konnte Luther verlangen, dass die Juden ihren Glauben aufgeben sollten?[21]

In den 1526 veröffentlichten *Vier tröstlichen Psalmen an die Königin zu Ungarn*[22] hat Luther die Juden wieder als »Teufelskinder« beschimpft und sie beschuldigt, Spione des türkischen Erzfeindes zu sein, weil sie vom »Satan«, der »zu ihrer Rechten« stehe, »verstockt« und »verblendet« seien. Diese Haltung setzte sich in der Genesisvorlesung[23] von 1537 fort und erreichte 1538 in der Schrift *Wider die Sabbather an einen guten Freund*[24] einen weiteren Höhepunkt.

Das vom Grafen Schlick von Falkenau (der »gute Freund«) kolportierte, aber völlig unbewiesene Gerücht, wonach in Böhmen Juden Christen missionieren würden, nahm Luther zum Anlass, die Juden ganz allgemein zu beschimpfen und zu verunglimpfen, hätten sie doch eine schwere Schuld auf sich geladen, für die sie nach Gottes Willen nun seit 1500 Jahren büßen müssten.[25] Dass die Verbannung nun schon so lange dauere, sei ein Beweis, dass Gott die Juden verlassen habe: »Weil nun Gott (...) sie noch immer für und für im Elende [das heißt im Ausland, d.Verf.] bleiben läßt (...) So ist es offenbar, daß er sie verlassen hat.«[26]

Dieser Gedanke war neu; er führte Luther zugleich dazu, die Möglichkeit der Bekehrung der Juden infrage zu stellen. Dieses Volk sei »böse« und »verstockt«: »Könnt ihr die Juden nicht bekehren, so bedenkt, daß ihr nicht besser seid als die Propheten, welche von diesem bösen Volk wiederholt erwürgt und verfolgt worden sind.«[27]

Interessanterweise haben unbekannt gebliebene Juden auf diese Schrift Luthers eine Erwiderung verfasst, die jedoch verloren gegangen ist.[28] Dies scheint Luther maßlos erzürnt zu haben. Resultat seines Zorns war die 1543 veröffentlichte Schrift *Von den Juden und ihre Lügen*.[29] Hier betonte Luther zunächst einmal, dass er eigentlich nicht vorgehabt habe, noch einmal über die Juden zu schreiben. Doch seine zwanzig Jahre zuvor in *Daß Jesus Christus ein geborener Jude sei* an die Juden gerichtete freundliche Aufforderung, sich nun endlich zu bekehren, sei nicht nur nicht befolgt worden, die Juden, diese »heillosen Leute«, hätten versucht, »die Christen an sich zu locken«;[30] nicht genug damit, sie hätten die Stirn gehabt, Jesus und die Jungfrau Maria als »Hurkind« und »Hure« zu verspotten.[31] Die Juden seien »leibhaftige Teufel«, »die Brunnen vergiftet, Kinder gestohlen und gepfrimet [durchbohrt, d.Verf.]« hätten. Die Juden seien »voll Hoffart, Neid, Wucher,[32] Geiz und aller Bosheit« und nur daran interessiert, die Christen auszubeuten: »Sie sind auf das Gold und Silber der Heiden erpicht. Kein Volk unter der Sonne ist geiziger als sie sind und weiterhin bleiben, wie man an ihrem verfluchten Wucher sieht.« Durch ihren Reichtum und Wucher hätten sie sich zu Herren der Christen aufgeschwungen. »Jawohl, sie halten uns Christen in unserem eigenen Land gefangen, sie lassen uns arbeiten im Schweiß der Nasen (und) Geld und Gut gewinnen, während sie derweil hinter dem Ofen sitzen, faulenzen, pompen [feiern, d.Verf.] und Birnen braten, fressen, saufen und von unserem erarbeiteten Gut leben. Sie haben uns und unsere Güter durch ihren verfluchten Wucher in ihre Gewalt gebracht. Sie sind unsere Herren, wir ihre Knechte.«[33]

In der ebenfalls 1543 veröffentlichten Schrift *Vom Schem Hamphoras und vom Geschlecht Christi* hat sich Luther noch hasserfüllter geäußert und eine schon fast modern wirkende Verschwörungsideologie entwickelt. Bezeichnete er »die Juden« doch als eine Bande von Verbrechern, die sich gegen die rechtschaffenen Christen verschworen hätten, um ihnen allerlei »Meuchelschaden« anzutun: »Dies itzigen Juden müssten sein eine grundsuppe aller losen, bösen Buben, aus aller Welt zusammen geflossen, die sich gerottet und inn die Lender hin und her zerstrewtt hatten wie die Tattern oder Zigeuner und dergleichen, die leute zu beschweren mit wucher, die Lender zu verkundschaffen und zu verrathen [und zwar im Auftrag und zugunsten des türkischen Erzfeindes, d. Verf.], wasser zu vergiften, zu brennen, kinder zu stelen [zum Zwecke des Ritualmordes, d. Verf.] und allerley meuchel schaden zu thun.«[34]

Mit der These von der Verschwörung der teuflischen Juden wurde ihre Vernichtung begründet. In ganz radikaler und programmatischer Form findet man sie bereits in *Von den Juden und ihren Lügen.* Hier forderte Luther dazu auf,[35] den Juden ihre religiösen Schriften zu nehmen, ihre Synagogen zu verbrennen und ihren Rabbinern »bei Leib und Leben« zu verbieten, »hinfort zu lehren«. Doch nicht nur das Judentum als Religion sollte liquidiert werden – die Juden als Menschen sollten nicht mehr als Mitmenschen geduldet werden. Luther schlug vor, ihnen die Ausübung ihrer traditionellen Berufe als Händler und Geldverleiher zu verbieten. Außerdem sollten sie enteignet werden, schließlich hätten sie ihr Eigentum »uns gestohlen und geraubt durch ihren Wucher«. Die ausgeraubten und mit Berufsverbot belegten Juden sollten zur Zwangsarbeit eingesetzt werden: »Zum siebenten, daß man den jungen starken Juden und Jüdinnen in die Hand gebe Flegel, Axt, Karst, Rocken, Spindel und lasse sie ihr Brot verdienen im Schweiß der Nasen.«[36]

Damit nicht genug. Luther forderte, man solle sich am Beispiel anderer Nationen wie England, Frankreich und Spanien orientieren, wo man die Juden »zum Land ausgetrieben« habe: »Drum immer weg mit ihnen.«[37] Damit war keineswegs nur die Vertreibung, sondern ganz offensichtlich auch die Vernichtung gemeint, forderte Luther doch dazu auf, die Juden »wie die Zigeuner« zu behandeln, die bereits seit 1498 »vogelfrei« waren, das heißt von jedermann straflos getötet werden konnten. Es gibt keinen Zweifel: Luthers verschwörungsideologisch begründete und auf dem Teufelsglauben basierende Judenfeindschaft hatte einen exterminatorischen Charakter.

Luthers antijüdische Schriften wurden keineswegs verschwiegen und verdrängt, sondern breit rezipiert und waren daher sehr wirkungsvoll.[38] Dies geschah einmal in den Veröffentlichungen verschiedener Repräsentanten der Evangelischen Kirche, die so sehr im Banne von Luthers radikaler Judenfeindschaft standen, dass sie, wie der Reformator empfohlen, bis weit ins 18. Jahrhundert hinein selbst die Mission der »teuflischen Juden« als nutzlos und schädlich ablehnten.[39]

Direkt und indirekt auf Luther berufen haben sich jedoch auch die bekanntesten und berüchtigtsten Judenfeinde der frühen Neuzeit. So wollte der evangelische Theologe und Orientalist Johann Jakob Schudt in den »Cabbalistischen Zauber-Künsten« der Juden »Würkungen des Satans« sehen.[40] Der Heidelberger Professor Johann Andreas Eisenmenger hielt es in seiner über 2000 Seiten starken antisemitischen Schrift *Entdecktes Judenthum* für nicht verwunderlich, »daß die Teuffel so gern bey den Rabbinen und allen Juden seynd, sondern daß es deswegen geschehe, dieweil sie in ihrer bösen Art und Natur sehr miteinander übereinkommen.«[41]

Diese Formen des religiös, genauer diabolisch motivierten Antisemitismus sind, genau wie der Teufelsglaube, von der Aufklärung nicht völlig überwunden worden. Sie finden sich beispielsweise auch bei einigen führenden Vertretern der Romantiker. Maßgebend dafür war der Wandel des Mittelalterbildes:

Hatten die Aufklärer das Mittelalter noch als »finsteres Zeitalter« verachtet, bewunderten und feierten die Romantiker es als angeblich heil und schön, eben romantisch. Die Schwärmerei für das Mittelalter manifestierte sich nicht nur in der Bewunderung seiner baulichen Relikte wie Burgen und Kirchen oder deren Ruinen, sondern auch von schriftlichen Zeugnissen, die aus dem Mittelalter stammten oder von denen man eine mittelalterliche Herkunft annahm. Während sich Historiker vor allem für mittelalterliche Urkunden und Chroniken interessierten, sammelten Schriftsteller der Romantik literarische Texte der Hoch- und vor allem der Volkskultur; besonders beliebt waren Volkslieder. In diese Sammlungen aufgenommen wurden auch die mittelalterlichen Legenden des Hostienfrevels und Ritualmordes. So findet sich in der von Achim von Arnim und Clemens Brentano 1805 unter dem Titel *Des Knaben Wunderhorn* veröffentlichten Sammlung »alter deutscher Lieder« ein Gedicht über »Die Juden von Passau«, das von einem jüdischen Hostienfrevel handelt.[42] Diese unglaubliche Geschichte wurde von den Herausgebern von Arnim und Brentano unkommentiert als »wunderliche That« dargestellt. Dabei handelte es sich nicht um eine einmalige Entgleisung; bei von Arnim, Brentano und anderen Romantikern gibt es zahlreiche weitere Belege für sowohl den alten Antijudaismus wie den neuen Antisemitismus.[43] Dabei schreckten sie selbst vor der Wiederbelebung des Ritualmordvorwurfs nicht zurück.

1811 warnte von Arnim in einer Rede »Ueber die Kennzeichen des Judenthums« die Mitglieder der »christlichen Tischgesellschaft« vor einer jüdischen Unterwanderung. Falls man Juden aufnehme, bestünde die Gefahr, dass »eine Synagoge sich versammelte, welche statt des frohen Gesanges auerte, statt der Fasanen Christenkinder schlachtete, statt der Mehlspeise Hostien mit Gabeln und Löffel zerstäche (…)«[44] Dass dies keineswegs ironisch gemeint war, geht aus der Tatsache hervor, dass an der vorgeblich »christlichen«, tatsächlich aber nationalistischen und antisemitischen »Tischgesellschaft«, der selbst getaufte Juden nicht angehören durften, lang und breit aus den extrem judenfeindlichen Werken Eisenmengers und Schudts zitiert wurde, worauf übrigens der streitbare zeitgenössische jüdische Publizist Saul Ascher öffentlich hinwies.[45]

Auch Clemens Brentano hielt es für erwiesen, dass die Juden »vom 12 bis 17ten Jahrhundert (...) Christenkinder in der Charwoche« geschlachtet hätten.[46] Als Motiv vermutete Brentano einmal, dass die Juden »unschuldiges Blut« als »Heilmittel« gegen »Aussatz« benötigten. Außerdem manifestiere sich in den »Ermordungen christlicher Kinder durch Juden« ihre »verzerrte Sehnsucht nach dem Heiland«,[47] wobei Brentano darauf verwies, dass die Juden ihre Toten mit christlichem Blut bestreichen würden, um so Gott zu täuschen, damit dieser sie als Christen anerkenne und in den Himmel aufnehme.

Brentano schrieb dies unter dem Eindruck der Legende des Ritualmordes, der sich 1840 in Damaskus[48] ereignet haben sollte und den er für real hielt. Nicht nur Brentano, auch der bekannte katholische Publizist Joseph Görres glaubte an die Ritualmordlegende. In seiner 1842 veröffentlichten *Christlichen Mystik* äußerte Görres sich über den Ritualmord von Damaskus folgendermaßen: »Seither hat sich die Sache [der Ritualmord, d. Verf.] verloren, bis sie in unseren Tagen in Damaskus wieder aufgetaucht; eine erwünschte Gelegenheit für die Zeitungen und Journale, um den Gegenstand mit gewohnter Flachheit und Seichtigkeit, unter Anwendung üblicher Phrasenmengerei, zu beschwatzen, und dann als für immer abgethan zu beseitigen. Ins Volksbewußtsein aber hatten diese Mordgeschichten so tief sich eingeprägt, daß sie ein Gegenstand des Volksgesanges geworden.«[49]

Görres hielt die Ritualmordlegende also nicht nur für real, er wollte darin einen Sieg der Katholischen Kirche über die verhasste Aufklärung sehen, die derartige Legenden ebenso überwunden hatte wie den Hexenwahn. Tatsächlich hielt die katholische Kirche unbeirrt an dem Teufelsglauben fest, der sowohl der Ritualmordlegende wie dem Hexenwahn zugrunde gelegen hat. Bestätigt und unterstützt wurde sie dabei von romantischen Schriftstellern, die beides – die Ritualmordlegende wie den Teufelsglauben – geradezu verherrlichten.

Ritualmordideologien hatten jedoch nicht nur ein literarisches Fortleben, sie wurden gleichzeitig auch säkularisiert und modernisiert, und dies in zweifacher Hinsicht. Einmal wurde der »jüdische Ritualmord« als Metapher für die »jüdische Geldgier« angesehen. Anlass war die Behauptung, dass das hebräische Wort »Damim« sowohl »Blut« als auch »Silber« bedeute. Diese auf den Publizisten Joseph Franz Molitor zurückgehende und von dem Literaturwissenschafter Gunnar Och als »geldpsychologisch«[50] bezeichnete Interpretation der Ritualmordlegende wurde zwar von Brentano als zu »rationalistisch« zurückgewiesen, entsprach aber dem modernen antisemitischen Stereotyp von den notorisch reichen und »geldgierigen« Juden, das in der bekannten Beschimpfung »jüdischer Kapitalisten« als »Blutsauger« Ausdruck fand.[51]

»Blut« war jedoch nicht nur eine Metapher für »Geld«, sondern auch das entscheidende Kriterium der nationalen Zugehörigkeit eines Menschen. Jedenfalls war dies in Deutschland so, wo Ideologen wie Fichte, Arndt und Jahn das Konstrukt von der deutschen »Blutsnation« entwarfen. Ihr konnten nur solche Personen angehören, die »deutschen Blutes« waren; Juden und »Zigeunern« wurde dies mit dem Hinweis auf ihre »orientalische« Herkunft abgesprochen. Diese Vorstellung von der deutschen »Blutsnation« wurde 1842 durch die Einführung des *ius sanguinis* (Blutrechts) rechtsverbindlich.[52] Deutsche Staatsbürger sind seitdem nur solche Menschen, die »deutscher Abstammung«, also »deutschen Blutes« sind. Alle anderen galten (und gelten) als »fremdblütig« und »Ausländer«, auch wenn sie, wie die deutschen Juden und Sinti und Roma, schon seit Jahrhunderten in Deutschland lebten und sich als Teil der deutschen Kulturnation fühlten.

Die rassistisch motivierte Ausgrenzung von Juden und »Zigeunern« aus der deutschen Blutsnation beziehungsweise dem, wie es in der NS-Zeit hieß, »deutschen Volkskörper« wurde mit säkularisierten Varianten der Ritualmordideologie begründet. Warfen doch die modernen Antisemiten den Juden vor, die arbeitsame deutsche Nation »auszusaugen« und ihr »Blut« zu »vergiften«, und zwar sowohl im übertragenen wie im direkten Sinne: Während jüdische Kapitalisten das arbeitende deutsche Volk »aussaugten« und jüdische Intellektuelle, Journalisten und Politiker durch ihre Reden und Schriften das deutsche »Volksleben« »verderben« würden, trachteten jüdische Männer danach, durch die sexuelle Verführung deutscher Frauen das »deutsche Volk« zu »verunreinigen« und zu »vergiften«.

Hier liegt der Übergang von den ursprünglich diabolisch motivierten Ideologien über die Verschwörung der jüdischen Ritualmörder zu den säkularisierten Formen der Verschwörung der »reichen und mächtigen« Juden sowie der »jüdischen Mädchenhändler« und Sexualverbrecher, die das »deutsche Blut« vergiften würden. Diese sozial und rassistisch geprägten neuen antisemitischen Verschwörungsideologien haben jedoch die alten diabolischen keineswegs völlig verdrängt. Im ausgehenden 19. und beginnenden 20. Jahrhundert kam es in Deutschland[53] und anderen europäischen und außereuropäischen Ländern immer wieder zu Ritualmordvorwürfen, die teilweise sogar zu Ritualmordprozessen führten. Die spektakulärsten fanden 1882 im ungarischen Tiszar Eszlár,[54] 1891 im niederrheinischen Xanten[55] und 1900 im westpreußischen Konitz[56] statt. Zahlreiche weitere Ritualmordbeschuldigungen wurden vor allem aus Rußland gemeldet. Der religiös motivierte Antisemitismus, oftmals verharmlosend Antijudaismus genannt, lebte fort.[57]

3. »Teufelsbuhlschaft«

Die Verschwörung der Hexen

Das Wort »Hexe« ist dem althochdeutschen »hagazussa« entlehnt. »Hagazussa« ist eine Zusammenfügung aus »hag« (Zaun) und »zussa« (weiblicher Dämon) und bedeutet wörtlich »Zaungeist«. Im 13. Jahrhundert wurde »hagazussa« in das lateinische »strix« oder »striga« übersetzt, womit eine dämonische Frau gemeint war, der die Fähigkeit zum Zaubern zugeschrieben wurde. Dies war bisher von der Kirche als heidnischer Aberglauben abgetan und bekämpft worden. Doch seit dem 13. Jahrhundert lehrte die Kirche, dass Menschen tatsächlich über dämonische Fähigkeiten verfügen könnten, wenn sie vorher einen Pakt mit dem – inzwischen personifizierten – »leibhaftigen Teufel« geschlossen hätten, durch den sie befähigt würden, allerlei Schadenszauber zu verüben. Dazu gehörte das Schlechtwettermachen, das unentdeckte Anzünden von Häusern und Ställen, das Verhexen von Kühen, die plötzlich keine Milch mehr gaben, sowie die Verbreitung von unerklärlichen Krankheiten unter den Menschen und – das war offensichtlich das Schlimmste – von Impotenz bei Männern.

Die Hexenforschung spricht von einem »kumulativen Hexenbegriff«.[1] Tatsächlich handelt es sich um eine Verschwörungsideologie[2], bestehend aus zwei Elementen: Zum christlichen Teufels- kommt der heidnische Dämonenglauben, der aber auch im Alten und Neuen Testament belegt ist. Beide Elemente wurden von Papst Johannes XXII. verbunden, der 1326 in seiner Bulle *Super illius specula* gleichzeitig anordnete, dass den »malefici« der neu erfundene Inquisitionsprozess gemacht

*Teufelsbuhlschaft (links oben), Hexenflug und Hexenmahlzeit
(rechts unten) in Molitors »Von Hexen und Unholden«
aus dem Jahr 1575.*

werden sollte.³ Die Durchführung dieser Hexen- und Zaube-
rerprozesse, zu der im 15. Jahrhundert auch die Päpste Alexander V. und Martin V. aufriefen, stieß jedoch innerhalb der Kirche auf Widerstand. Dies veranlasste Papst Innocenz VIII.,
1484 die berüchtigte Hexenbulle *Summis desiderantis affecti-
bus* herauszugeben, in der er befahl, dass »alle Irrthümer gänzt-
lich ausgerottet werden« müssten.⁴

   Dies gelte besonders für Gebiete in »Oberteutschland« und
den »Meyntzischen, Cölnischen, Trierischen, Saltzburgischen
und Bremer Ertzbistümern«, denn hier hätten besonders »viele Personen beyderley Geschlechts, ihrer eigenen Seligkeit ver-

gessend, und von dem Catholischen Glauben abfallend, mit denen Teufeln, die sich als Männer oder Weiber mit ihnen vermischen, Missbrauch« gemacht »und mit ihren Bezauberungen, Liedern und Beschwerungen, und anderen abscheulichen Aberglauben und zauberischen Übertretungen, Lastern und Verbrechen, die Geburten der Weiber, die Jungen der Thiere, die Früchten der Erde, die Weintrauben und Baumfrüchte, wie auch die Menschen, die Frauen, die Thiere, das Vieh (...) verderben, ersticken und umkommen machen und verursachen, und selbst die Menschen, die Weiber, allerhand groß und klein Vieh und Thiere mit grausamen so wohl innerlichen als äusserlichen Schmertzen und Plagen belegen und peinigen, und eben dieselben Menschen, daß sie nicht zeugen, daß sie denen Weibern, und die Weiber, daß sie denen Männern, die eheliche Werke nicht leisten können, verhindern.«

Mit der Verfolgung und Bestrafung dieses Hexerei-Delikts wurden die deutschen Dominikaner Henricus Institoris (d. i. Heinrich Kramer)[5] und Jacobus Sprenger beauftragt und zu »Inquisitoren des Ketzerischen Unwesens« ernannt. Der Papst hätte keine furchtbareren Inquisitoren und Hexenjäger finden können. Sie stützten sich bei ihrem Tun auf ein Buch, das von beiden herausgegeben, aber in Wirklichkeit allein von Heinrich Institoris geschrieben worden war, den berüchtigten *Malleus Maleficarum* oder *Hexenhammer*, der erstmals 1486 gedruckt wurde und bis 1669 nicht weniger als dreißig Auflagen erreichte.[6] Schon dies unterstreicht seine historische Wirkung, wozu auch die Tatsache beigetragen hat, dass dem Buch die erwähnte Hexenbulle Innocenz VIII. beigefügt war, in dem die beiden Dominikaner zu ihrer Hexenjagd ermächtigt wurden.

Der *Hexenhammer* umfasst einen theoretischen und einen praktischen Teil. Im ersten wird der »kumulative Hexenbegriff« beziehungsweise die »Hexen«-Verschwörungsideologie entwickelt und begründet, nämlich an erster Stelle der Teufelspakt, der durch »Buhlschaft«, das heißt durch Sex mit dem Teufel besiegelt werde. Er befähige die zu »Hexen« gewordenen Frauen, auf Besen durch die Luft zu reiten, um an einem geheimen, »Hexensabbat« genannten Treffen teilzunehmen. Hier komme es zu weiteren teuflischen Ritualen und Orgien, nach denen die »Hexen« allerlei Schadenszauber verübten.

Dies alles ist zwar nicht von Institoris/Kramer erfunden, wohl aber auf das weibliche Geschlecht zugespitzt worden, was schon im Titel seines Werkes *Malleus Maleficarum* (Hammer der Hexen) zum Ausdruck kommt. Seinen unbändigen Hass auf die Frauen, die abergläubischer, eitler, lügnerischer, rachsüchtiger und vor allem wollüstiger seien als die Männer, begründete Institoris/Kramer wie folgt: Die Frauen seien den Männern schon in körperlicher und geistiger Hinsicht unterlegen, weil sie nach der Schöpfungsgeschichte nur aus einer krummen Rippe geformt seien.[7] Außerdem neigten sie mehr zur Sünde, wofür Eva als Beispiel herangezogen wurde. Schließlich zweifelten sie schneller am Glauben, weshalb Kramer das Wort »femina« von »fides« (Glaube) und »minus« ableitete.[8] Da nun die »Frau (…) schneller am Glauben zweifelt, auch schneller Glauben ableugnet«,[9] sei sie für das Delikt der Hexerei geradezu prädisponiert. Dies gelte insbesondere für die »Teufelsbuhlschaft«, zumal der Teufel männlich sei und sich daher bevorzugt mit Frauen einlasse. Das »männliche Geschlecht« habe der nicht genug zu preisende »Höchste« dagegen »von so großer Schändlichkeit bis heute bewahrt«.[10]

Der zweite Teile des *Hexenhammers* besteht aus einer detaillierten juristischen Anleitung, wie Hexenprozesse durchzuführen seien, und vor allem, wie man die zur Verurteilung notwendigen Geständnisse durch eine »peinliche Befragung«, das heißt durch den brutalsten Einsatz der Folter, erreicht werden könne.[11] Diese Ausführungen waren besonders wirkungsvoll, da ihnen die weitaus meisten Ankläger und Richter in Hexenprozessen folgten. Die durch die Folter gepeinigten männlichen »Unholde« und noch mehr die weiblichen »Hexen« gaben immer weitere Details ihres Paktes mit dem Teufel preis, wobei die ausschließlich männlichen Juristen wie auch die Theologen besonders die Details interessierten, wie und in welcher Form dieser Pakt mit dem Teufel abgeschlossen worden sei. Dabei konzentrierte man sich besonders auf sexuelle Fragen und zwang die gefolterten Menschen, intimste Einzelheiten über ihre »Buhlschaft« mit dem Teufel anzugeben.

Der Teufel soll in halb tierischer, halb menschlicher Gestalt und mit einem mächtigen Penis aufgetreten sein und in unnatürlicher und perverser Weise mit den »Hexen« kopuliert haben. Die krankhafte sexuelle Fantasie der Inquisitoren kannte keine Grenzen; spätere Forscher haben dies unter anderem auch auf die sexuellen Nöte der meist zum Zölibat verpflichteten Theologen zurückgeführt. Das erklärt allerdings nicht, warum sich auch die weltlichen Juristen so sehr für diese Details interessiert haben.[12]

Dem wahrhaft fanatische Eifer der Inquisitoren war es zu verdanken, dass die gefolterten Frauen die Namen weiterer »Hexen« preisgaben, da die Frauen ja nicht einzeln, sondern in Gruppen an den Orgien und »Hexensabbaten« teilgenommen haben sollten. So führte ein Hexenprozess meist zum nächsten und übernächsten; in einigen Regionen kam es zu regelrechten Prozesswellen. Angeregt wurden sie keineswegs nur von den Theologen und Juristen, die Initiative kam häufig auch aus dem Volk.[13] Nachbarn verdächtigten verhasste Nachbarn, besonders betroffen waren ferner bestimmte Außenseiter der dörflichen Gemeinschaften.[14] Der Hexerei verdächtigt wurden jedoch auch Angehörige der städtischen Oberschichten, welche die Missgunst ihrer Standesgenossen oder den Neid der Unterschichten hervorgerufen hatten. Für ihre Ankläger und Richter waren das besonders begehrte Fälle, richtete sich doch das Honorar der Hexenjäger nach dem Vermögen ihrer Opfer. Insgesamt aber ergibt sich keine klare soziale Kontur der Verfolgungen, sie können nicht immer und generell als Mittel sozialer Konfliktlösungen angesehen werden.[15] Wichtiger und folgenreicher scheinen die ideologischen Beweggründe gewesen zu sein, wie sie im *Hexenhammer* zusammengefasst und sanktioniert worden waren, in dem die »Hexen« gewissermaßen als »fünfte Kolonne« der »Verschwörung des Satans« auftreten.[16]

Dabei war gerade der *Hexenhammer* keineswegs unumstritten. Schon drei Jahre nach seinem erstmaligen Erscheinen veröffentlichte der Humanist Ulrich Molitor eine Gegenschrift, in der er die Vorstellungen von der Teufelsbuhlschaft und dem Hexenflug schlicht als »Narrenwerck« bezeichnete.[17] 1509 ging Erasmus von Rotterdam noch einen Schritt weiter. In einer ironisch *Lob der Torheit* betitelten Schrift wandte er sich mit scharfen Worten gegen die »Liebhaber lügenhafter Wunder und Weissagungen«, mit denen »betrügerische Theologen« gemeint waren, die die Zeitgenossen in ein »Meer von Aberglauben« gestürzt hätten.[18] In einer später gedruckten Verteidigungsrede für eine der Hexerei angeklagten Frau wagte es der Arzt und Theologe Heinrich Agrippa von Nettesheim 1519, die wichtigsten Thesen des *Hexenhammers* als »Hirngespinste« und »Sophismen« zu bezeichnen, aufgrund derer »unschuldige Weiber zur Folter« geschleppt und als »Ketzer« verurteilt würden.[19] Der Nürnberger Humanist Willibald Pirckheimer machte sich in einem 1520 veröffentlichten Theaterstück über den katholischen Theologen und Widersacher Luthers Johann Eck lustig, weil Eck glaubte, dass es möglich sei, nach Hexenart »auf einer Mistgabel oder einem Bündel Heu (zu) reiten«.[20]

Dieser aufklärerische Spott hätte Luther, der ein Jahr zuvor seine große Disputation mit Johannes Eck gehabt hatte, gut angestanden. Luther hätte dem Papst und den »Papisten« neben Werkgerechtigkeit, Ablasshandel und anderen theologischen Irrlehren mit Fug und Recht auch unchristlichen Aberglauben vorwerfen und dies, wie es die protestantischen Hexenforscher im 19. Jahrhundert getan haben, anhand der Hexenbullen der verschiedenen Päpste und vor allem des *Hexenhammers* auch beweisen können. Doch nichts davon hat er, sehr zur Verwunderung, ja zum Entsetzen der lutherischen Hexenforscher des 19. Jahrhunderts, getan.

Im Gegenteil, Luther hat den Hexenwahn ohne jegliche Einschränkung übernommen. Deutlich wird dies einmal an seiner Erklärung des Begriffs »Hexe« aus dem Jahr 1522. Wie die Päpste, ja wie Institoris/Kramer definierte Luther die »Hexen« und »Zauberer« folgendermaßen: »Die Zauberer oder Hexen, das sind die bösen Teufelshuren, die da Milch stehlen, Wetter machen, auf Böcken und Besen reiten, auf Mänteln fahren, die Leute schießen, lähmen, verdorren, die Kinder in der Wiege martern, die ehelichen Gliedmaßen bezaubern (…), die da können Dingen eine andere Gestalt geben, daß eine Kuh oder Ochs scheinet, das in der Wahrheit ein Mensch ist, und die Leute zur Liebe und Buhlschaft zwingen, und des Teufels Dinge viel.«[21]

Dass Luther den Hexenwahn nicht überwunden hat, ist leicht erklärbar, hat er doch auch den ihm zugrunde liegenden Teufelsglauben nicht reformiert. So ging die Hexenverfolgung mit der Reformation nicht zu Ende, sie wurde, nach einer kurzen Pause, seit dem Ende des 16. Jahrhunderts auch in den protestantischen Territorien fortgesetzt. Doch stellte man die verschwörungsideologischen Faktoren, die ihr zugrunde lagen, jetzt zunehmend infrage.

Der Erste, der nach Erasmus von Rotterdam, Heinrich Agrippa von Nettelsheim und Willibald Pirckheimer – allerdings ohne sie zu zitieren – den »Hexenwahn« angriff, war der protestantische Arzt Johann Weyer. Weyer veröffentlichte 1563 und damit unmittelbar nach dem Einsetzen der neuen Hexenverfolgungswelle sein Buch *De praestigiis daemonum*.[22] Zu den »Blendwerken der Dämonen« zählte er das Delikt der »Hexerei«; während die »Zauberer« und »Giftmischer« unbedingt zu bestrafen seien, müsse bei den der »Hexerei« angeklagten Frauen geprüft werden, ob sie nicht von Dämonen und dem Teufel nur verführt oder sich die »Hexenfahrten« und »Hexensabbate« nur eingebildet hätten. Schließlich handele es sich um Frauen, die zum »Aberwitz« und zur »Melancholie« neigten, was nach der Meinung Weyers durch eine Erkrankung des Uterus hervorgerufen worden sei.[23]

Weyer wollte beweisen, dass »der Stiffter vnd anfenger alles arges und boeses/nemlichen der alte listige Schalck vnnd Tausentkuenstler der leidige Sathan/dieweil er so viel vnd mancherley betrug vnd blendungen erdacht/dadurch er den Leuthen gleich im anfang ein blawen dunst fuer die augen gemacht/vnd sie redlich betrogen hat: Auch noch auff den heutigen tag/da die Welt ohne das sehr alt und bawfellig ist/solch spiel immerfort treibet bey den Leuthen/allermeist aber bey den alten toerichten Muetterlein/die nun in die aberwitz gerathen seyn.«[24]

Ganz abgesehen davon, dass Weyers Ansichten von der »Melancholie« der »Muetterlein« nicht weniger abwertend waren als die Spekulationen Institoris/Kramers über die »Geilheit« der Frauen, seine psychologische Argumentation litt darunter, dass er die ideologische Grundlage des Hexenwahns nicht infrage stellte – nämlich den Glauben an einen leibhaftigen Teufel, mit dem sich die »Hexen« verschworen haben sollten. Diese, modern gesprochen, ideologiekritische Schwäche Weyers wussten seine katholischen Gegner skrupellos auszunutzen.

An erster Stelle ist hier der Professor an der Universität von Toulouse und theoretische Begründer des Absolutismus, Jean Bodin, zu nennen. In seiner zuerst 1580 erschienenen und 26-mal nachgedruckten *De la Démonomanie Des Sorciers* (»Über die Dämonologie der Hexen«) warf Bodin Weyer vor, ein schlechter Arzt und zugleich ein Anhänger des Teufels zu sein, eben weil er Zweifel an der »Teufelsbuhlschaft« geäußert habe.[25] Die »Hexen« seien keineswegs gegen ihren Willen vom Teufel missbraucht worden, sie hätten sich willentlich mit ihm verbündet, weshalb sie in der Lage gewesen seien, die empirisch nachweisbaren »Maleficien« auszuüben, und seien deshalb für ihre Untaten verantwortlich. »Hexerei« sei, wie Ketzerei, sowohl ein Abfall von Gott wie ein Verbrechen gegen den Staat, der daher die Pflicht habe, die von den »Hexen« gestörte Ordnung mit Hilfe des Hexenstrafrechts und unter Einsatz der Folter wiederherzustellen. Milde Richter dürfe es hier nicht geben.

In diesem kompromisslosen Urteil pflichtete ihm auch Martin DelRio bei. Der als Sohn einer spanischen Adelsfamilie in den Niederlanden geborene DelRio hatte zunächst eine politische Laufbahn eingeschlagen, bevor er 1580 dem Jesuitenorden beitrat und als Professor für Theologie in Lüttich und Graz lehrte. Zwischen 1588 und 1600 veröffentlichte er sein Werk *Disquisitionum magicarum libri sex*, in dem er die These vertrat, dass vor allem protestantische Territorien von der »Hexerey« und »Ketzerey« befallen seien.[26]

Für diese antiprotestantische Verschwörungsideologie konnte DelRio zwar keine Beweise vorbringen, sie führte aber dazu,

Vorbereitung des Schadenszaubers: Zwei Hexen mischen
»Hexensalbe« in einem Topf mit hebräischen Buchstaben –
ein Hinweis auf den »Hexensabbat«. Holzschnitt
von Hans Baldung Grien, 1510.

dass Katholiken und Protestanten miteinander wetteiferten, wer die energischsten und glaubensfestesten Hexenverfolger seien. DelRio selbst betrachtete die Frage keineswegs fanatisch, sondern geradezu nüchtern und wissenschaftlich, und gerade dies machte die Wirkung seines viel gelesenen und zitierten Werkes aus.

Ebenfalls von der Wissenschaftlichkeit und Richtigkeit der Hexenprozesse überzeugt war der protestantische Jurist Hermann Goehausen, der 1630 das Buch *Processus juridicus contra sagas & veneficos* veröffentlichte.[27] Hier erklärte er ausführlichst, wie man mit »Hexen und Unholden« umgehen solle, nämlich vor allem durch den rücksichtslosen Einsatz der Folter, was seit der *Constitutio Criminalis Carolina*, der Halsgerichtsordnung Karls V. von 1532, als rechtens galt. Doch Goehausen bewies hier eine geradezu sadistisch zu nennende Liebe zum Detail einzelner Foltermethoden, deren Vor- und Nachteile er ausführlich darlegte, wobei er sich offensichtlich auch auf eigene einschlägige Erfahrungen stützte.

Ähnlich war es bei dem sächsischen Rechtsgelehrten Benedikt Carpzov, der als führender Jurist seiner Zeit galt und wie Goehausen Protestant war. Carpzov setzte sich in dem von ihm 1638 in Wittenberg veröffentlichten Sächsischen Strafrecht (*Practica nova imperialis Saxonica rerum criminalium*) ebenfalls für den rücksichtslosen Einsatz der Folter in Hexenprozessen ein und begründete dies rechtswissenschaftlich.[28]

Die Brutalität, mit der Goehausen und Carpzov gegen die »Hexen« zu Felde zogen, rief schließlich doch Kritik hervor. Der Jesuit Friedrich von Spee setzte sich in seiner 1631 anonym und unter dem fingierten Druckort Rinteln (wo Goehausens Machwerk ein Jahr zuvor erschienen war) veröffentlichten Schrift *Cautio Criminalis* kritisch mit Goehausen auseinander, um schließlich Sinn und Nutzen der Hexenprozesse generell zu bezweifeln, weil alle Geständnisse nur durch den Einsatz von Foltermethoden erzielt worden seien, denen niemand widerstehen könne.[29] Die gesamte »Lehre« von der Hexerei stütze sich nur auf »mancherlei Ammenmärchen«. Warum dies der Fall sei, führte Spee nicht weiter aus, auch scheute er sich, die leibliche Existenz des Teufels und damit die ideologische Basis des Hexenwahns infrage zu stellen. Dies ganz offensichtlich auch aus Furcht vor seiner Kirche.

Der Lutheraner Johann Matthäus Meyfahrt wagte es in seiner 1635 erschienenen Schrift *Christliche Erinnerung an Gewaltige Regenten* ebenfalls nicht, den Teufelsglauben anzugreifen. Immerhin hat er seinen Glaubensgenossen Carpzov scharf kritisiert und in bewegenden Worten die Leiden der Gefolterten geschildert, um schließlich die Obrigkeiten aufzufordern, aus Mitleid mit den Opfern die Prozesse einzustellen.[30]

Die ideologischen Grundlagen des Hexenglaubens sind erst von dem holländischen Pastor Balthasar Bekker angegriffen worden. In seinem 1691 veröffentlichten Buch *De betoverde wereld* (»Die behexte Welt«)[31] bezeichnete Bekker Teufelspakt und Teufelsbuhlschaft als reine Produkte der Fantasie. Es handele sich um ein »Gedicht« und ein »Geschwätz«, das von den »heidnischen Poeten erdacht« worden sei, um dann jedoch von der Kirche übernommen zu werden. Alles, was den Menschen übernatürlich erscheine, habe natürliche Ursachen und sei kein Werk des Teufels. Dies gelte auch für die Zauberei. Diese bereits Descartes entlehnte rationale (und fast schon ideologiekritische) Widerlegung des Glaubens an Zauberei und die körperliche Existenz des Teufels brachte Bekker jedoch die Kritik auch seiner protestantischen Glaubensbrüder ein. Selbst der Hinweis, dass gewisse »Beschwörungen« des Teufels nur noch im »Papstthum« anzutreffen seien, während die Protestanten dies nicht nötig hätten und allein ihrer »Erfahrung« vertrauen könnten, half ihm nicht. Bekker wurde seines Pastorenamtes enthoben und vom Empfang des Abendmahls ausgeschlossen. Er konnte froh sein, dass ihm kein Hexerei- oder Ketzereiprozess gemacht wurde.

Dies musste der Rechtsprofessor Christian Thomasius nicht mehr befürchten, obwohl auch er noch von seinen Kollegen an der Universität Halle stark angefeindet wurde. Anlass war seine 1701 veröffentlichte Studie *De crimine magiae* (»Vom Laster der Zauberei«), in der er den damaligen Forschungsstand einer kritischen Würdigung unterzog.[32] Sie brachte ihm zu den nüchternen Ergebnis, dass in den »Schriften (…) der berühmtesten Scribenten sowohl der Catholischen als Protestierenden« [der Protestanten, d.Verf.] nur »allerhand Fabeln von Zauberern und Hexen« zu finden seien. Nirgendwo habe er auch nur »einen Schatten der Wahrheit« angetroffen. Dies gelte vor allem für die Vorstellung von der leibhaftigen Gestalt des Teufels. Tatsächlich könne der Teufel keinen Leib annehmen, Beischlaf ausüben, Menschen durch die Lüfte führen und sie zu Schadenszauber befähigen. All dies seien »Fabeln«, die die Kirchenväter von den Griechen und den jüdischen »Pharisäern« übernommen hätten. Jetzt sei es an der Zeit, das »menschliche Geschlecht« von diesem »thörichten Abergläubischen Wesen« zu befreien.[33]

Und so geschah es. In den protestantischen Territorien endeten die Hexenprozesse zu Beginn des 18. Jahrhunderts, nur in katholischen Regionen gab es sie noch vereinzelt. Die letzte Hexenverbrennung in Deutschland fand 1775 in der Fürstabtei Kempten statt. Zum dann ziemlich raschen Ende der Hexenverfolgung haben auch staatliche Anordnungen (wie die Friedrichs des Großen von 1740) beigetragen, die Folter einzuschränken oder gar ganz abzuschaffen. Ohne Folter waren auch die fanatischsten Hexenjäger machtlos.

Wichtiger und letztlich auch entscheidend für das Ende des Hexenwahns war jedoch die Aufklärung. Ihr kam, wie der Hexenforscher Georg Conrad Horst 1818 meinte, das Verdienst zu, »daß solche Verirrungen der menschlichen Vernunft, wie sie der Glauben an Teufelsbündnisse und Hexerei erzeugte, nie wieder zurück kehren, in keinem Zeitalter wieder möglich werden.«[34]

Doch Horst sollte sich irren: Der Hexenglauben lebte fort; so in der Malerei und Belletristik, wo man auf dieses schaurigschöne Sujet nicht verzichten wollte. Der Bogen reichte dabei von den Märchenhexen bis hin zu erotisch anziehenden Frauen, meist verkörpert von »Zigeunerinnen«, die Männern den Kopf verdrehten. Beide tradierten Hexenbilder galten zwar als »romantisch«, sind aber tatsächlich rassistisch beziehungsweise antiziganistisch, beziehungsweise zeichnen ein klischeehaftes, reaktionäres Frauenbild.[35]

Antifeministische Neigungen und Ziele wird man jedoch den Autoren nicht unterstellen dürfen, die nur wenige Jahrzehnte nach dem Ende der Hexenverfolgung zu beweisen suchten, dass es Hexen wirklich gegeben habe. Bei den Gebrüdern Grimm geschah dies aus Liebe zu dem von den Aufklärern als »finster« gescholtenen, jetzt aber romantisch verklärten Mittelalter ganz allgemein.[36] Bei dem französischen Historiker Jules Michelet kam ein geradezu schwärmerisches Mitleid mit diesen Frauen hinzu, deren »Zeit der Verzweifelung« er überaus einfühlsam, aber quellenfern beschrieb.[37] Dieses romantische Hexenbild war zwar historisch falsch, richtete aber keinen Schaden an.

Das änderte sich, als es von völkischen Autoren und Autorinnen wie Willibald Hentschel, Guido von List, Bernhard Kummer, Mathilde Ludendorff und anderen aufgegriffen und zu einer politisch sehr wirkungsvollen Verschwörungsideologie ausgebaut wurde.[38] Dabei kam es zu einer bemerkenswerten Umkehrung: Während die Hexenjäger des Mittelalters und der frühen Neuzeit den »Hexen« eine teuflische Verschwörung vorgeworfen hatten, wurden jetzt die Verfolger einer »patriarchalischen« und »jüdischen« Verschwörung beschuldigt. Die Kirche, so hieß es, habe sich gegen die »Hexen« verschworen, weil diese altgermanische »weise Frauen« gewesen seien, die über medizinisches Wissen und sexuelle Macht verfügt hätten. Außerdem habe sie den Frauen generell ihre in germanischer vorchristlicher Zeit noch freie und gleichberechtigte Stellung missgönnt. Zu dieser, wenn man so will, feministischen Argumentation gesellten sich ausgesprochen antisemitische Motive: Hinter der katholischen Kirche habe das Judentum gestanden, das mit und durch die Hexenverfolgung seine Macht gefestigt und weiter ausgebaut habe. Da es sich bei den Opfern dieser jüdisch-kirchlichen Verschwörung um »reinrassige Germaninnen« gehandelt habe, seien zudem auch die »germanischen« Bestandteile der »arischen Rasse« geschmälert worden.

Derartige Thesen wurden schon vor, vor allem aber während der NS-Zeit von Nationalsozialisten beiderlei Geschlechts vertreten und führten zur Errichtung eines eigenen »Hexenforschungs«-Instituts.[39] In ihnen wurden diese primär antisemitischen Verschwörungsideologien »wissenschaftlich« bewiesen und anschließend publizistisch verbreitet. Dies vor allem von den NS-Größen Heinrich Himmler und Alfred Rosenberg. Hitler selbst hat sich in dieser Hinsicht eher zurückgehalten und sich stattdessen auf die Begründung der Ideologie von der »Weltverschwörung« konzentriert, deren Träger und Agenten neben den »jüdischen Bolschewisten« die ebenfalls als »jüdisch« wahrgenommen Freimaurer seien.

4. »Synagoge des Satans«

Die Verschwörung der Freimaurer und Illuminaten

Die Logenhäuser der Freimaurer seien »Synagogen des Satans«, die Freimaurer selbst stünden völlig unter der Kontrolle »der Juden« und würden unter der »Oberleitung Luzifers« anstürmen gegen das »himmlische Jerusalem«, womit die gesamte Christenheit gemeint war – diesen und weiteren Unsinn konnte man in einem 1869 veröffentlichten Buch des Franzosen Henri-Roger Gougenot des Mousseaux nachlesen.[1] Und nicht nur hier. Auch in der weiteren umfangreichen antimasonistischen, also antifreimaurerischen Literatur sind die Freimaurer immer wieder beschuldigt worden, enge Beziehungen sowohl zu den Juden wie dem Teufel unterhalten zu haben. Dies war grotesk,[2] gehörten den im 18. Jahrhundert entstandenen Freimaurerlogen doch kaum Juden an. Von einer irgendwie gearteten jüdischen Kontrolle konnte keine Rede sein und mit dem Teufel hatten oder wollten die Freimaurer auch nichts zu tun haben. Dafür waren sie viel zu aufgeklärt. Doch gerade dies, ihr Bekenntnis zu den Idealen der Aufklärung, machte sie den konservativen und klerikalen Antiaufklärern verdächtig.

Schon 1738 warnte Papst Klemens XII. in der Bulle *In Eminenti* vor den Freimaurern, weil sie Feinde der geistlichen und weltlichen Ordnung seien.[3] Ein Jahr später, 1739, wurde sogar die Inquisition gegen die Freimaurer mobilisiert. Weitere antimasonistische Anordnungen der Kirche folgten.[4] Verschiedene katholische Monarchen gingen ebenfalls gegen die Freimaurer vor, so beispielsweise Kaiserin Maria Theresia, die 1743 eine Wiener Loge durch das Militär ausheben ließ.

Der Ausbruch der Französischen Revolution bestätigte die schlimmsten Befürchtungen der Antimasonisten. So schrieb ein österreichischer Regierungsbeamter in einem an Kaiser Leopold II. gerichteten Schreiben vom August 1790, dass »das Rad der gegenwärtigen Irrungen und Revolutionen Europas« von der »Bruderschaft der Freymaurer getrieben« werde.[5] Nun waren einige der französischen Revolutionäre (beispielsweise Danton, nicht aber Robespierre) tatsächlich Freimaurer,[6] und die Freimaurer insgesamt vertraten Gedanken, die auch von den Revolutionären geteilt wurden. Dazu gehörten die Forderungen nach Toleranz, Gleichheit und Brüderlichkeit und andere aufklärerische Vorstellungen über die »Befreiung von der selbstverschuldeten Unmündigkeit«. Die Freimaurer strebten wirklich eine bessere und vor allem tolerantere Weltordnung an. Allerdings sollte dies mehr durch die Erziehung und Überzeugung ihrer Mitglieder bei den geheimen Versammlungen, wo Gleichheit und Toleranz auch tatsächlich praktiziert wurde, als durch die Vorbereitung und Anzettelung einer Revolution geschehen.

Dennoch oder deshalb fühlte sich das Ancien Régime und insbesondere seine Hauptstütze, die Kirche, durch das Freimaurertum herausgefordert. Gerade die katholische Kirche sah in den aufklärerisch gesonnenen und antiklerikal eingestellten Freimaurern die geschworenen Feinde der von ihr verteidigten und verkündeten geistlichen und weltlichen Ordnung. Bei ihren Angriffen auf die Freimaurer machten sie sich die Tatsache zunutze, dass diese nicht öffentlich, sondern geheim tagten und nicht bereit waren, ihre tatsächlichen oder auch nur angeblichen Geheimnisse offenzulegen. Diese Geheimnisumwobenheit weckte (und weckt bis heute) Verdacht, der zudem durch die Tatsache bestätigt zu werden schien, dass einige der Riten und Gebräuche der Freimaurer mittelalterlichen oder noch älteren, heidnischen Ursprungs waren oder sein sollten. Dazu gehörte die vorgebliche Adaption der Sitten der Steinmetze und Maurer, die sich in »lodges« (Bauhütten) genannten Vereinen zusammengeschlossen hatten. Einige Freimaurerlogen (die so-genannten Schottenlogen) orientierten sich dagegen an der Tradition des 1312 vom französischen König Philipp dem Schönen verbotenen und blutig verfolgten Templerordens oder gaben sogar vor, die direkten Nachfahren dieses Ordens zu sein, der im Untergrund weiterexistiert habe.[7]

Dies war natürlich Unsinn. Der Templerorden war alles andere als ein guter Pate und Traditionsstifter, war er doch verdächtigt worden, ähnlich wie die Ketzersekten der Albigenser und Waldenser den Teufel angebetet zu haben und erst mit seiner Hilfe zu Macht und Reichtum gelangt zu sein. Das Ansinnen gerade der Schottenlogen, die »Geheimnisse der Templer« zu wahren, war also ein sehr zwiespältiges und wurde von Anti-masonisten jeglicher Couleur für ihre Angriffe gegen das verhasste Freimaurertum insgesamt ausgenutzt.

Einen besonderen Angriffspunkt bildete der vom Ingolstädter Professor Johann Adam Weishaupt im Jahr 1776 gegründete Illuminatenorden.[8] Verschiedene seiner über 2000 Mitglieder hatten zwar vorher Freimaurerlogen angehört, doch der Geheimbund selber stand außerhalb des Freimaurertums. Im Unterschied zu den Freimaurerlogen verfolgten die Illuminaten unter der recht despotischen Führung Weishaupts auch eine ausgesprochen politische Zielsetzung, die von ihren Gegnern als revolutionär bezeichnet wurde. Dies erscheint jedoch zweifelhaft, gehörten dem Geheimbund doch neben Studenten und Professoren auch verschiedene prominente Pädagogen wie Heinrich von Pestalozzi und der bekannte Freiherr Adolph von Knigge sowie selbst Fürsten wie Prinz Karl von Hessen an. Tatsächlich sollten und wurden allenfalls innerhalb des Ordens die feudalen Standesprivilegien aufgehoben, in dem eine streng hierarchische Ordnung herrschte. An der Spitze stand der »Ordensgeneral« Weishaupt selber, dem die Mitglieder zu absolutem Gehorsam verpflichtet waren. Über die geheimen Riten und Rituale mussten sie Stillschweigen bewahren. Nur diejenigen, die die höchste Stufe im Orden erreicht hatten, was allein von Weishaupts Entscheidung abhing, wurden in das letzte Geheimnis eingeweiht – die neue Weltordnung, die »Novus Ordo Saeclorum«.[9] In ihr sollten die Monarchien durch Demokratien ersetzt werden.

Das wurde nach dem 1785 vom bayerischen Kurfürsten Karl Theodor ausgesprochenen Verbot des Ordens und den nachfolgenden intensiven Verhören seiner Mitglieder aufgedeckt. Das Verbot selber war aber noch mit der allgemeinen Gefährdung der Jugend sowie der Verwirrung von Religion und guten Sitten begründet worden. Dennoch oder deshalb wurde die politische Gefährlichkeit des Ordens ohne Weiteres geglaubt. Einige meinten sogar (und meinen es bis heute), dass der Orden nach seinem Verbot im Geheimen weiterexistiert habe und zu einer weltumspannenden Geheimorganisation geworden sei.

Der nur in einigen Teilen Deutschlands verbreitete, maximal 2000 Mitglieder zählende historische Illuminatenorden war davon weit entfernt. Obwohl schon verboten, machte man den Orden für den Ausbruch der Französischen Revolution verantwortlich, bei der sich Weishaupt persönlich hervorgetan haben soll. Diese Behauptung, die zuerst von dem französischen Priester Jacques François Lefranc in seinem 1791 veröffentlichten Buch *Le voile levé pour les curieux* aufgestellt wurde,[10] ist absolut unglaubhaft. Weishaupt war nie in Frankreich; er ist von Ingolstadt nach Gotha geflüchtet und dort auch 1830 gestorben.

Doch derartige Korrekturen konnten dem Gerücht von der revolutionären Tätigkeit und Urheberschaft deutscher Illuminaten keinen Abbruch tun. Verbreitet wurde es in dem Buch des englischen Politikers und Philosophen Edmund Burke *Reflections on the Revolution in France* aus dem Jahre 1791, von dem französischen Konservativen Joseph de Maistre und dem ehemaligen Illuminaten Landgraf Karl von Hessen, der 1833 eine Enthüllungs- und Selbstbezichtigungsschrift über seine illuminatische Verfehlung veröffentlichte.

Diese und andere konservativ und antirevolutionär eingestellte Autoren verwandten zwar verschwörungshypothetische

Momente, haben jedoch noch keine voll elaborierte Verschwörungsideologie über die Vorbereitung und Durchführung der Französischen Revolution durch Illuminaten und Freimaurer generell entwickelt. Anders der Engländer John Robinson, der 1798 ein Buch veröffentlichte, in dem er Beweise für »a conspiracy against all the religions and governments of Europe« der Illuminaten und Freimaurer beigebracht zu haben meinte.[11]

In Deutschland verfasste der Darmstädter Hofprediger Johann August Starck 1803 ein verschwörungsideologisches Machwerk mit dem Titel *Der Triumph der Philosophie im 18. Jahrhundert.*[12] Starck gehörte der (geheimen) »Gesellschaft patriotischer Gelehrter« an, die die Zeitschrift *Eudämonia* herausgab, in der vor allem die verschwörerische Rolle der Illuminaten angeprangert wurde. Dem gleichen antimasonistischen Ziel widmeten sich auch andere Zeitschriften wie das *Wiener Magazin für Kunst und Literatur* und die *Wiener Zeitschrift*. Antimasonistische Verschwörungsideologien tauchten selbst im diplomatischen Schriftverkehr der europäischen Mächte auf.[13]

Den wichtigsten und wirkungsvollsten antimasonistischen Beitrag steuerte jedoch der französische Jesuit Augustin Barruel bei. Sein zwischen 1791 und 1798 im englischen Exil verfasstes vierbändiges Werk *Memoir pur servir à l'histoire du Jacobinisme* wurde drei Jahre später von der antimasonistischen (Geheim-) »Gesellschaft verschiedener Gelehrter« ins Deutsche übersetzt.[14] Barruel vertrat die These, dass die Französische Revolution keineswegs nur das Werk der im Titel erwähnten Jakobiner, sondern das von Freimaurern, Illuminaten und anderen Geheimgesellschaften gewesen sei, deren Geschichte er bis zu den Templern und Albigensern zurückführte, um schließlich auf die mittelalterlichen Antichrist-Legenden zu kommen. Diese und andere Geheimgesellschaften hätten sich zum »Kampf gegen Thron und Altar« vereinigt und mit diesem Ziel eine »Weltverschwörung« vorbereitet: »In der französischen Revolution (…) ist Alles, bis auf ihre entsetzlichsten Verbrechen, vorhergesehen, überlegt, kombiniert, beschlossen, vorgeschrieben worden; Alles war die Wirkung der tiefen Verruchtheit, weil alles von Männern vorbereitet und eingeleitet war, die allein den Faden der Verschwörung hielten, der seit langer Zeit in geheimen Gesellschaften gesponnen worden, und welche die günstigsten Augenblick zu den Komplotten zu wählen und zu beschleunigen gewußt haben.«[15]

Der von Barruel (als Erstem!) verwandte Begriff der »Weltverschwörung« sowie seine Hinweise auf den »Antichristen« und den »Teufel« weckten sofort Assoziationen an eine Gruppe, die sich schon immer gegen Christus und die Christen verschworen haben sollte und dabei selbst vor so teuflischen Taten wie Ritualmorden, Hostienschändungen und weiteren »Meuchelschäden« nicht zurückschreckte: die Juden, die von Barruel jedoch nicht ausdrücklich erwähnt worden waren. Auf diese Unterlassung wurde Barruel brieflich von einem florentinischen Hauptmann namens Jean Baptiste Sismondi aufmerksam gemacht,[16] der darauf hinwies, dass »die Juden« die eigentlichen Drahtzieher der Freimaurer seien und bereits Herrscherhäuser wie das der Bourbonen und selbst große Teile der katholischen Kirche unterwandert hätten. Auf diese antisemitische Spur wollte Barruel in einem geplanten, aber nicht mehr verfassten fünften Band seines Werkes noch genauer eingehen.

Die ältere Ideologie über die Verschwörung der »teuflischen Juden« konnte ohne Weiteres mit der neueren von der Verschwörung der Freimaurer und Illuminaten verbunden werden. Dabei gehörten dem Illuminatenorden und auch den älteren Freimaurerlogen gar keine Juden an. Sie wurden erst später von einigen Logen zugelassen. Von einem wie auch immer gearteten »jüdischen Charakter« der Freimaurer konnte nicht die Rede sein. Die Verbindung zwischen Freimaurern und Juden wurde ganz einfach erfunden, und zwar schlicht mit der Antwort auf die Cui-bono-Frage – Wem nützt das? –, wonach die Juden die Nutznießer der von den Freimaurern vorbereiteten und durchgeführten Revolution gewesen seien.[17]

Die antisemitisch-antimasonistischen Verschwörungsideologien erhielten nach und wegen des Ersten Weltkriegs einen unerhörten Auftrieb, wurden doch sowohl der Ausbruch wie das – vor allem aus deutscher Sicht – demütigende Ende dieses Krieges auf die geheimen Machenschaften von Freimaurern und Juden zurückgeführt. Für das Attentat auf den österreichisch-ungarischen Thronfolger in Sarajewo, das letztlich (aber keineswegs allein) zum (von Deutschland und Österreich angezettelten) Beginn des Ersten Weltkrieges geführt hat, wurde ein fiktiver »Professor Pharo« verantwortlich gemacht, der Jude und Mitglied der Freimaurerloge »Grand Orient de France« gewesen sein soll. Um diese abenteuerliche These zu beweisen, scheute man auch vor der Fälschung von Dokumenten nicht zurück.[18] Die Niederlage Deutschlands dagegen, so hieß es in einschlägigen Kreisen, sei die Folge eines von Juden und Freimaurern geführten »Dolchstoßes« in den Rücken des kämpfenden Heeres gewesen.[19]

Beide Verschwörungsideologien findet man in dem Buch des Österreichers Friedrich Wichtl über *Weltfreimaurerei – Weltrevolution – Weltrepublik* aus dem Jahr 1919.[20] Wichtl beschuldigte einmal die »revolutionäre Freimaurerei«, eine »Einkreisungspolitik« gegen die Mittelmächte betrieben zu haben. Auch bei Wichtl tauchte der fiktive »Professor Pharo« als Drahtzieher des Attentats auf Erzherzog Franz Ferdinand auf; »die Juden« hätten die Führerschaft in den »internationalen Freimaurerlogen an sich gerissen« und Deutschland und Österreich in den Krieg getrieben, und zwar »zugunsten ihrer Rasse«. Alles wirkte ziemlich verworren, war aber politisch sehr wirkungsvoll. Wie viele andere hat das Buch auch der junge Heinrich Himmler gelesen und Folgendes notiert: »Ein Buch, das über alles aufklärt und sagt, gegen wen wir zu kämpfen haben.«[21]

Dies fand auch Wilhelm II., der sich in seinem holländischen Exil zu einem fanatischen Antimasonisten (Antisemit war er schon lange) entwickelte und die Freimaurer neben dem »internationalen Judentum« für den Verlust des Krieges und seines Thrones verantwortlich machte.[22] Zur Bekräftigung dieses seines Vorurteils sammelte und exerpierte Wilhelm II. angebliche »Geheimakten«, in denen bewiesen sein sollte, dass die »Weltfreimaurerei (…) dem Judentum als Instrument zur Aufrichtung der jüdischen politischen und religiösen Weltherrschaft« gedient habe. Wilhelm II. hielt das für absolut glaubhaft und kommentierte es handschriftlich mit der Bemerkung: »Wie können Offiziere an solchem Werk sich beteiligen! Und Johanniterritter.«[23]

Der Antimasonismus des Ex-Kaisers wurde noch durch den seines Ex-Feldherrn Erich Ludendorff in den Schatten gestellt. Gemeinsam mit seiner Frau Mathilde wollte Ludendorff beziehungsweise, wie Zeitgenossen spöttelten, »das Haus Ludendorff« überall das Wirken »überstaatlicher Mächte« wahrnehmen. Dazu gehörten neben der »Romkirche« mit ihren Jesuiten (und dem Dalai Lama!) »die Juden« und die Freimaurer. 1927 erschien Ludendorffs Machwerk *Vernichtung der Freimaurerei durch Enthüllung ihrer Geheimnisse,* das eine Auflage von fast 200 000 Exemplaren erreichte.[24] Hinter der »Freimaurerei« stünde »überall der Jude«, der nicht nur für die Niederlage im Ersten Weltkrieg wie für den Krieg überhaupt verantwortlich sei, sondern der durch Unterwanderung der Logen eine »Rassenumwandlung des Ariers« anstrebe.

Derartige antimasonistische Verschwörungsideologien fielen gerade in der Weimarer Republik auf fruchtbaren Boden, da einige ihrer führenden Politiker Freimaurer waren. Dazu gehörten neben dem Reichswehrminister Wilhelm Groener und dem kurzzeitigen Reichsfinanzminister Rudolf Hilferding vor allem Gustav Stresemann, der aus seiner Logenzugehörigkeit kein Hehl machte und sich selbst in seinen öffentlichen Reden des freimaurerischen Vokabulars bediente.[25] Doch der bekannteste und zugleich verhassteste Freimaurer war der von Rechtsradikalen ermordete Walther Rathenau, der in einer zeitgenössischen Hetzschrift als »roter Prophet« tituliert wurde.[26]

Als Beweis und Beispiel für die Verbindung von Freimaurerei und Judentum wurde immer wieder auf die »jüdische Loge« B'nai B'rith (hebräisch für »Söhne des Bundes«) verwiesen. Diese 1843 von Henry Jones in New York gegründete und bald weltweit verbreitete Organisation verwandte zwar einige freimaurerisch wirkende Riten und Rituale, hing aber nicht der Freimaurerei an.[27] Deutsche Freimaurerlogen haben sich sogar energisch von ihr distanziert. Doch dies half nichts. Für Antisemiten und Antimasonisten war es vollkommen klar, dass B'nai B'rith das Freimaurertum generell beherrsche und kontrolliere. Auf irgendwelche Beweise kam es bei dieser Verschwörungsideologie nicht an; es genügte der Hinweis, dass der hoch angesehene Rabbiner und spätere Vorsitzende der Reichsvertretung der deutschen Juden Dr. Leo Baeck seit 1924 der B'nai B'rith Deutschland vorstand.

B'nai B'rith stand auch im Mittelpunkt der antisemitisch-antimasonistischen Verschwörungsideologie, die der NS-Ideologe Alfred Rosenberg in verschiedenen Schriften, vor allem in seinem 1930 veröffentlichten *Mythus des 20. Jahrhunderts*, in geradezu penetranter Form ausgewalzt hat.[28] Dies hat auch Hitler beeindruckt, der Rosenberg ansonsten wenig schätzte. In *Mein Kampf* war Hitler noch ganz kurz und ausschließlich im Zusammenhang mit seiner antisemitischen Verschwörungsideologie auf die »Freimaurerei« eingegangen, die für ihn nur ein bloßes »Instrument zur Verfechtung wie aber auch zur Durchschiebung seiner« – das heißt »des Juden« – »Ziele« war.[29]

Weitere antimasonistische Ausfälle Hitlers, so gegen den »Erzfreimaurer Roosevelt«, hat sich Henry Picker in seinen *Tischgesprächen im Führerhauptquartier* notiert;[30] Ähnliches hat der ehemalige Danziger Senatspräsident Hermann Rauschning in seinen eher fiktiven als realen *Gesprächen mit Hitler* berichtet.[31]

Es gibt noch andere »okkulte«[32] oder »sektiererische«[33] Wurzeln und Grundlagen des Nationalsozialismus. Vermittelt wurden sie von einigen Geheimgesellschaften, die sich ebenfalls auf den Templerorden und auf die Illuminaten Weishaupts beriefen, aber kaum etwas mit diesen Vorbildern gemeinsam hatten. Dies trifft etwa auf den 1880 von Theodor Reuss gegründete »Illuminaten-Orden« zu. Er vereinigte sich mit einem anderen Orden, den der Verfasser einer Geschichte der (historischen) Illuminaten, Leopold Engel, ins Leben gerufen hatte. Reuss und Engel haben sich allerdings wieder getrennt. Dem von Reuss geführten Orden soll unter anderem auch der Altmeister aller Satanisten, Aleister Crowley, angehört haben, bevor sich dieser dem von den Deutschen Karl Kellner und Franz Hartmann gegründeten »Ordo Templis Orientis« anschloss.

Bei diesen vielen »Illuminaten«-, »Templer«- und sonstigen »Orden« kann man leicht die Übersicht verlieren. Alle hatten kaum etwas mit den Illuminaten Weishaupts zu tun und waren im Unterschied zu diesem rechtsradikal und antisemitisch eingestellt. In besonderem Maße trifft dies auf den »Ordo Novi Templi – O.N.T.« zu. Dieser »Orden des Neuen Tempel« ist 1900 von dem ehemaligen Zisterziensermönch Lanz, der sich nun Lanz von Liebenfels nannte, gegründet worden.[34] Er verfügte zwar nur über maximal 400 Mitglieder, dafür aber über verschiedene Niederlassungen und Immobilien, die der umtriebige Lanz mit dem Geld seiner offensichtlich wohlhabenden, aber das Licht der Öffentlichkeit scheuenden Gönner und Förderer gekauft hatte. Hauptsitz des Ordens war die Burg Werfenstein an der Donau. Hier vor allem vollzog Lanz mit seinen »Brüdern« und »Jüngern« seine abstrusen, aber keineswegs harmlosen Rituale. Dabei orientierte sich Lanz einmal an den (angeblichen) Riten und Gebräuchen des 1312 verbotenen und aufgelösten Templerordens. Dies hatte er mit einem Teil der Freimaurer und andern ominösen »Templern« gemein. Doch im Unterschied zu diesen konzentrierte sich Lanz auf die Lehre und Verbreitung einer kruden Rassenideologie, die er als »arioheroische Idee« bezeichnete und deren »Wiederbelebung« sein auf »Rassengleichheit aufgebauter Männerverband« dienen sollte.[35] Seine »Rassenurreligion« basierte auf einigen christlichen Gedanken, vor allem auf der Gralslegende. Hinzu kamen aber verschiedene diabolische Elemente, wobei in manichäistischer Manier den guten »Blonden« die dunklen und teuflischen »Äfflinge« gegenübergestellt wurden. Diese diabolische Verschwörungsideologie verbreitete Lanz in seiner Monatszeitschrift *Ostara*, zu deren begeistertsten Lesern der junge Hitler gehört haben soll. Daraus den Schluss zu ziehen, dass es Lanz war, der Hitler »die Ideen« gegeben habe, geht jedoch entschieden zu weit.[36] Lanz übte im Dritten Reich keinerlei Funktionen aus, seine Schriften sind sogar verboten worden. Nach 1945 wurden sie von dem immer noch in den einschlägigen Kreisen aktiven und erst 1954 gestorbenen Lanz neu aufgelegt.

5. »Schwarzes Buch«

Die Verschwörung der Kommunisten und Sozialisten

Marx nannte es kurz und treffend »Das Schwarze Buch«.[1] Es erschien 1853 in Berlin und behandelte die *Communisten-Verschwörung des neunzehnten Jahrhunderts*.[2] Verfasst worden war dieses Buch von einem gewissen Dr. Wermuth, von dem nur bekannt ist, dass er, wie im Titel angegeben, »Königl. Hannöverscher Polizei-Director« war. Geradezu berüchtigt dagegen war sein Koautor, der »Königl. Preußische Polizei-Director Dr. Stieber«, der das zweifelhafte Verdienst für sich in Anspruch nehmen kann, erster Geheimdienstchef Deutschlands, erster Kommunistenjäger und Konstrukteur der ersten antikommunistischen Verschwörungsideologie gewesen zu sein.

Geboren wurde Wilhelm Johann Carl Eduard Stieber 1818 in Merseburg als Sohn eines kleinen Beamten.[3] Auf Wunsch seines Vaters studierte er zunächst Theologie, um sich dann jedoch der Kriminologie zuzuwenden. 1844 wurde er Kriminalkommissar bei der Berliner Polizei, wo er sich nach eigenen Angaben sogleich große Verdienste bei der Aufspürung und Verhaftung aller möglichen Verbrecher erwarb. 1848 wäre seine vielversprechende Karriere fast beendet worden, soll er doch während der Märzrevolution eine schwarz-rot-goldene Fahne schwenkend vor König Friedrich Wilhelm IV. durch Berlin geritten sein. Stieber wusste sich jedoch nach dem Scheitern der Revolution vor dem Vorwurf, ein »Revoluzzer« gewesen zu sein, mit der Behauptung zu entlasten, dass er gar nicht reiten könne.[4]

Friedrich Wilhelm IV. schenkte ihm Glauben und beauftragte Stieber mit der Aufdeckung eines ganzen »Gewebes der Verschwörungen«. Das Zentrum dieser Verschwörung sollte sich in London befinden, wohin sich Stieber am 1. Mai 1851 begab. Hier besuchte er sogleich die »Höhle des Löwen«, gemeint war die Wohnung von Karl Marx, der laut Stieber das »Aussehen eines Universitätsprofessors« hatte. Allerdings mit einem »durchdringenden Blick« und einer »Halsschleife, wie sie die Künstler, Maler etc. zu tragen pflegen.« Stieber hatte sich Marx als »Zeitungsredakteur Schmidt« vorgestellt und sogleich ausgehorcht, was der vertrauensselige Marx aber nicht gemerkt habe. Stattdessen habe Marx »nach der Art sehr egozentrischer Menschen« einen »Monolog« gehalten, in dem er so etwas wie eine Kurzfassung des »Kommunistischen Manifestes« wiedergegeben habe. Auf Stiebers Fangfrage, ob der Ausgang des von Marx propagierten »Bürgerkrieges« nicht sehr »ungewiß« sei, »weil alle Machtmittel doch in den Händen eben jener Besitzer seien«, habe Marx frank und frei erklärt: »Die Zeit wirkt für uns! Die jüngsten Nachrichten aus Deutschland, die ich erhielt, besagen, in allen Teilen des Landes seien Kommunisten am Werke. In Barmen ist der Polizeipräsident selbst ein Kommunist, und in Elberfeld gar besuchte die ganze Bürgerschaft unsere kommunistische Versammlung.«[5]

Als der offensichtlich doch misstrauisch gewordene Marx fragte, für welche Zeitung der vermeintliche »Redakteur Schmidt« schreibe, antwortete dieser, er arbeite für ein »medizinisches Blatt in Berlin« und sei ein »verhinderter Arzt«. Marx sei aufmerksam geworden und habe Stieber gefragt: »Dann sagen Sie mir doch, welche wirksame Arznei gibt es gegen Hämorrhoidal-Schmerz?«[6]

Marx' Vertrauensseligkeit brachte Stieber auf die Spur von Oswald Dietz, in dessen Wohnung sich die »zentrale Registratur des Bundes« befunden habe.[7] Durch die dort erbeuteten Dokumente sei ihm klar geworden, dass »jener Kommunistenbund mit der Zentralleitung in London (…) maßgeblich zur Vorbereitung aller Ereignisse der Jahre ab 1848 in Preußen beigetragen« habe. Und nicht nur in Preußen. In Paris, wohin sich Stieber sofort begab, habe es schon einen »ausbrechenden Vulkan« gegeben, denn »überall warfen Schwärmer die aufrührendsten Parolen in die unwissenden Massen«. Einen dieser kommunistischen »Schwärmer« namens Cherval will Stieber persönlich dingfest gemacht haben. Mit dem von ihm »beigebrachten Beweismaterialien« begab sich Stieber zurück nach Deutschland, wo es den »Kriminalbehörden nun möglich« wurde, »alle führenden Mitglieder und Agenten des Kommunistenbundes in Deutschland festzunehmen.«[8] »Gegen nicht weniger als zwölf« von ihnen sei Anklage erhoben worden, unter ihnen habe sich neben dem »Schriftsteller Freiligrath« auch, wie Stieber mitteilte, der spätere Oberbürgermeister von Köln, Dr. Becker, befunden.

Der Prozess fand vom 4. Oktober bis zum 12. November 1852 in Köln statt. Ein wahrer Monsterprozess.[9] Doch obwohl Stieber »in mühseliger Kleinarbeit« Indizien gesammelt hatte, »bis etwa zweihundert Aktendeckel prall gefüllt waren«, und obwohl auch die Anklageschrift »mehrere hundert Seiten« umfasst habe, hätten die Angeklagten es immer wieder verstanden, »den Prozeßablauf mit juridischen Finten zu verzögern.«[10] Indirekt gab Stieber zu, dass ihm einige »Pannen« unterlaufen waren. Konnten die Angeklagten, übrigens mit tätiger Mithilfe von Marx und Engels aus London,[11] doch nachweisen, dass einige der von Stieber vorgelegten Belastungsdokumente schlicht gefälscht waren.[12]

Die große »Kommunistenverschwörung« konnte nicht bewiesen werden – die Angeklagten wurden »nur« zu drei bis sechs Jahren Haft verurteilt, einige sogar freigesprochen. Doch dies hinderte Stieber nicht, seine antikommunistische Verschwörungsideologie weiter auszuspinnen und auf die Sozialisten auszudehnen: Nicht nur der Kommunismus, auch der Sozialismus sei »Sache der Polizei«,[13] strebe er doch auch die

Befreiung der »Arbeiter von der Herrschaft des Kapitals« an. Dies jedoch in einer »staatlichen Gesellschaft«, die auf dem »Organismus der Arbeit« aufbaue.[14] Damit waren ganz offensichtlich die Vorstellungen Ferdinand Lassalles gemeint, das »eherne Lohngesetz« durch die Errichtung von »Produktivassoziationen mit Staatshilfe« zu durchbrechen.

An diese Ideen Lassalles hat die Sozialistische Arbeiterpartei Deutschlands (SAP) in ihrem Gothaer Programm von 1875 angeknüpft, in dem sie neben dem allgemeinen Wahlrecht auch die »Errichtung von sozialistischen Produktivgenossenschaft mit Staatshilfe« gefordert hat, »um die Lösung der sozialen Frage anzubahnen«. Revolutionär oder gar »gemeingefährlich« wird man dies kaum nennen können. Dennoch wurde die SAP 1878 mit der Begründung verboten, sie verfolge »gemeingefährliche Bestrebungen«, indem sie den »Umsturz der bestehenden Staats- und Gesellschaftsordnung« anstrebe.[15]

Gar nicht erst geprüft wurde, ob diese Partei überhaupt noch willens und in der Lage war, einen »Umsturz« anzustreben, verstand sie sich doch nach den Worten ihres Cheftheoretikers Karl Kautsky als eine »revolutionäre, aber nicht Revolution machende« Partei. In der Wissenschaft hat man dies »revolutionären Attentismus« genannt.[16] »Revolutionärer Attentismus« mag vielleicht dumm und töricht gewesen sein, aber keineswegs »gemeingefährlich«. Dennoch wurden die Sozialdemokraten verfolgt und auch nach Aufhebung des Sozialistengesetzes im Jahr 1890 immer wieder irgendwelcher »Umsturzbestrebungen« verdächtigt.[17] Tatsächlich hatte sich die Partei, wie dies selbst Konservative erkannten, »aus einer revolutionären in eine sogenannte radikale Reformpartei verwandelt.«[18] Darüber konnten auch ihre heftigen Debatten über »Reformismus« und »Revisionismus« nicht hinwegtäuschen. Die Parteispitze lehnte zwar beides öffentlich ab, um es jedoch im praktischen Leben tagtäglich zu praktizieren. Nicht wegen ihres Programms und schon gar nicht wegen ihrer praktischen Politik, sondern allein aufgrund des antisozialistischen

Schreckbildes wurden Mitglieder der SPD diskriminiert, Berufsverboten unterworfen und nicht selten auch inhaftiert. Im Kaiserreich gab es neben dem »antisemitischen« auch einen antisozialistischen Code, der auf einer Verschwörungsideologie basierte.[19]

Da die Glaubwürdigkeit dieser Ideologie immer geringer wurde, verlegte man sich auf eine andere Begründung, nämlich den Vorwurf, dass die SPD nicht nur antibürgerlich, sondern auch antichristlich sei. Dies war nicht ganz unbegründet, blieb die SPD doch eine Arbeiterpartei, die fest im proletarischen Milieu verankert war, sich dort in Wagenburgmanier einigelte und Verhaltensformen entwickelte, die sich scheinbar von denen der bürgerlich christlichen Schichten diametral unterschieden.[20] Die Kinder der Sozialdemokraten wurden überwiegend weder getauft noch konfirmiert, sondern absolvierten eine »Jugendweihe«. Die Erwachsenen heirateten meist nicht kirchlich und wurden auch nicht kirchlich beerdigt.

Dies war zwar alles andere als revolutionär, wurde aber als antikirchlich empfunden und als antichristlich denunziert, mussten doch die Kirchen betrübt feststellen, dass sie nicht mit der Sozialdemokratie konkurrieren konnten. Sozialdemokraten und Arbeiter insgesamt traten in Scharen aus der Kirche aus, was dazu führte, dass sich zumindest die Großstadtkirchen zunehmend leerten. Die Kirchen gaben der Sozialdemokratie die Schuld für die allgemeine Entfremdung zwischen Kirche und »Kirchenvolk«. Dabei war die SPD keineswegs durch einen vehementen Antiklerikalismus aufgefallen, wie ihn etwa die spanischen Anarchisten praktizierten. Im Deutschen Kaiserreich ist kein einziger Pfarrer jemals tätlich angegriffen und keine einzige Kirche oder Friedhof zerstört und geschändet worden. Geschändet wurden jüdische Friedhöfe, und dies in wachsender Zahl, doch nicht durch Sozialdemokraten, sondern ausschließlich durch Antisemiten, die alle der extremen Rechten angehörten.[21] Die SPD hatte sich allerdings, wie schon der Bund der Kommunisten 1848,[22] für eine Trennung von Staat und Kirche eingesetzt und wollte die Religion zur Privatsache erklären.[23] Auch dies war keineswegs revolutionär, in den USA war die Trennung von Staat und Kirche schon seit dem 18. Jahrhundert Realität. Einige Sozialdemokraten, allen voran der Berliner Adolph Hoffmann (bekannt auch als »Zehngebote-Hoffmann«), hatten sich durch antiklerikale Schriften und Spottverse hervorgetan, auf die vonseiten der Kirche empfindlich reagiert wurde.

Evangelische wie katholische Kirche lehnten die von der SPD geforderte Trennung von Staat und Kirche strikt ab und verurteilten die von den Sozialdemokraten propagierte Abschaffung des Privateigentums an Produktionsmitteln als Verstoß gegen göttliches Recht. So heißt es in der päpstlichen Enzyklika *Rerum novarum* von 1891: »Aber noch schwerer wiegt der Umstand, daß das angepriesene Heilverfahren in offenem Widerspruch steht zur Gerechtigkeit; denn persönlicher Besitz von eigenem Hab und Gut ist ein Recht, das dem Menschen von Natur aus zukommt.«[24]

Ganz abgesehen davon, dass die Sozialdemokraten keineswegs die Abschaffung jeglichen »persönlichen Besitzes« propagierten – von einer Realisierung dieses Ziels waren sie weit entfernt –, mutet die kirchliche Verteidigung des Privateigentums merkwürdig, ja fast schon unchristlich an. In der Bibel werden keine Loblieder auf Eigentum und Reichtum gesungen, sondern, ganz im Gegenteil, Armut und Bedürfnislosigkeit gefeiert. Diesem eigentlich christlichen Lebensideal haben verschiedene christliche Gemeinschaften – von den urchristlichen Gemeinden bis hin zu den mittelalterlichen Bettelorden – immer wieder nachzueifern versucht, und an diese Tradition haben Sozialisten wie Wilhelm Weitling mit seinem *Evangelium des armen Sünders* von 1846 angeknüpft.[25]

Statt dies anzuerkennen und die christlichen Wurzeln des Sozialismus aufzunehmen, prangerten die Kirchen die Sozialdemokratie in Bausch und Bogen als »gottlos« an und ergriffen kompromisslos die Partei des Staates und der politisch und ökonomisch Herrschenden, weshalb sie von vielen Arbeitern als bloße »Handlanger der herrschenden Klasse« wahrgenommen wurden. Außerdem wurden SPD und Gewerkschaften durch die Schaffung einer christlich-sozialen Arbeiterbewegung herausgefordert.[26]

Tatsächlich entwickelten sich vor allem die von dem Bischof Wilhelm Emanuel von Ketteler ins Leben gerufenen katholischen Gewerkschaften zu einer ernst zu nehmenden Konkurrenz zur Sozialdemokratie. Dagegen hatte die evangelische Kirche lange gezögert, eine eigene christlich-soziale Bewegung zu gründen, weil man die Lösung der sozialen Frage allein dem Staat zutraute und sie wegen des tief verwurzelten Obrigkeitsdenkens auch nur ihm zutrauen wollte. Die von dem Pfarrer Johann Hinrich Wichern 1850 ins Leben gerufene »Innere Mission« konzentrierte sich ganz auf die »sittliche« Verbesserung der Arbeiter, deren angeblich unsittlicher und unreligiöser Lebenswandel für ihre Misere verantwortlich gemacht wurde.[27] Doch damit war weder eine Lösung der sozialen Frage noch eine wirkungsvolle Bekämpfung der immer mächtiger werdenden Sozialdemokratie zu erreichen.

Dies erkannte der 1835 als Sohn eines Gefängnisdirektors geborene und zum »Hofprediger« und konservativen Reichstagsabgeordneten aufgestiegene Adolf Stoecker. Um der Sozialdemokratie das Wasser abzugraben beziehungsweise ihr die Arbeiter abspenstig zu machen, rief Stoecker 1878 die Christlich-soziale Arbeiterpartei ins Leben. Doch sein erstes Auftreten vor Berliner Arbeitern endete in einem Debakel. »Hofprediger« Stoecker wurde einfach ausgelacht. Allzu durchsichtig war sein Werben für seine antisozialistische Christlich-soziale Arbeiterpartei und seine Verteidigung der doch an sich guten und auf jeden Fall gottgewollten kapitalistischen Wirtschaftsordnung. Dass sie nicht gerecht war und daher auch nicht gottgewollt sein konnte, wussten die Arbeiter nur zu gut. Doch wer konnte dann für die unverkennbaren schlechten Seiten der kapitalistischen Ordnung verantwortlich sein? Hier wusste Stoeckers Amtsbruder Rudolf Todt Rat. In seiner 1877 veröffent-lichten Schrift *Der radikale deutsche Sozialismus und die christliche Gesellschaft* legte Todt dar, dass die »Anbahnung des sozialen Friedens in unserem Vaterlande, ja in der gesam-ten zivilisierten Welt« nur möglich sei, wenn man der »über-handnehmenden Herrschaft des Judentums einen Damm« ent-gegensetze.[28] Den gleichen Gedanken drückte Stoecker zwei Jahre später in seiner Schrift *Das moderne Judenthum in Deutschland, besonders in Berlin* folgendermaßen aus: Fahre das »moderne Judentum wie bisher fort, die Kapitalskraft wie die Macht der Presse zum Ruin der Nation zu verwenden, so ist eine Katastrophe unausbleiblich«.[29] Daher müsse die »jüdi-sche Presse toleranter« werden, und »die sozialen Uebelstände, welche das Judentum mit sich bringt«, müssten »auf dem Wege einer weisen Gesetzgebung geheilt werden.«[30]

Die von Todt und Stoecker gezogene Verbindung von Anti-sozialismus und Antisemitismus traf Juden wie Sozialisten un-vorbereitet: die inzwischen weitgehend assimilierten und viel-fach dem Bürgertum zuzurechnenden deutschen Juden, weil sie kaum etwas mit dem Sozialismus zu tun hatten und zu tun haben wollten, die Sozialisten, die der Ideologie des Antisemi-tismus kaum Aufmerksamkeit geschenkt, ja sogar gemeint hat-ten, ihn für ihre antikapitalistischen Zwecke instrumentalisie-ren zu können, weil der »Antisemitismus«, wie es in einem August Bebel zugeschriebenen Zitat heißt, doch nur der »So-zialismus der dummen Kerle« sei. Einige Sozialisten und Kom-munisten waren sogar selber von antisemitischen Vorurteilen keineswegs frei.[31]

Judentum und Sozialismus waren also alles andere als iden-tisch. Dennoch ist dies immer wieder von Antisemiten und An-tisozialisten behauptet worden. Anlass war die tatsächlich oder auch nur angebliche jüdische Herkunft einiger führender So-zialisten. Dies begann mit Marx selber, der einer zum Chris-tentum konvertierten jüdischen Familie entstammte und sich selber nie als Jude gefühlt hat. Ähnlich war es bei Lassalle,

Kautsky, Bernstein, Rosa Luxemburg und einigen anderen. Keiner dieser Sozialisten jüdischer Herkunft war gläubiger Jude. Die meisten hatten völlig mit der Religion gebrochen und waren sich ihrer jüdischen Identität nicht bewusst und wollten es nicht sein. Dennoch wurden sie von ihren Gegnern als Juden wahrgenommen; stets war vom »Juden Marx« oder der »Jüdin Luxemburg« die Rede; die von ihnen vertretene sozialistische Lehre wurde als »jüdisch« dargestellt. Antisemiten und Antisozialisten wurden nicht müde zu erklären, dass es Juden seien, die den Kapitalismus abschaffen wollten, für dessen negative Seiten ebenfalls Juden verantwortlich seien. Kapitalismus und Sozialismus wurden als Produkt einer jüdischen Verschwörung dargestellt. Natürlich war dies Unsinn. Doch dieser Unsinn wurde umso mehr geglaubt, je stärker die Sozialisten wurden und je näher die von ihnen propagierte soziale Revolution heranrückte oder heranzurücken schien. Ganz wesentlich dazu beigetragen hat eine Verschwörungsideologie, die alle vorherigen zusammenfasste und radikalisierte: die »der Weisen von Zion«.

6. »Herrschaft des Geldes«

Die Verschwörung der »Weisen von Zion«

Die »Weisen von Zion« hat es nicht gegeben. Bei den über ihre geheimen Treffen angefertigten »Protokollen« handelt es sich um eine Fiktion, von der man noch nicht einmal weiß, wem sie zuzuschreiben ist. Dennoch oder auch deshalb handelt es sich hier um die bekannteste und bis heute auch wirkungsvollste Verschwörungsideologie.[1]

Diese immense Wirkung ist darauf zurückzuführen, dass man den vermeintlichen Verfassern der »Protokolle« eine derartige Verschwörung ohne Weiteres zutraute und immer noch zutraut – an erster Stelle natürlich »den Juden«. So wurden neben Vertretern der zionistischen Bewegung wie Theodor Herzl und Achad Haam (d. i. Ascher Ginzberg) immer wieder Mitglieder der »Alliance Israélite Universelle« und der jüdischen Loge B' nai B' rith verdächtigt, die »Weisen von Zion« zu sein. Genannt wurden ferner jüdische Geheimorganisationen wie der »B' nai Mosche«, die in Odessa beheimatet gewesen sein soll, sowie eine völlig dubiose »Zentralkanzlei von Zion«. Auch von Freimaurern und die angeblich im Geheimen weiterexistierenden Illuminaten und weiterer Geheimgesellschaften war in diesem Zusammenhang immer wieder die Rede.

Zur bis heute anhaltenden Wirkung hat auch die Tatsache beigetragen, dass es selbst der kritischen Forschung bisher nicht gelungen ist, den oder die Verfasser der »Protokolle« ausfindig zu machen. Verdächtigt wurde lange Zeit der Leiter der zaristischen Geheimpolizei »Ochrana«, Pjotr Ivanovich Ratschkowsky, allein oder in Zusammenarbeit mit einem

Agenten namens Matvej Golovinskij die »Protokolle« in Paris hergestellt und vom Französischen ins Russische übersetzt zu haben. Doch dies konnte schon deshalb nicht bewiesen werden, weil es nicht eine, sondern drei unterschiedliche Fassungen der »Protokolle« gibt, die alle in russischer Sprache zwischen 1903 und 1905 erstellt worden sind.[2] Die älteste überlieferte wurde im Jahre 1903 in der St. Petersburger Zeitschrift *Znamja* anonym gedruckt. Verfasser soll ein gewisser Pavolakij Aleksandrovic Krucevan gewesen sein. Die am meisten beachtete und insofern auch wirkungsvollste Fassung wurde von dem russischen Schriftsteller und gelernten Juristen Sergej Nilus im Jahr 1905 im Anhang seines Buches *Das Große im Kleinen* veröffentlicht.[3]

Weitere russische Ausgaben und Übersetzungen erschienen in schneller Folge. Die erste deutsche Übersetzung besorgte 1920 der deutsche Publizist Ludwig Müller, der sich Gottfried zur Beek nannte,[4] eine englische wurde von dem amerikanischen Autokönig Henry Ford ebenfalls Anfang der zwanziger Jahre veröffentlicht. Bald schon wurden die »Protokolle« in nahezu alle europäischen Sprachen und 1926 auch ins Arabische übersetzt. Das Interesse an diesem Buch reicht bis in die unmittelbare Gegenwart hinein. Die »Protokolle« sollen das nach der Bibel am weitesten verbreitete Buch sein.[5] Es hat Geschichte gemacht.

Dabei sind die »Protokolle« schon 1921 von der Londoner *Times* als Fälschung entlarvt worden, was 1935 von einem Schweizer Gericht formal bestätigt wurde.[6] Tatsächlich sind sie keine Fälschung eines tatsächlich vorhandenen Dokuments, sondern eine totale Fiktion,[7] für die der oder die unbekannten Verfasser Teile aus anderen Publikationen verwandt haben. So ganze Passagen aus einer 1864 in Brüssel von Maurice Joly verfassten Streitschrift gegen Napoleon III., die den Titel *Dialogue aux enfers entre Machiavel et Montesquieu* trug.[8] Herangezogen und abgeschrieben wurden ferner Teile – so vor allem die Episode auf dem Prager Judenfriedhof – aus dem

Schauerroman *Biarritz* des Deutschen Hermann Goedsche, der sich Sir John Retcliffe nannte.[9] Doch all diese Details über die Entstehung der »Protokolle« erklären nicht ihre Wirkung.[10]

Die (je nach Sprache und Druckform) nur zwischen 40 bis 60 Seiten lange Schrift ist in 24 Abschnitte eingeteilt.[11] Sie handeln jeweils von einer Sitzung der ominösen »Weisen von Zion«, die von einem – wiederum fiktiven – Juden aufgezeichnet worden ist, das Ganze eher verworren, widersprüchlich und eigentlich langweilig geschrieben. Inhaltlich bestehen das Buch aus zwei Teilen: einer Verschwörungsideologie und einer negativen Herrschaftsutopie.[12]

Im ersten, verschwörungsideologischen Teil wird ausführlichst beschrieben, wie »die Juden« die »Weltherrschaft« erringen wollen: Sie beriefen sich dabei auf das »Recht des Starken« und stützten sich auf ihre »Herrschaft des Geldes«. Sie nützten die Dummheit der »Massen« und ihren »Parteienhader« aus und bekannten sich ohne Wenn und Aber zum Einsatz des schrankenlosesten »Terrors«. Durch die Anzettelung von »Wirtschaftskriegen« im außen- und durch die »Verteuerung der Lebensmittel« im innenpolitischen Bereich hetzten sie die »Massen« gegen die »christlichen Staaten« auf, um schließlich selber die Macht zu übernehmen. Dabei scheuten »die Juden« vor Terroranschlägen gegen einzelne Personen und gegen Staaten nicht zurück. Zu diesem Zweck nutzten sie die »Stollen der Untergrundbahnen« in den »Hauptstädten der Welt«, um von hier aus »ganze Städte mit den Staatsleitungen, Ämtern, Urkundensammlungen und den Nichtjuden mit ihrem Hab und gut in die Luft (zu) sprengen.« Doch noch wirkungsvoller als diese Terroranschläge seien das »Gift des Freisinns« wie die Idee der »Selbstbestimmung« und des »allgemeinen Wahlrechts«, das dem christlichen »Staatskörper ... eingeflößt« werde, um den kommenden »Umsturz« vorzubereiten, der von den »Nichtjuden« wie von einer »Hammelherde« hingenommen werde, in die die »Wölfe« einbrechen[13] etc. etc. All

dies war alles anders als neu und originell; derartige Verschwörungsideologien gab es zuhauf, und ein intensiver Vergleich
dürfte zu noch anderen Vorlagen führen als der von der Forschung so herausgehobenen Streitschrift Jolys und dem *Biarritz*-Roman Goedsches.

Interessanter, aber weniger beachtet ist der zweite, utopische
Teil der »Protokolle«. Hier wird das auf den Trümmern der
alten Welt nach einem gleichzeitig weltweit durchgeführten
»Staatsstreich«[14] errichtete »jüdische Weltreich« beschrieben.
Regiert werden soll es von einem König, der aus dem »Hause
David« stammt. Dieser »Weltherrscher« würde geradezu ver-
göttert, wofür eine, wie man heute sagen würde, geschickte
PR-Strategie[15] und die zensierte Presse sowie die »Werbetätig-
keit der Schule« sorgen sollten, in der es keine humanistische
Bildung mehr gibt.

Der selbstverständlich jüdische »Weltherrscher« regiert mit
Zuckerbrot und Peitsche. Es gibt keine Arbeitslosigkeit und
»Vergnügungen und öffentliche Häuser«. Allerdings auch keine »Trunksucht«, die ist, genau wie »unsittliches Schrifttum«,
verboten. Darüber hinaus wird das Volk durch eine Organisation, die an das »Wahrheitsministerium« in George Orwells
negativer Utopie *1984* erinnert, systematisch verdummt. Dies
geschieht durch »sorgfältig ausgesuchte Leute«, die an besonderen »Fachschulen« »in alle Geheimnisse des gesellschaftlichen Lebens eingeweiht« werden. An den traditionellen Universitäten ist dagegen die »Lehrfreiheit« aufgehoben und alles
verboten, »was irgendwie zersetzend wirken kann«.[16] Hier sowie an den Schulen hat man zu lernen, dass es »nur eine Wahrheit« gibt. Alle »Nichtjuden« werden in eine »Herde denkfau-
ler gehorsamer Tiere« verwandelt.

Zur totalen Indoktrination kommt der ebenso totale Terror.
Er ist durch die »neue Verfassung des Volksstaates« gedeckt,
in welcher der Präsident Gesetze erlässt und auslegt, »wie er
will«. »Zur Begründung braucht er ja nur zu sagen, diese
Maßnahmen seien für das höchste Wohl des Staates erforder-

lich.« Ausgeübt wird der Terror durch eine allgegenwärtige Polizei mit einem ausgedehnten »Spitzeltum« und »unzähligen Hilfskräften« sowie durch eine Justiz, die kein Berufungsrecht mehr kennt, die die »Tätigkeit der Rechtsanwälte« einschränkt und die jeden »unbarmherzig hinrichten« lässt, »der sich mit der Waffe in der Hand gegen uns und unsere Herrschaft auflehnt.«[17]

All dies erinnert keineswegs nur an Utopien eines totalen Staates,[18] sondern auch an die real existierenden »totalitären« Staaten Hitlers und Stalins. Auf die Ähnlichkeiten mit Hitlers »Volksstaat«[19] hat bereits Hannah Arendt in ihrem Buch über *Elemente und Ursprünge totaler Herrschaft* mit folgenden Worten hingewiesen: »Die Nazis begannen mit der ideologischen Fiktion einer Weltverschwörung und organisierten sich mehr oder weniger bewußt nach dem Modell der fiktiven Geheimgesellschaft der Weisen von Zion.«[20] Dies in folgender Hinsicht: Einmal hinsichtlich des Prozesses der schrittweisen »Ergreifung« der Macht durch Terror und Propaganda, zum anderen hinsichtlich der Sicherung dieser Macht durch wiederum Propaganda und gewisse sozialpolitische Maßnahmen wie Vollbeschäftigung und eine »stufenweise ansteigende Besitzsteuer«.[21] Selbst der ebenfalls schon in den »Protokollen« erwähnte »Rechnungshof« fehlte im Dritten Reich nicht. Seine Aufgabe sollte es sein, darauf zu achten, dass der »Staatshaushalts-Plan« immer eingehalten wurde[22] (was der real existierende Reichsrechnungshof jedoch nicht schaffte).

Doch nicht nur Hitler scheint ein »Schüler der Weisen von Zion« gewesen zu sein, als der er in einer Schrift aus dem Jahre 1936 bezeichnet wurde.[23] In weit stärkerem Maße scheint dies auf Lenin und Stalin zuzutreffen, jedenfalls wurde dies von vielen russischen Lesern der »Protokolle« angenommen. Auch der erste, verschwörungsideologische Teil der »Protokolle« stieß gerade in Russland auf eine große Aufnahmebereitschaft. Um dies zu verstehen, muss man um den historischen und ideologischen Hintergrund wissen.

Dass die Wirkung der »Protokolle« zunächst und vor allem in Russland so groß war, lag vor allem am Zeitpunkt ihres Erscheinens, der nicht besser hätte gewählt werden können. War doch Russland zu diesem Zeitpunkt von zwei völlig unerwarteten Katastrophen betroffen, die es in eine Krise stürzten, die letztlich nicht mehr überwunden werden konnte. Die eine Katastrophe war die militärische Niederlage gegen Japan. Sie kam nicht nur überraschend, sie wurde auch als besonders demütigend empfunden, war man doch nicht von einer Macht im Westen, den man immer noch bewunderte und nachahmte, sondern von einem asiatischen Land geschlagen worden. Dies weckte traumatische Erinnerungen an die jahrhundertelange mongolische Fremdherrschaft.

Zur äußeren kam die innere Katastrophe – die Revolution von 1905. Auch sie brach eher unerwartet über das Land herein. Russland befand sich in einem rasanten Prozess der wirtschaftlichen Modernisierung und einem – allerdings sehr zögerlichen – der politischen Reform. Dass beide Faktoren zum Ausbruch der Revolution geführt hatten, wollten die Machthaber nicht erkennen und einsehen. Man suchte nach Sündenböcken und meinte, sie in vertrauter antisemitischer Manier in den Juden gefunden zu haben. Doch warum gerade jetzt und gerade in Russland?[24]

Der russische Antisemitismus war ein verspäteter, aber besonders radikaler Antisemitismus. Im alten Russland hatte es kaum antisemitische Bestrebungen gegeben, was aber vor allem damit zu tun hatte, dass es auch kaum Juden gab. Beides änderte sich nach den Teilungen Polens. Sie führten dazu, dass fast das gesamte Siedlungsgebiet der im 14. Jahrhundert aus Deutschland nach Polen eingewanderten Juden an Russland gefallen war. Ihre Lage hatte sich dramatisch verschlechtert. Ursache waren einmal die national und sozial geprägten Konflikte zwischen der polnischen Herrenschicht und den ukrainischen Bauern, die sich 1648 im Aufstand Bogdan Chmielnickis entluden, zu deren Hauptopfern jüdische Händler und

*»Jüdische Börse« – antisemitische Darstellung
aus dem Jahr 1896.*

Schankwirte wurden. Hinzu kam das Verhalten der katholischen und dann auch der orthodoxen Kirche, welche die Verbreitung von Ritualmordlegenden duldeten, die ebenfalls zu
Pogromen führten. Die traditionellen religiösen vermischten
sich mit aus dem Westen importierten säkularen antisemitischen Verschwörungsideologien, als es einigen Juden gelang,

das ihnen zugewiesene Ansiedlungsrayon zu verlassen, um sich in russischen Städten als Händler und Industrielle zu betätigen oder sich als Studenten an russischen Universitäten einzuschreiben. Diese assimilierten jüdischen Bürger und Intellektuellen wurden vornehmlich für Terrorakte wie den Anschlag auf Zar Alexander II. im Jahr 1881 verantwortlich gemacht. Entsetzliche Pogrome waren die Folge. Ob sie spontan von Angehörigen der bäuerlichen, generell unteren Volksschichten ausgeübt oder von der allmächtig scheinenden russischen Geheimpolizei »Ochrana« gesteuert und gelenkt wurden, ist in der Forschung umstritten.[25] Fakt ist jedoch, dass vor und nach den Pogromen von 1881 verschiedene verschwörungsideologische Pamphlete publiziert wurden, die vermutlich von Angehörigen der »Ochrana« oder zumindest in deren Auftrag verfasst wurden.

So das von einem gewissen Brafman, der in verschiedenen Schriften den Nachweis zu erbringen trachtete, dass die »Kahal« genannten jüdischen Gemeinden trotz ihres schon 1844 ausgesprochenen Verbots insgeheim weiterexistieren würden und in enger Zusammenarbeit mit ihren ausländischen Glaubensgenossen eine Verschwörung vorbereiteten. 1873/74 veröffentlichte ein getaufter Jude rumänischer Abstammung, der sich Osman Bey nannte, zunächst auf Deutsch, dann auch auf Russisch ein Buch mit dem Titel *Die Eroberung der Welt durch die Juden*. Darin hieß es, Akteur dieser Verschwörung sei die 1860 in Paris gegründete »Alliance Israelite Universelle«, die sich als Wohltätigkeitsorganisation ausgebe, in Wirklichkeit aber dabei sei, ganze Armeen gegen Russland in Marsch zu setzen. Ähnlich fantastische Spekulationen enthielt ein Traktat über *Das große Geheimnis der Freimaurer*, das ein gewisser Przeczlavskij 1882 veröffentlichte.

Der Boden war also bestens bestellt, als die Verschwörungsideologie der »Weisen von Zion« in Form der »Protokolle« publiziert wurde. Sie schien zudem durch die Revolution von 1905, deren Drahtzieher wiederum Juden gewesen sein sollten, bestätigt zu werden. Die politische Wirkung der »Protokolle« war ohne Zweifel bereits vor dem Ausbruch der bolschewistischen Revolution groß, obwohl sie nicht, wie dies lange Zeit angenommen wurde, von staatlichen Institutionen und der russisch-orthodoxen Kirche offiziell sanktioniert und verbreitet worden sind.[26]

Nach dem Beginn der bolschewistischen Revolution verstärkte sich die Wirkung der »Protokolle« auf unglaubliche Weise, schien doch ihre Glaubwürdigkeit durch die revolutionären Ereignisse bestätigt zu werden, deren Drahtzieher Juden wie Kamenev, Sinovjev und vor allem Trotzki gewesen sein sollten. Die bolschewistische Revolution wurde als Ergebnis einer lange geplanten »jüdische Weltverschwörung« angesehen und die »Protokolle« wie eine Selffulfilling Prophecy gelesen. Zur Zeit des russischen Bürgerkrieges wurden sie von den revolutionsfeindlichen Weißen in großen Auflagen gedruckt und massenweise verbreitet.

Zur Akzeptanz und Verbreitung der »Protokolle« trugen auch Ereignisse (oder besser Gerüchte) wie das folgenden bei: 1918 fanden Angehörige der Weißen Truppen im Zimmer der ermordeten Zarin neben der Bibel, Tolstois *Krieg und Frieden* auch ein Exemplar der »Protokolle der Weisen von Zion«. Das von wem auch immer in einen Fensterrahmen eingeritzte Hakenkreuz, das schon damals als antisemitisches Symbol galt, wurde als zusätzlicher Beweis dafür aufgefasst, dass die bolschewistische Revolution, wie in den »Protokollen« vorhergesagt, von »den Juden« angezettelt worden sei. In dieser Zeit wurde der Begriff des »Judobolschewismus« geprägt.[27]

Das ideologische Konstrukt vom »Judobolschewismus« beziehungsweise der »jüdisch-bolschewistischen Weltverschwörung« wurde wiederum mit dem Hinweis auf die »Protokolle« begründet, die nun in schneller Folge in andere Sprachen übersetzt wurden.[28] Drei Fassungen erschienen allein in Frankreich. Eine englische Übersetzung ließ Henry Ford vom Mai bis Oktober 1920 in der Zeitung seines Autokonzerns *Dear-*

born Independent abdrucken, in der auch einige weitere antisemitische Artikel erschienen, die Ford kurz darauf unter dem Titel *The International Jew* herausgab.[29] Dies stieß auf die Kritik einiger jüdischer Organisationen, die zum Boykott der Produkte des Ford-Konzerns aufriefen. Vor die Wahl gestellt, entweder den Antisemitismus zu verbreiten oder Autos zu verkaufen, entschied sich Henry Ford für Letzteres. Er zog die »Protokolle« zurück und entschuldigte sich sogar für ihren Abdruck.

In Deutschland erschienen die »Protokolle« unter dem Titel *Die Geheimnisse der Weisen von Zion* und erreichten bis 1920 bereits sechs Auflagen.[30] Die deutsche Übersetzung war, wie bereits erwähnt, von Ludwig Müller alias Gottfried zur Beek veranlasst worden, der ein russisches Exemplar von einem zaristischen Offizier namens Fjodor Winberg erhalten hatte. Eine weitere Ausgabe wurde vom Altmeister der deutschen Antisemiten, Theodor Fritsch, herausgebracht. Sie trug den Titel *Die Zionistischen Protokolle. Das Programm der internationalen Geheimregierung.*

Die überaus große Verbreitung, die die »Protokolle« auch gerade in Deutschland erzielten, ist leicht erklärbar: Hier war der Boden für derartige antisozialistisch-antisemitischen Verschwörungsideologien bereits bestens bereitet worden. Hinzu kamen die vielfältigen Schauergeschichten über die Gräuel der Bolschewisten, Juden und »jüdischen Bolschewisten«,[31] die entweder direkt durch die Übersetzung einschlägiger Machwerke der Weißen oder indirekt durch die Vermittlung von Baltendeutschen wie Alfred Rosenberg verbreitet wurden.[32] Sie schienen die Glaubwürdigkeit der »Protokolle« noch zu bestätigen, und zwar auch in Deutschland selber, wo es ja mit dem Spartacus-Aufstand den Versuch gegeben hatte, eine wirkliche sozialistische Revolution einzuleiten.

Dabei war der fiktive oder, wie es damals hieß, Fälschungs-Charakter der »Protokolle« bereits Anfang der zwanziger Jahre entlarvt worden, und zwar sowohl von den (Exil-)Russen Jurij Delewski und Wladimir Burzew wie den Engländern Wolf und Graves. Doch diese Zweifel und Hinweise vermochten die Antisemiten in aller Welt nicht zu überzeugen.

Zu den begeistertsten Lesern zählte neben dem exilierten Kaiser Wilhelm II. auch Adolf Hitler.[33] Er hielt die vorgebrachten Zweifel sogar für den besten Beweis für die Echtheit der »Protokolle«, was er in *Mein Kampf* mit dem Hinweis auf den notorisch lügnerischen Charakter »der Juden« begründete: »Wie sehr das ganze Dasein dieses Volkes auf einer fortlaufenden Lüge beruht, wird in unvergleichlicher Art in den von den Juden so unendlich gehaßten ›Protokollen der Weisen von Zion‹ gezeigt. Sie sollen auf einer Fälschung beruhen, stöhnt immer wieder die ›Frankfurter Zeitung‹ in die Welt hinaus: der beste Beweis, daß sie echt sind. Was viele Juden unbewußt tun mögen, ist hier bewußt klargelegt. Darauf aber kommt es an. Es ist ganz gleich, aus wessen Judenkopf diese Enthüllungen stammen, maßgebend aber ist, daß sie mit geradezu grauenerregender Sicherheit das Wesen und die Tätigkeit des Judenvolkes aufdecken und in ihren inneren Zusammenhängen sowie den letzten Schlußzielen darlegen.«[34]

Hitler hielt die »Protokolle« nicht nur für echt, er sah in ihnen gleichsam die letzte Bestätigung seiner schon vorher gefassten These von einer Verschwörung »der Juden«, die schon immer nach der »Weltherrschaft« gestrebt hatten. Schon immer, das hieß für ihn »von Moses bis Lenin«.

7. »Von Moses bis Lenin«

Die »jüdisch-bolschewistische Weltverschwörung«

Moses mit Lenin in Verbindung zu bringen, ist grotesk. Doch genau dies geschah im Titel einer Broschüre, die 1924 im Münchener Hoheneichenverlag erschien: *Der Bolschewismus von Moses bis Lenin. Zwiegespräche zwischen Adolf Hitler und mir*.[1] Der da Zwiegespräche mit Hitler hielt, war der 1868 geborene Dietrich Eckart, der sich nach einem abgebrochenen Medizinstudium eher erfolglos als Dichter versucht hatte, bis er sich 1913 der rechtsradikalen Thulegesellschaft in München anschloss und rechtsradikale Zeitschriften wie *Auf gut deutsch* herausgab.[2] Im August 1919 hielt Eckart einen Vortrag bei der Deutschen Arbeiterpartei und lernte hier Adolf Hitler kennen. 1920 machte ihn Hitler zum Chefredakteur des *Völkischen Beobachters*. Am 9. November 1923 nahm Eckart am Hitler-Ludendorf-Putsch teil, weshalb er für kurze Zeit verhaftet wurde. Am 26. Dezember 1923 ist er in Berchtesgaden gestorben. Seine nicht vollendete Schrift *Der Bolschewismus von Moses bis Lenin* erschien posthum. 1925 widmete Hitler ihm den ersten Band von *Mein Kampf*.

Das Eckart'sche Machwerk besteht aus einem – fiktiven – Dialog zwischen »Er« (Hitler) und »Ich« (Dietrich Eckart), die hier ihre maßlos primitive Geschichtsauffassung zum Besten gaben. Hitler und Eckart meinten die Kraft entdeckt zu haben, die die Geschichte prägt und bewegt: »der Jude«, der die Menschheit in den Untergang treiben wollte. Dieser Untergang wäre aufhaltbar, wenn ihr Verursacher, »der Jude«, vernichtet werde. Eckart verwies in diesem Zusammenhang auf den »großen Deutschen« (und Antisemiten) Luther, der in *Von den Juden und ihren Lügen* vorgeschlagen hatte, die Synagogen und Schulen zu verbrennen. Hitler hielt das für nicht für ausreichend: »Mit dem Verbrennen wäre uns verdammt wenig geholfen. Das ist es ja! Auch wenn nie eine Synagoge, nie eine jüdische Schule, nie das Alte Testament existiert hätte, der jüdische Geist wäre doch da und täte seine Wirkung. Seit Anbeginn ist er da; und kein Jude, nicht einer, der ihn nicht verkörpert.«

»Der jüdische Geist« oder schlicht »der Jude« sei für alles verantwortlich – nicht nur, wie die modernen Antisemiten seit Wilhelm Marr und Adolf Stoecker meinten, für den Kapitalismus beziehungsweise, wie Hitler formulierte, für »alle sozialen Ungerechtigkeiten von Bedeutung«, sondern auch für den Bolschewismus, dem bereits 30 Millionen Menschen zum Opfer gefallen sein sollten. Dabei handele es sich, so Hitler weiter, keineswegs um eine neuartige Erscheinung, sondern nur um die vorläufig letzte Ausprägung des jüdischen Machtstrebens. Begonnen habe alles mit Moses,[3] der, so Hitlers originelle Auslegung des »Exodus«, das »Pöbelvolk« der Juden um sich geschart und mit dem Mord der Erstgeburt eine »Revolution« begonnen habe, die aber von dem »national gebliebenen Teil der Ägypter« durch die Austreibung der Juden verhindert worden sei. Fortgeführt worden sei all dies durch Paulus bis schließlich hin zu Lenin, diesen »Haupträdelsführern der jüdischen Weltrevolution«.[4]

Von Moses bis Lenin ist ohne Zweifel eine »frühe Quelle für Hitlers Antisemitismus«,[5] und sie ist mehr als das. Hitler oder Eckart oder beide gemeinsam haben zwei damals noch weitgehend getrennte Ideologien miteinander verbunden – den Antisemitismus mit dem Antikommunismus.[6] Vermittelndes Element ist »der Jude«, der nicht nur das Prinzip des absolut Bösen verkörpert, sondern der darüber hinaus nach der Weltherrschaft strebt, und zwar schon immer, seit den Zeiten Moses. Die Juden waren demnach nicht nur, wie dies die Kirche(n) jahrhundertelang gelehrt hatten, »Kinder des Teufels«, son-

Die »jüdisch-bolschewistische Weltverschwörung« **79**

dern die potenziellen, wenn nicht sogar bereits faktischen Herrscher der Welt. Diabolische und antisemitische Verschwörungsideologien waren damit zu einer Synthese verbunden: Für alles sollte »der Jude« verantwortlich sein, auch und vor allem für die bolschewistische Revolution. Daher gebe es nur eine Lösung: »Kampf dem Marxismus sowie dem geistigen Träger diese Weltpest und Seuche, den Juden.«[7]

Dieses verschwörungsideologisch motivierte Vernichtungspostulat hat Hitler dann in weiteren Artikeln[8] sowie schließlich in *Mein Kampf* näher ausgeführt und begründet.[9] Juden und jüdische Marxisten seien einmal für die »Verfallserscheinungen im Vorkriegsdeutschland« verantwortlich; dazu zählte Hitler den verderblichen Einfluss der »Presse«, die »Prostitution« und die sonstige »politische, sittliche und moralische Verseuchung«. Sie sei vor allem bei der »bolschewistischen Welle« in »Mitteldeutschland, Sachsen und im Ruhrgebiet« deutlich geworden: »Es ist kein Zufall, daß die bolschewistische Welle nirgends bessern Boden fand als dort, wo eine durch Hunger und dauernde Unterernährung degenerierte Bevölkerung haust: in Mitteldeutschland, Sachsen und im Ruhrgebiet. In allen diesen Gebieten findet aber auch von der so genannten Intelligenz ein ernstlicher Widerstand gegen diese Judenkrankheit kaum mehr statt, aus dem einfachen Grunde, weil ja auch die Intelligenz selber körperlich vollständig verkommen ist, wenn auch weniger durch Gründe der Not als durch Gründe der Erziehung.«

Zur Heilung dieser »Judenkrankheit« empfahl Hitler im Folgenden die Verringerung des »rein geistigen Unterrichts« und die Förderung der »körperlichen Ausbildung« der männlichen Jugendlichen, weil ein »Junge, der in Sport und Turnen zu einer eisernen Abhärtung gebracht wird, weniger dem Bedürfnis sinnlicher Befriedigungen« erliege »als der ausschließlich mit geistiger Kost gefütterte Stubenhocker«.[10] Die »bolschewistische Welle« sollte also durch Sport und sexueller Enthaltsamkeit gestoppt werden. Derart konfuse Gedanken waren nicht ungewöhnlich für Hitler, für ihn war für die »Prostitution«, die Verbreitung der »Syphilis« und die gesamte sonstige »Vergiftung der Seele« und des Körpers »der Jude« verantwortlich, weil er systematisch die »Gesundung« und »Reinigung des Volkskörpers« von allen »rassisch fremden« und »kranken Elementen«[11] hintertreibe, weshalb »der Jude« auch so etwas sei wie die »Rassentuberkulose der Völker«.[12]

Vor allem mache sich »der Jude« »an den Arbeiter heran, heuchele Mitleid mit dessen Schicksal oder gar Empörung über dessen Los des Elends und der Armut, um auf diesem Wege das Vertrauen zu gewinnen.« Mit Hilfe der »marxistischen Weltanschauung« zerstöre »der Jude« den »rassischen Inhalt« der Nation. »In der organisierten Masse des Marxismus« habe er »die Waffe gefunden, die ihn die Demokratie entbehren lässt und ihm an Stelle dessen gestattet, die Völker diktatorisch mit brutaler Faust zu unterjochen und zu regieren.« »Planmäßig« arbeite er »auf die Revolutionierung in doppelter Richtung hin: in wirtschaftlicher und politischer.« Er hetze »dank seiner internationalen Einflüsse« die Völker in Kriege, um schließlich »wenn nötig, noch auf die Schlachtfelder die Flagge der Revolution« zu pflanzen.[13] Besonders betroffen sei Deutschland: »Die Bolschewisierung Deutschlands, d. h. die Ausrottung der nationalen völkischen deutschen Intelligenz und die dadurch ermöglichte Auspressung der deutschen Arbeitskraft im Joche der jüdischen Weltfinanz ist nur als Vorspiel gedacht für die Weiterverbreitung dieser jüdischen Welteroberungstendenz.«[14]

Das, was »der Jude« in Deutschland mit Hilfe der »Sturmbataillone des revolutionären Marxismus« (wozu Hitler neben dem »Spartakusbund« auch die Unabhängigen Sozialisten zählte) erst noch anstrebe, habe er in Russland bereits erreicht: »Im russischen Bolschewismus haben wir den im zwanzigsten Jahrhundert unternommenen Versuch des Judentums zu erblicken, sich die Weltherrschaft anzueignen«.[15] Daher erfordere »der Kampf gegen die jüdische Weltbolschewisierung« »eine klare Einstellung zu Sowjet-Rußland«. Mit ihm dürfe es kein

Bündnis geben, schließlich könne man »nicht den Teufel mit Beelzebub austreiben.«[16]

Dieser Kampf sei aber zu gewinnen, da »der Bolschewismus« »dem russischen Volk jene Intelligenz« geraubt habe, »die bisher dessen staatlichen Bestand herbeiführte und garantierte«.[17] Der »jüdische Bolschewismus«[18] habe damit gewissermaßen sein eigenes Grab geschaufelt und »uns hier einen Fingerzeig« gegeben, »auf Kosten Rußlands (...) Grund und Boden« zu erwerben. Der Kampf gegen den »jüdisch-bolschewistischen Weltfeind« war für Hitler nicht Mittel zum Zweck, sondern Selbstzweck. Es handelte sich um ein »Programm«.[19] Propagiert und verbreitet[20] wurde es zum einem mit bildnerischen Mitteln und Methoden, und zwar schon vor 1933. In dem von Gerhard Paul so bezeichneten und analysierten »Aufstand der Bilder« spielten Verschwörungsideologien eine besondere Rolle.[21]

Beispielhaft ist ein Wahlplakat der NSDAP, die wegen ihres zwischenzeitlichen Verbots unter dem Tarnnamen »Völkischer Block« antrat, aus dem Jahr 1924. Es zeigt einen Herren, der durch seinen dicken Bauch als »Kapitalist« und durch den Davidstern an seiner Uhrkette sowie durch seine Nase als »Jude« kenntlich gemacht ist. In seiner linken Hand hält er Drähte, an denen sich marionettenhaft wirkende Arbeiter einer im Hintergrund abgebildeten Fabrik bewegen. Dieser »Drahtzieher«, so die Bildunterschrift, sollte die in den »Protokollen der Weisen von Zion« erwähnte Verschwörung der jüdischen »Herrschaft des Geldes« symbolisieren.

Auch auf anderen nationalsozialistischen Plakaten tauchten Personen auf, die durch ihre Uniform als Bolschewisten und durch ihre Physiognomie als »Juden« konnotiert sind,[22] teilweise haben sie jedoch auch »asiatische« oder einfach fratzenhafte Gesichtszüge, die an mittelalterliche Teufelsdarstellungen erinnern. Sie greifen mit überdimensionierten Händen oder Pranken (was wiederum an Teufelsillustrationen denken lässt) nach Deutschland, das – so die Botschaft – zum Opfer dieser

Wahlplakat des »Völkischen Blocks«,
einer Tarnorganisation der NSDAP, aus dem Jahr 1924.

»jüdisch-bolschewistischen Verschwörung« werde, wenn man nicht Hitler wähle.

Nachdem Hitler durch ein Bündnis mit den Konservativen an die Macht gelangt war, wurden derartige Verschwörungsideologien vor allem in Propagandafilmen verbreitet. So in dem 1933 von Hans Steinhoff gedrehten und noch im gleichen Jahr uraufgeführten Film *Hitlerjunge Quex*.[23] Hier wird der zum Nationalsozialismus bekehrte und von seinen »Kameraden« in der Hitlerjugend »Quex« genannte Arbeiterjunge Heini Völker zum Opfer einer Verschwörung der »Kommune«, deren Anführer deutlich erkennbare »jüdische« Züge trägt. Das Leiden und der Opfertod des jungen Völker, der vom bösen (jüdischen) Kommunisten gemeuchelt wird, steht in einem deutlichen Kontrast zur Reinheit, die innerhalb der »Kameradschaft« der Hitlerjugend herrscht. Die religiösen beziehungsweise pseudoreligiösen Bezüge sind unverkennbar.

Geradezu teuflische Züge tragen die Juden in den 1940 gedrehten antisemitischen Propagandafilmen *Jud Süß*[24] und *Die Rothschilds*. In diabolischer Manier verschwören sie sich gegen die (guten) Nichtjuden. In *Jud Süß* ist das Opfer ein »reines arisches« Mädchen, das vom dunklen und dreckigen Juden verführt und geschändet wird. In den *Rothschilds* bereiten die Mitglieder dieser Familie eine europaweite Verschwörung gegen die Christen vor, wobei die »Protokolle der Weisen von Zion« ganz offensichtlich zur Darstellung und Ausschmückung der betreffenden Szene herangezogen wurden.

In dem antibolschewistischen Hetzfilm *G. P. U.* sind die »Kommissare« und Agenten der sowjetischen Geheimpolizei Juden. Antibolschewistische Momente findet man auch in dem bekanntesten antisemitischen Film *Der ewige Jude* aus dem Jahr 1940.[25] Sie sind vor allem in den Szenen deutlich, in denen – wiederum in Anlehnung an die »Protokolle der Weisen von Zion« – von einer weltweiten Verschwörung der Juden berichtet wird, zu deren Agenten neben dem »Finanzjudentum« (repräsentiert wiederum durch die Bankiersfamilie Rothschild) und den »jüdischen Plutokraten in der Wallstreet« eben auch die »jüdischen« Kommissare in der Geheimen Staatspolizei der Sowjetunion gehören sollten. Ansonsten konzentriert sich der Film auf deutsche Kommunisten (vor allem Rosa Luxemburg) und Politiker jüdischer Herkunft (wie Walther Rathenau), von denen behauptet wird, sie hätten die Weimarer Republik völlig unterwandert und zur »Judenrepublik« gemacht. Die antisowjetischen Ausfälle sind zwar relativ zurückhaltend, was wohl auf den damals noch in Kraft befindlichen Hitler-Stalin-Pakt zurückzuführen ist, dennoch wird kein Zweifel daran gelassen, dass die »volkszerstörende Irrlehre« des Marxismus dem »Hirne« eines Juden, nämlich Marx, »entsprungen« sei und nicht zufällig unter den als völlig verwahrlost dargestellten »Ostjuden« seine vehementesten Anhänger gefunden habe. Die Schaltzentrale der jüdischen »Weltverschwörung«, die im Film als ein Spinnennetz dargestellt wird, sollte sich dagegen in Palästina befinden, das bereits als das »Zentrum für das internationale Judentum« bezeichnet wird.

Der ewige Jude ist in jeder Hinsicht ein »Multi-Stereotypen-Film«,[26] in dessen Mittelpunkt jedoch eine antisemitische Verschwörungsideologie steht, die der Rechtfertigung der Vernichtung der Juden dient. Juden werden in dem Film ganz offen mit Ratten verglichen, neben den antisemitischen Bildern wird das gesamte antisemitische Vokabular – »Schädlinge«, »Parasiten«, »Pestherd«, »Ungeziefer« etc. – bemüht. Deutlicher ließ sich das zentrale Ziel der Nationalsozialisten nicht ausdrücken, nämlich, wie Hitler am 30. Januar 1939 vor dem Reichstag in aller Öffentlichkeit verkündete, die »Vernichtung der jüdischen Rasse«.[27] Dies sollte im nächsten »Weltkrieg« geschehen, für deren Ausbruch allein das »internationale Finanzjudentum« verantwortlich sei.

Dass gegen das »internationale Finanzjudentum« und seine bolschewistischen Agenten und Helfershelfer ein »Vernichtungskampf« geführt werden müsse, teilte Hitler den Kommandeuren der Wehrmacht am 30. März 1941 ganz offen mit.[28] Ziel des geplanten Angriffs auf die Sowjetunion sei die »Vernichtung der bolschewistischen Kommissare und der kommunistischen Intelligenz«. Diese »Leute« seien »Verbrecher« und müssten »als solche behandelt werden.«[29] Das war ein Aufruf zum Völkermord an den Juden, denn im verschwörungsideologischen Kontext wurden sowohl die »Kommissare« wie die russische »Intelligenz« als »jüdisch« konnotiert – »Tod den Kommissaren und Juden!« war der Schlachtruf der Weißen im russischen Bürgerkrieg gewesen. Diese Forderung hatte sich Hitler zu eigen gemacht. Doch nicht nur Hitler und die

NSDAP-Plakat zu den Reichstagswahlen im November 1932.

Nationalsozialisten, auch die überwiegende Mehrheit der Offiziere der Wehrmacht stimmten dieser Forderung zu. Zumindest hat kein einziger der anwesenden Offiziere gegen die völkerrechtswidrige Anweisung Hitlers protestiert, sie zeigten sich als willfährige Vollstrecker seines Willens. Rechtsexperten der Wehrmacht machten sich sofort daran, Vorschriften zu entwickeln, wie dieser »Vernichtungskampf« zu führen sei. Sie wurden unter dem Titel *Die Ausübung der Kriegsgerichtsbarkeit im Gebiet ›Barbarossa‹* vom Generalfeldmarschall Wilhelm Keitel am 13. Mai 1941 herausgegeben.[30] In ihnen hieß es, dass »Freischärler«, womit Partisanen und Widerstandskämpfer gemeint waren, »durch die Truppe im Kampf oder auf der Flucht schonungslos zu erledigen« seien. Ferner seien »alle anderen Angriffe feindlicher Zivilpersonen gegen die Wehr-macht ... von der Truppe auf der Stelle mit den äußersten Mit-teln bis zur Vernichtung des Angreifers niederzukämpfen.« Für »Handlungen, die Angehörige der Wehrmacht und des Gefol-ges gegen feindliche Zivilpersonen begehen«, bestünde »kein Verfolgungszwang«. Damit wurde der Wehrmacht eine unein-geschränkte Lizenz zum Morden erteilt. Begründet wurde dies mit dem Hinweis auf die »zahllosen Blutopfer«, die Angehörige der »nationalsozialistischen Bewegung« vor 1933 im Kampf gegen unter »bolschewistischem Einfluss« stehende Kommu-nisten erbracht hätten.

Für den »ideologischen Vernichtungskrieg« gegen die So-wjetunion erließ das Oberkommando der Wehrmacht am 6. Juni 1941 gesonderte »Richtlinien für die Behandlung po-litischer Kommissare« der Roten Armee.[31] In diesem soge-nannten »Kommissarbefehl« wurde eingangs festgestellt: »Im Kampf gegen den Bolschewismus ist mit einem Verhalten des Feindes nach den Grundsätzen der Menschlichkeit oder des Völkerrechts nicht zu rechnen. Insbesondere ist von den politi-schen Kommissaren aller Art als den eigentlichen Trägern des Widerstandes eine haßerfüllte, grausame und unmenschliche Behandlung unserer Gefangenen zu erwarten.« Weil dies so sei, dürfte den »Kommissaren« nicht der Status von Kriegsgefan-genen zuerkannt werden. Sie seien vielmehr »grundsätzlich so-fort mit der Waffe zu erledigen«. Das gelte für »Kommissare jeder Art und Stellung, auch wenn sie nur des Widerstandes, der Sabotage oder der Anstiftung hierzu verdächtig sind.«

Von »Kommissaren« sowie ausdrücklich von »Juden« und »asiatischen Soldaten der Roten Armee« war dann auch in den von der Propaganda-Abteilung der Wehrmacht seit Mai 1941 entwickelten »Richtlinien für das Verhalten der Truppe in Ruß-land« die Rede.[32] Gegen sie müsse ein rücksichtsloser »Ver-nichtungskampf« geführt werden. Ähnliches stand in weiteren Befehlen der Wehrmachtsführung und wurde von Generälen und Truppenkommandeuren an die Soldaten weitergegeben.[33]

So hieß es in dem Schreiben des Oberbefehlshabers der Panzer-gruppe 4, Generaloberst Hoepner, vom 20. Juli 1944: »Der Krieg gegen Rußland ist ein wesentlicher Abschnitt im Daseins-kampf des deutschen Volkes. Es ist der alte Kampf der Germanen gegen das Slawentum, die Verteidigung europäischer Kultur gegen moskowitisch-asiatische Überschwemmung, die Abwehr des jüdischen Bolschewismus. Dieser Kampf muß die Zertrümmerung des heutigen Rußlands zum Ziel haben und deshalb mit unerhörter Härte geführt werden. Jede Kampf-handlung muß in Anlage und Durchführung von dem eisernen Willen zur erbarmungslosen, völligen Vernichtung des Feindes geleitet sein. Insbesondere gibt es keine Schonung für die Trä-ger des heutigen russisch-bolschewistischen Systems.«[34]

Der Kommandeur der 6. Armee, die später in Stalingrad unterging, nachdem sie eine blutige Spur durch Südrussland gezogen hatte, General von Reichenau, griff diese antisemi-tisch-antibolschewistische Verschwörungsideologie in einem Truppenbefehl vom 10. Oktober 1941 auf, in dem es hieß: »Hinsichtlich des Verhaltens der Truppe gegenüber dem bol-schewistischen System bestehen vielfach noch unklare Vor-stellungen. Das wesentliche Ziel des Feldzugs gegen das jü-disch-bolschewistische System ist die völlige Zerschlagung der Machtmittel und die Ausrottung des asiatischen Einflusses im europäischen Kulturkreis. (...) Der Soldat ist im Ostraum nicht nur ein Kämpfer nach den Regeln der Kriegskunst, sondern auch Träger einer unerbittlichen völkischen Idee und der Rä-cher für alle Bestialitäten, die deutschen und artverwandten Völkern zugefügt wurden. Deshalb muß der Soldat für die Not-wendigkeit der harten, aber gerechten Sühne am jüdischen Un-termenschentum volles Verständnis haben. Sie hat den weiteren Zweck, Erhebungen im Rücken der Wehrmacht, die erfah-rungsgemäß stets von Juden angezettelt wurden, im Keime zu ersticken.«[35]

Und der Kommandeur der 11. Armee, General v. Manstein, der nach 1945 – so der Titel seiner Memoiren – *Verlorenen Sie-*

gen nachtrauern sollte, erklärte am 20. November 1941: »Seit dem 22. 6. steht das deutsche Volk in einem Kampf auf Leben und Tod gegen das bolschewistische System. Dieser Kampf wird nicht in hergebrachter Form gegen die sowjetische Wehrmacht allein nach europäischen Kriegsregeln geführt. (...) Das Judentum bildet den Mittelsmann zwischen dem Feind im Rücken und den noch kämpfenden Resten der Roten Armee und der Roten Führung. (...) Das jüdisch-bolschewistische System muß ein für allemal ausgerottet werden. Nie wieder darf es in unseren europäischen Lebensraum eingreifen. Der deutsche Soldat hat daher nicht allein die Aufgabe, die militärischen Machtmittel dieses Systems zu zerschlagen. Er tritt auch als Träger einer völkischen Idee und Rächer für alle Grausamkeiten, die ihm und dem deutschen Volk zugefügt wurden, auf. Für die Notwendigkeit der harten Sühne am Judentum, dem geistigen Träger des bolschewistischen Terrors, muß der Soldat Verständnis aufbringen.«[36]

Beispiele wie diese zeigen, dass das verschwörungsideologisch motivierte Feindbild vom »jüdischen Bolschewismus«[37] zu einem Programm geworden war, das Hitler und die Wehrmacht einte und das beide verwirklichen wollten. Die Folgen der konkreten Verwirklichung dieses ideologischen Programms im »biologistisch begründeten Feldzug gegen Bolschewisten, Juden, Zigeuner und andere slawische »Untermenschen«[38] sind bekannt: Neben 6 Millionen Juden und einer (geschätzten) halben Million Sinti und Roma,[39] von denen wiederum die meisten im »Osten« ermordet wurden, hat die Wehrmacht von den insgesamt fast 6 Millionen sowjetischen Kriegsgefangenen über die Hälfte, 3,3 Millionen, entweder sofort erschossen oder willentlich an Hunger und Seuchen sterben lassen.[40]

Insgesamt sind dem »ideologischen Vernichtungskrieg« gegen die »jüdisch-bolschewistische« Sowjetunion über 30 Millionen, nach neuesten Schätzungen sogar 40 Millionen[41] Sowjetbürger zum Opfer gefallen. Wer trug die Schuld daran? Hitler und einige wenige Generäle oder »die Wehrmacht« vom höchsten Offizier bis zum einfachen Soldaten? War die, wie der Historiker Hans Mommsen meint, »Mentalität des durchschnittlichen Landsers (...) von Nüchternheit, Ablehnung der realitätsfernen Propagandatiraden und dem festen Willen geprägt, selbst zu überleben«?[42] Hatte der »Durchschnittssoldat« »wenig Einfluss« auf die »unter dem Vorzeichen des Kommissarbefehls« vorgekommenen »schwerwiegenden Übergriffe der Armee gegen die ihr wehrlos ausgelieferten Zivilbevölkerung und gegen Kriegsgefangene«? Hatte der schon fast mythische »Landser« »kaum eine Möglichkeit, sich der Eskalation der Gewalt zu entziehen«? Oder glaubte er an die antibolschewistisch-antisemitischen Verschwörungsideologien?[43]

Liest man die zahlreich vorliegenden Aufzeichnungen, Briefe und anderen Selbstzeugnisse der »Durchschnittssoldaten«, so gewinnt man den Eindruck, dass Hass gegen »Kommissare«, »Juden« und andere »Untermenschen« auch bei den einfachen »Landsern« anzutreffen war.[44] Dafür einige Beispiele, die zeigen, dass Hass und Vernichtungswille nicht befohlen werden mussten, sondern tief in der Mentalität wenn nicht aller, so doch vieler deutscher Soldaten verwurzelt waren.

Schon Mitte Juli 1941 schrieb ein deutscher Unteroffizier in einem Feldpostbrief: »Das deutsche Volk hat eine gewaltige Verpflichtung unserem Führer gegenüber, denn wenn diese Bestien, die hier unsere Gegner sind, nach Deutschland gekommen wären, wäre ein Morden eingetreten, wie es die Welt noch nie gesehen hätte.

Wenn schon ungezählte Tausende eigener Bewohner der Sowjets hingemordet werden, und Ukrainer, ein Volk ohne Schutz, bestialisch verstümmelt und getötet werden, wie hätte man es erst mit den Deutschen gemacht? Was wir gesehen haben, kann keine Zeitung schildern. Es grenzt ans Unglaubliche, selbst das Mittelalter konnte nicht mit dem mithalten, was hier geschieht. Und wenn man in Deutschland den *Stürmer* liest und die Bilder sieht, so ist das nur ein kleines Zeichen von dem, was wir hier sehen und was hier von Juden verbrochen wird. Glaube mir, auch die sensationellsten Zeitungsberichte sind nur ein Teil dessen, was hier geschieht.«[45]

Die von den Nationalsozialisten aus Russland übernommene Ideologie von der Verschwörung der »jüdischen Bolschewisten« wird hier aufgegriffen und als eigene Erfahrung ausgegeben. Ähnlich war es mit der Identifizierung von Bolschewismus und Judentum. So stand für einen Sanitätsgefreiten außer Frage: »Bolschewik sein kann nur ein Jude. (...) Wo man hinspuckt, steht ein Jude.«[46] Andere Soldaten beschrieben die angeblich von Juden begangenen Verbrechen in der deutlich erkennbaren Absicht, ihre eigenen zu begründen.

Ein Gefreiter namens Hans Sachs wusste zu berichten, dass die Deutschen »Rache« genommen hätten, wobei er zur Begründung auf die Rede Hitlers vom 30. Januar 1939 hinwies, in dem die »Vernichtung der jüdischen Rasse« angekündigt worden war, falls es dem »internationalen Finanzjudentum« noch einmal gelingen sollte, die Völker der Welt in einen Krieg zu stürzen.[47] Befriedigt erklärte der Gefreite: »Der Jude mußte wissen, daß der Führer mit seinen Worten ernst zu machen pflegt, und hat nun die entsprechenden Konsequenzen zu tragen.«[48] Ein anderer Gefreite fluchte in einem Brief vom April 1942 über »die Juden«, denn »die haben uns ganz offensichtlich diese Schmach des Krieges gebracht.«[49]

Wie deutsche Soldaten »die Juden« für diese »Schmach« »bestraften«, wurde in einem Brief vom Juli 1942 folgendermaßen dargestellt: »Über die Ereignisse im Osten betreffs Juden könnte man ein Buch schreiben. Dafür ist das Papier zu schade. Ihr dürft Euch sicher sein, sie kommen an einen richtigen Ort, da unterdrücken sie keine Völker mehr.«[50] Ein Unteroffizier wurde in einem im Juli 1942 geschriebenen Brief noch deutlicher: »Die große Aufgabe, die uns im Kampf gegen den Bolschewismus gestellt ist, liegt in der Vernichtung des ewigen Judentums. Wenn man sieht, was der Jude hier in Rußland angerichtet hat, kann man das erst recht verstehen, warum der Führer den Kampf gegen das Judentum begonnen hat. Was wäre über unser Vaterland nicht alles an Leid gekommen, wenn diese Bestie Mensch die Oberhand behalten hätte?«[51]

Diese antisemitischen Tiraden wirken eingeübt, doch der folgende Bericht zeugt von eigenem Erleben: »Kürzlich wurde ein Kamerad von uns bei Nacht ermordet aufgefunden. Er wurde von hinten abgestochen. Das kann nur der Jude sein, der hinter diesen Verbrechen steht. Die darauf vorgenommene Razzia ergab ja auch einen ganz schönen Erfolg.«[52]

Ebenso, vielleicht sogar noch mehr als »die Juden« beziehungsweise die »Ostjuden«, hassten deutsche »Landser« die sowjetischen Soldaten, die in vielen Briefen und Tagebuchaufzeichnungen als »asiatisch« bezeichnet und mit Tieren verglichen und gleichgesetzt wurden. Der Panzersoldat Karl Fuchs wollte Anfang Juli 1942 bemerkt haben, dass in »Rußland nichts ist außer Not, Armut und Verkommenheit.«[53] Die Russen selber seien ein Volk, »das langer und guter Schulung bedarf, um Mensch zu werden«. Seinen »Lieben in der Heimat« versprach er: »Wenn ich zurück bin, werde ich dir endlose Schauergeschichten über Rußland erzählen.« Zu diesen »Schauergeschichten« gehörte eine über »weibliche Soldaten« der Roten Armee, die »aus dem Hinterhalt auf unsere braven deutschen Soldaten« geschossen hätten,[54] und die den deutschen Soldaten ganz offensichtlich an »Hexen« erinnerten.

Immer wieder werden in den Briefen der Soldaten die eigenen Gräuel mit dem Hinweis auf die Verbrechen »der anderen« legitimiert, wobei bereits die These vertreten wird, dass es sich beim Angriff auf die Sowjetunion eigentlich um einen Präventivkrieg gehandelt habe.[55] So schrieb der Soldat Fred Fallnbigel Mitte Juli 1941 an seine Eltern: »Jetzt weiß ich wirklich, was Krieg bedeutet. Ich weiß aber auch, dass wir zum Kampf gegen die Sowjetunion gezwungen waren. Denn Gnade uns Gott, wenn wir gewartet hätten oder wenn diese Bestien zu uns gekommen wären. Für die ist der grausigste Tod noch zu schön. Ich bin glücklich, daß ich dabei sein darf, diesem völkerrechtswidrigen System das Handwerk zu legen.«[56]

Der Hass auf die sowjetischen Soldaten basierte keineswegs nur auf der Angst vor ihrem angeblich bevorstehenden Angriff auf Deutschland, sondern wurde darüber hinaus mit dem Hinweis auf ihren Charakter begründet. Die Rotarmisten galten als »unkultivierte, vielrassige Menschen« und wurden immer wieder als »Bestien« bezeichnet und mit Tieren verglichen.[57] Ein Soldat beschrieb eine Gruppe von Gefangenen, die von seiner Einheit zur Ermordung abtransportiert wurde, als »Mongolen, Chinesen, Asiaten, ein Gemisch im richtigen Sinne des Wortes«, weshalb er ganz offensichtlich Befriedigung dabei empfand, dass sie nun »zur Abschreckung zwei bis drei Tage hängen« bleiben würden.[58]

Der Gefreite Walter Sperath schrieb, dass »die Tiere (…) es bei uns besser« hätten als in diesem »Arbeiterparadies«, was ihn jedoch keineswegs zu Mitleid veranlasste. Stattdessen schwor er, dass er und seine Kameraden den »Kampf« nicht eher beenden würden, »bis dieses Gesindel mit Stumpf und Stiel ausgerottet ist zum Segen europäischer Kultur und Menschheit«.[59] Unteroffizier Otto Deisenroth entwarf am 30. Juli 1941 folgendes Schreckensbild: »Überall starrt uns im gequälten Blick der Bauern, im blöden Stieren der Gefangenen, in den Hunderten hingemordeten Menschen, in den Bauernhöfen, den verarmten Dörfern und in den verfallenen Häusern das Gespenst des Bolschewismus an, es ist mir oft so, als sei dies alles ein Werk des Teufels.«[60]

Die Sowjetunion ein »Werk des Teufels« und der Juden – genau dies stand im Mittelpunkt von Hitlers antisemitischer und diabolischer Ideologie von der »jüdisch-bolschewistischen Weltverschwörung«, die ganz offensichtlich von großen Teilen der deutschen Bevölkerung akzeptiert und gewissermaßen verinnerlicht wurde. Daran konnten die nach 1945 entwickelten und verbreiteten antikommunistischen Verschwörungsideologien anknüpfen.

8. »Auschwitzlüge«

Revisionistische Verschwörungsideologien

Auschwitz und der Holocaust sind von den Nationalsozialisten mit dem Hinweis auf eine Verschwörung der Juden begründet worden. Neonazis bestreiten Ausmaß und selbst Existenz dieser Verbrechen und machen für die, wie sie es nennen, »Auschwitzlüge« wiederum »die Juden« verantwortlich, die angeblich durch die Verbreitung dieser »Lüge« materielle und politische Vorteile erlangen wollen. Diese Verschwörungsideologie unterscheidet sich von den sonstigen dadurch, dass hier nicht etwas konstruiert wird, was sich (wie etwa die Verschwörung der »Weisen von Zion«) gar nicht ereignet hat, sondern dass etwas dekonstruiert wird, was tatsächlich stattgefunden hat – der Holocaust. Insofern ist die »Auschwitzlüge« die infamste aller Verschwörungsideologien. Dennoch wird sie in diesem Zusammenhang bislang kaum erwähnt. Die Spezialforschung hat den verschwörungsideologischen Charakter der »Auschwitzlüge« nicht erkannt und sich stattdessen auf die Widerlegung der auch »Negationisten« oder »Revisionisten« genannten Holocaustleugner konzentriert.[1]

Der erste Revisionist und Leugner des Holocaust war der Franzose Paul Rassinier. Der 1906 geborene Rassinier war ursprünglich Kommunist gewesen, hatte sich aber bereits in den dreißiger Jahren aus Abscheu über die Verbrechen Stalins vom Kommunismus abgewandt. Dies ist ihm im Konzentrationslager Buchenwald, in das er als Mitglied der französischen Résistance deportiert worden war, von seinen kommunistischen Mithäftlingen verübelt worden. Nach seiner Befreiung und

Rückkehr nach Frankreich hat Rassinier das Verhalten der Kommunisten in Buchenwald, insbesondere das der kommunistischen Kapos, scharf kritisiert. Auch zweifelte er ihre Darstellung der Verhältnisse in Buchenwald an und schloss daraus, dass die inzwischen vorliegenden Berichte über das Vernichtungslager Auschwitz ebenfalls falsch seien. In einem bereits 1950 in Frankreich veröffentlichten Buch[2] sprach er von einer »Lüge« und wusste auch zu sagen, wem diese »Lüge« nütze – »den Juden«, die mit dieser »Geschichtsfälschung« Geld und politische Unterstützung von den Deutschen und von anderen westlichen Nationen erpressen würden.[3]

Für diese Leugnung des Holocaust prägte der deutsche Rechtsextremist Thies Christophersen 1973 das Wort »Auschwitzlüge«.[4] Wilhelm Stäglich, von Beruf Oberfinanzrichter, sprach in einem 1979 veröffentlichten Buch von einem »Mythos«, weil viele der bisherigen Berichte über Auschwitz nicht der »Wirklichkeit« entsprächen und daher in den Bereich der »Legende« zu verweisen seien.[5] Der an der angesehenen amerikanischen Northwestern-University tätige Professor für Elektrotechnik Arthur E. Butz erklärte den Holocaust für einen »Jahrhundertbetrug«.[6] Butz' amerikanischer Landsmann Austin J. App wusste zu sagen, wem dieser »Betrug« oder der *Six Million Swindle* nütze, nämlich »den Juden«, die die Deutschen mit erfundenen Leichen erpressen würden, um so an harte D-Mark zu kommen: »Blackmailing the German People for Hard Marks with Fabricated Corpses«.[7]

Diese und andere Auschwitzleugner haben sich in den 1980er Jahren formiert und vernetzt, vor allem mit Hilfe und in dem in den USA beheimateten »Institute for Historical Review«. Aufgabe dieses pseudowissenschaftlichen »Instituts« ist die »historische Überprüfung« (historical review) der Geschichte des Holocaust. Dabei werden einmal Dokumente, die wie das Protokoll der Wannsee-Konferenz und der Gerstein-Bericht über die Vergasungen beweisen, dass der Holocaust minutiös geplant und durchgeführt worden ist, als entweder ganz oder zumindest teilweise gefälscht ausgegeben. Darüber hinaus fälscht die, wie man sie auch nennen kann, »Internationale der Holocaustleugner« in alter verschwörungsideologischer Tradition auch selber Dokumente oder stellt solche ganz neu her.[8]

In den letzten Jahren haben sich diese Kreise darauf konzentriert, die Existenz und Funktionsweise der Gaskammern mit vorgeblich naturwissenschaftlichen Methoden infrage zu stellen. Zu diesem Zweck wurden Proben an den gesprengten und seitdem der Witterung ausgesetzten Ruinen der Gaskammern von Auschwitz genommen, um so Spuren des hier verwandten Blausäure-Gases zu gewinnen Angeblich mit negativem Erfolg. Wie sollte dies nach 60 Jahren auch möglich sein? Aus den Befunden wurde geschlossen, dass hier überhaupt keine Vergasungen vorgenommen worden seien. Ein angeblicher »Ingenieur« namens Fred Leuchter, der diese dubiosen Experimente in Auschwitz durchgeführt hat, ergänzte seine Expertise noch um die Behauptung, dass in den deutschen Gaskammern entweder gar keine oder längst nicht so viele Menschen ermordet worden sein könnten, weil sie nicht über den technischen Standard der amerikanischen Gaskammern verfügt hätten. Dabei stützte sich Leuchter auf eigenes Expertenwissen, das er als Hersteller und Verkäufer von Gaskammern und anderen Tötungsanlagen für amerikanische Zuchthäuser und Hinrichtungsstätten erworben hatte.

Der nach Leuchter benannte und vom »Institute for Historical Review« finanzierte *Leuchter-Bericht*[9] erfreute sich in den achtziger und neunziger Jahren bei deutschen und vielen ausländischen Rechtsradikalen großer Beliebtheit. Daher war es notwendig, durch detaillierte Studien über die Funktionsweise der Gaskammern und »Krematorien von Auschwitz« und die sonstige »Maschinerie des Massenmordes« die Unsinnigkeit dieser Thesen zu beweisen.[10]

Tatsächlich haben sich einige Revisionisten durch diese Argumente und Fakten überzeugen lassen, doch längst nicht alle.

Die Uneinsichtigen stellten nun andere Fakten in Zweifel, fälschten andere Dokumente und beharrten im Übrigen darauf, dass es den Holocaust schon deshalb nicht gegeben habe könne, weil er »den Juden« nütze – ein hinlänglich bekanntes Argument in der Geschichte der Verschwörungsideologien. Wer an eine Verschwörung glaubt oder glauben will, lässt sich durch Argumente kaum erschüttern. Schon gar nicht durch den Vorwurf, er gehöre zur rechtsextremen Szene oder stünde ihr zumindest nahe.[11]

Einen sehr begrenzten Erfolg hatte auch die Indizierung einiger Bücher der radikalen Revisionisten und das gesetzliche Verbot der Verbreitung ihrer Lügen. Dies schon deshalb, weil derartige Indizierungen und Verbote nur in einigen Ländern ausgesprochen worden sind, vor allem in Deutschland, wo ein eigenes »Auschwitzlügen«-Gesetz erlassen wurde – ein Gesetz, das im Ausland nicht beachtet und teilweise sogar offen kritisiert wird. Hinzu kommt schließlich, dass man mit diesen politischen und juristischen Maßnahmen allenfalls einige radikale und eindeutig dem rechtsextremen Spektrum zuzuordnende Revisionisten trifft beziehungsweise getroffen hat, allen voran die rechtsradikalen Publizisten David Irving und Ernst Zündel, die inzwischen verurteilt oder zumindest vor Gericht gestellt worden sind.

Doch andere, »gemäßigte Revisionisten« fuhren fort, zumindest einige Aspekte der vielfach erwiesenen und zigfach belegten Geschichte des Holocaust in Zweifel zu ziehen, zum einen mit der verschwörungsideologisch motivierten Cui-bono-Frage, zum anderen mit der Täter-Opfer-Umkehrung, die ebenfalls aus der Geschichte der Verschwörungsideologien bekannt ist. Zu dieser Gruppe gehört leider auch der anerkannte Historiker Ernst Nolte.

Nolte hatte in Büchern die These vertreten, dass der Faschismus nicht primär antisemitisch, sondern vor allem antimarxistisch ausgerichtet gewesen sei.[12] Mit dieser Begriffsbestimmung konnte Nolte allerdings nicht die Tatsache erklären, dass die weitaus meisten Opfer des Nationalsozialismus Juden gewesen waren. Daher kehrte er das Täter-Opfer-Verhältnis beziehungsweise das von »Hammer und Amboss« einfach um und behauptete, dass »die Juden« generell auch Täter oder doch »eine der aktivsten und welthistorisch wichtigsten Gruppen der Menschheit« gewesen seien.[13] Daher trügen sei eine gewisse Mitschuld an ihrer eigenen Vernichtung. Einmal, weil sie Deutschland den Krieg erklärt hätten,[14] ja im Zweiten Weltkrieg so etwas wie eine »kriegführende« und Deutschland gegenüber »feindselige Gruppe« gewesen seien.[15] Zum anderen, weil »die Juden« eine »innere Affinität« zum Bolschewismus aufgewiesen hätten,[16] weshalb die These, wonach »die Juden die Urheber des Bolschewismus« gewesen seien, keineswegs völlig grundlos sei.[17] Hätten doch »die Juden« nach der Oktoberrevolution die »führende Schicht aus Russen und Baltendeutschen hingemordet und sich an ihre Stelle gesetzt«. Daher sei das »Postulat einer Vernichtung der Juden als Strafe und Präventivmaßnahme« erhoben worden.[18] Hitler und die Nationalsozialisten hätten den Holocaust oder die, wie Nolte formulierte, »asiatische Tat« deshalb begangen, »weil sie sich und ihresgleichen als potentielle oder wirkliche Opfer einer asiatischen Tat betrachteten.«[19]

Diese These löste 1986 den sogenannten Historikerstreit aus, in dem jedoch vor allem der von Nolte gezogene kausale Nexus zwischen »Gulag« und »Auschwitz« kritisiert und die Singularität des Holocaust betont wurde. Wenig erkannt und noch weniger kritisiert wurde Noltes verschwörungsideologisches Denken, das ihn veranlasst hat, zumindest Elemente der Ideologie von der »jüdisch-bolschewistischen Verschwörung« zu übernehmen.

Diese Verschwörungsideologie war nach Hitler so sehr mit seinem Vernichtungskrieg gegen eben diese »jüdischen Bolschewisten« verbunden, dass sie nach 1945 zunächst nicht tradiert, ja geradezu tabuisiert worden war, selbst in der Zeit des Kalten Krieges, als die antikommunistischen Verschwörungsideologien von den zuvor mit ihnen verbundenen antisemitischen getrennt worden waren. Erstaunlicherweise änderte sich dies nach dem Ende des Kalten Krieges und dem Untergang des Kommunismus in Europa: Jetzt wurde wieder verstärkt auf die jüdische Herkunft einiger führender Bolschewisten verwiesen und der angeblich »jüdische« Charakter des Kommunismus generell betont.

Dezidiert geschah dies in einem Buch von Johannes Rogalla von Bieberstein mit dem Titel *Jüdischer Bolschewismus* aus dem Jahr 2003.[20] Hier will von Bieberstein, der auch eine Studie über die Verschwörung der Illuminaten verfasst hat, beweisen, dass es sich beim »jüdischen Bolschewismus« eben nicht um eine Ideologie beziehungsweise um einen »Mythos«, sondern um »Realität« gehandelt hat. Zu diesem Zweck reiht er Zitate von »jüdischen Bolschewisten« sowie anderen Kommunisten und Sozialisten aneinander und schildert ihre »schrecklichen Taten«. Als »jüdisch« werden dabei auch solche Personen angesehen, die Christen oder Atheisten geworden waren. Genannt und geradezu steckbrieflich vorgestellt werden in diesem Zusammenhang auch Menschen, die mit Juden verheiratet waren. In dem Buch werden zudem verschiedene Äußerungen von Zeitgenossen und Historikern zitiert, die den (angeblich) hohen Anteil von Juden an der bolschewistischen Revolution und der sozialistischen und kommunistischen Bewegung generell konstatiert und beklagt haben. Mit Nachdruck, ja besonderer Freude wird dabei darauf verwiesen, dass verschiedene von ihnen selber Juden waren. All dies soll beweisen, »daß die spektakuläre Beteiligung von Juden an der sozialistischen, vor allem aber der kommunistisch/bolschewistischen Bewegung der Jahre 1918 bis 1923 dem Antisemitismus einen enormen Auftrieb und eine neue Qualität verliehen« habe.[21]

Rogalla von Bieberstein bringt ein mehr als anstößiges Verständnis für diese Antisemiten und ihre Verschwörungsideologie auf, wenn er schreibt: »Die Parteinahme einer bedeutsamen Fraktion der Judenheit für Sozialismus und Kommunismus hat unzählige Christen und Bürgerliche, die Christentum, Kirche, bürgerliche Freiheiten und Eigentumsordnung durch den mörderischen Klassenkampf und den ›kriegerischen Atheismus‹ der Bolschewiki bedroht sahen, in aller Welt alarmiert und antijüdisch reagieren lassen.«[22]

Die Revitalisierung der Ideologie von der »jüdisch-bolschewistischen Weltverschwörung« führt auch bei von Bieberstein zu einer gewissen Relativierung der Bedeutung des Holocaust. Ähnlich ist es bei den inzwischen häufiger erhobenen Vorwürfen, wonach »die Juden« den Holocaust für politische und materielle Zwecke ausnutzen würden. Der in New York lehrende Politologe Norman G. Finkelstein hat in diesem Zusammenhang von einer »Holocaust-Industrie« gesprochen.[23] Sie diene einmal dem Ziel, möglichst viel »Wiedergutmachungs«-Gelder zu bekommen. Hinzu komme zweitens das Interesse des israelischen Staates an einer Rechtfertigung seiner Politik gegenüber den Palästinensern.

Tatsächlich haben einige, aber keineswegs alle israelischen Politiker der Versuchung nicht widerstehen können, sowohl das Existenzrecht Israels wie seine Außen- und Innenpolitik mit dem Hinweis auf den Holocaust zu legitimieren. Richtig ist auch, dass die den Holocaust überlebenden Juden das ihnen geraubte Eigentum zurückhaben und für das erlittene Leid entschädigt werden wollten. Zu diesem Zweck haben Repräsentanten des Staates Israel und einiger jüdischer Organisationen im Jahr 1952 mit der Bundesrepublik Deutschland das Luxemburger Abkommen abgeschlossen, das diese Fragen der Kompensation und »Wiedergutmachung« regelte. Doch daraus zu schließen, dass sich »die Juden« um materieller Vorteile willen hätten umbringen lassen, ist infam und grotesk. Es handelt sich dabei um einen neuen beziehungsweise um einen, wie Adorno meinte, »sekundären Antisemitismus«[24]: ein Antisemitismus nicht trotz, sondern gerade wegen des Holocaust.[25] Seine verschwörungsideologische Grundfunktion[26] hat der israelische

Pädagoge Zwi Rex auf die ironische Formel gebracht, wonach »die Deutschen uns Juden Auschwitz nie vergeben werden«.

Nach einer Forsa-Umfrage aus dem Jahr 2003 waren 52 Prozent der Deutschen der Meinung, dass »die Juden die Erinnerung an den Holocaust zu ihrem eigenen Vorteil« ausnützen würden. Dieses Ergebnis wurde 2005 von einer weiteren Untersuchung bestätigt. Danach bejahten 51,8 Prozent der Deutschen den Satz: »Viele Juden versuchen aus der Vergangenheit des Dritten Reiches heute ihren Vorteil zu ziehen und die Deutschen dafür zahlen zu lassen.«[27]

9. »Kalter Krieg«

Antikommunistische und kommunistische Verschwörungsideologien

Der Ost-West-Konflikt wird nach einem von dem amerikanischen Journalisten Walter Lippmann 1947 geprägten Begriff »Kalter Krieg« genannt.[1] Das ist nicht ganz berechtigt – gab es doch auch während dieses kalten einige heiße Kriege, so in Korea und Vietnam. Ansonsten jedoch wurde der Konflikt vornehmlich mit politischen und propagandistischen Mitteln ausgetragen.[2] Es handelte sich also mehr um eine »Zeit der Ideologien«[3] als um ein »Jahrhundert der Kriege«.[4] Einige Beobachter fühlten sich an die »Glaubenskämpfe« der frühen Neuzeit erinnert.

Dies mit gewissem Recht, wurden doch von beiden Seiten Feindbilder verwandt. Das Feindbild des Westens war der »Totalitarismus«, das des Ostens der »Faschismus«. Beide Feindbilder waren bereits verschwörungsideologisch aufgeladen.[5] Hinzu kam die wechselseitige Verteufelung, bei der wiederum von beiden Seiten nicht selten auf das »teuflische Treiben« der bösen Juden hingewiesen wurde.

Die kommunistischen und antikommunistischen Verschwörungsideologien wiesen neben diesen strukturellen Ähnlichkeiten jedoch auch einige Unterschiede auf. Im Osten fühlte man sich von einer »Verschwörung« des »kriegslüsternen« »Imperialismus« und »Faschismus« bedroht, hinter dem Juden oder, wie die antisemitischen Tarnwörter lauteten, »Kosmopoliten« und »Zionisten« stünden. Der nach Selbsteinschätzung »demokratische Westen« ängstigte sich vor dem »Reich des Bösen« im Osten und wollte das Vordringen des »totalitären Kommunismus« im außen- und innenpolitischen Bereich »eindämmen«. Dabei wurde der kommunistische »innere Feind« verschiedentlich als »jüdisch« konnotiert.

Unterschiede wie Gemeinsamkeiten in den kommunistischen und antikommunistischen Verschwörungsideologien sind keineswegs nur auf den von beiden Seiten ähnlich und zugleich verschieden geführten Kalten Krieg zurückzuführen. Sie liegen auch in der unterschiedlichen politischen Kultur und Ideologie der östlichen und westlichen Länder begründet. Daher müssen die östlichen und westlichen Verschwörungsideologien getrennt betrachtet werden. Beginnen wir mit den westlichen und mit der westlichen Vormacht – den USA.

Angst und verschwörungsideologisches Denken müssten den Amerikanern eigentlich fremd sein, zeichnen sie sich doch durch ein extrem ausgeprägtes Sendungsbewusstsein aus.[6] Diese »Manifest destiny« ist religiös begründet.[7] Die Amerikaner bezeichnen ihr Land als »God's own country« und haben auf ihre Eindollarnoten den Satz »In God we trust« drucken lassen. Zu diesem Gottvertrauen kommt jedoch die Teufelsangst. Sie ist in den USA besonders stark ausgeprägt: Nach einer im Jahr 2002 durchgeführten Umfrage wollen 68 Prozent der Amerikaner dem Teufel sogar persönlich begegnet sein.[8]

Diese eigentümliche Mischung aus Messianismus und Diabolismus hat die Politik der USA von Beginn an geprägt.[9] Zunächst wurden die indianischen Ureinwohner, die sich dem Expansionsstreben der europäischen Einwanderer widersetzten, über die immer weiter nach Westen vorgeschobene »Frontier« vertrieben und fast ausgerottet, und dies ohne jegliche moralische Skrupel. Waren sie doch schon von den sendungsbewussten Puritanern, die sich als Nachfahren des biblischen »auserwählten Volkes« fühlten, mit den ebenfalls in der Bibel erwähnten Ammonitern und Kanaanitern verglichen worden, die von den Juden ausgerottet worden sein sollen.

Zwar nicht ausgerottet, wohl aber dämonisiert wurden später all diejenigen, die die »Manifest destiny« der Amerikaner nicht anerkennen wollten und sich der Ausdehnung ihrer »Frontier« auf große Teile der »Western Hemisphere« in den Weg stellten. Dies geschah auch dann, wenn die entsprechenden Länder die amerikanische »Open door policy« behinderten und ihre Grenzen nicht dem amerikanischen »Free enterprise« öffnen wollten. Als »Empires of evil« galten schließlich die Staaten, deren Verfassung als nicht demokratisch und mit dem »American way of life« vereinbar schien. Falls Staaten verdächtigt wurden, in die von den USA beanspruchte und beherrschte »Western hemisphere« eindringen zu wollen, wurde gegen sie ein Kreuzzug, genauer ein »Crusade for democracy«, ausgerufen.

Angst und Aggression bestimmten jedoch nicht nur die amerikanische Außen-, sondern auch die Innenpolitik. Sie stand im Zeichen einer irrationalen Furcht vor dem »Enemy within«.[10] Zu den sowohl gefürchteten wie rücksichtslos bekämpften »inneren Feinden« wurden zunächst die Mexikaner gerechnet. Anlass war ein völlig peripheres Ereignis, die Belagerung und Eroberung des texanischen Forts Alamo durch Truppen des mexikanischen Generals Santa Anna im Jahr 1836. Alamo wurde zu einem amerikanischen Trauma und ist es bis heute, bis zu den Anschlägen vom 11.9.2001 auf das New Yorker World Trade Center, geblieben. Als bedrohlich, feindlich und, noch gefährlicher, als »unamerikanisch« wurden auch Einwanderer aus Osteuropa angesehen, die nicht zur herrschenden Schicht der White Anglo-Saxon Protestants (WASPS) gehörten und gehören sollten. Besonders gefürchtet waren Arbeiter, die sich der anarchistischen und der kommunistischen Bewegung anschlossen. Sie, die Anarchisten und Kommunisten, waren der »innere Feind« schlechthin, was schon im ausgehenden 19. Jahrhundert dazu führte, dass die gesamte amerikanische Arbeiterbewegung brutalen Unterdrückungsmaßnahmen seitens des Staates und der Arbeitgeber ausgesetzt war.[11]

Dabei war das kapitalistische »Free enterprise«-System niemals wirklich ernsthaft bedroht, schon gar nicht von Kommunisten und anderen »Roten«. Dennoch wurde genau dies – eine »rote Gefahr« – herbeigeredet, was zu einer »Red scare« führte. Diese »Angst vor den Roten« hat schon Anfang der zwanziger Jahre des letzten Jahrhunderts geradezu hysterische Züge angenommen. Antikommunistische Verschwörungsideologien machten die Runde. Mit ihnen wurden die noch brutaleren Unterdrückungsmaßnahmen von weiteren Teilen beziehungsweise Resten der amerikanischen Arbeiterbewegung legitimiert.[12]

Nach dem Zweiten Weltkrieg wiederholte sich dieses Schauspiel.[13] Die neue antikommunistische Welle ist mit dem Namen Joseph McCarthy, des Senators aus Wisconsin, verbunden und führte zu neuen Verschwörungsideologien.[14] Überall witterte McCarthy das Wirken von geheimen und von Moskau gesteuerten Kommunisten in den USA, vor allem in Hollywood, wo einige linke und liberale Drehbuchautoren, Regisseure und Schauspieler (von denen nicht wenige jüdischer Herkunft waren) prokommunistischer Sympathien verdächtigt wurden.[15] Anlass war meist ihre antifaschistische Gesinnung, die sie vor allem in den dreißiger Jahren während des Spanischen Bürgerkrieges und auch noch in der Zeit des amerikanisch-sowjetischen Bündnisses nach 1941 gezeigt hatten. Manchmal genügte auch nur die Tatsache, dass sie Filme gemacht oder an ihnen mitgewirkt hatten, in denen Russen gezeigt wurden, die lachten. Dies könne, so wurde ganz ernsthaft argumentiert, nicht sein und beweise die kommunistische Sympathie der amerikanischen Regisseure, weil die Russen schließlich unter dem kommunistischen System absolut nichts zu lachen hätten.[16]

Neben Filmschaffenden, von denen einige – die berühmten »Hollywood ten« – auch verurteilt wurden, weil sie sich standhaft geweigert hatten, sich den inquisitorischen Verfahren des von McCarthy geleiteten Unterausschusses des amerikanischen Kongresses über »unamerikanische Aktivitäten« zu unterwerfen, waren es dann verschiedene Regierungsbeamten, die vor die McCarthy-Tribunale gezerrt wurden, wo sie mit der berühmt gewordenen Frage konfrontiert wurden, ob sie jemals Mitglied der (nie verbotenen!) Kommunistischen Partei gewesen seien.[17]

Anlass für dieses im Kern antidemokratische Verfahren waren einige tatsächliche oder auch nur angebliche Spionagefälle.[18] Zu letzteren gehörte der »Fall Rosenberg«.[19] Der bei einer amerikanischen Regierungsfirma angestellte Elektriker Julius Rosenberg und seine Frau Ethel wurden wegen des bloßen Verdachts, Pläne für den Bau von Atombomben an die Sowjetunion verraten zu haben, zum Tode verurteilt und 1951 hingerichtet.

Das gesamte Verfahren gegen die Rosenbergs basierte auf puren Verschwörungsideologien[20] und hatte eine fatale Ähnlichkeit mit den Hexenprozessen des Mittelalters und der frühen Neuzeit, worauf bereits einige Zeitgenossen – so Arthur Miller in seinem Theaterstück *Hexenjagd* – verwiesen haben.

Doch all dies konnte McCarthy zunächst nicht stoppen. Erst als er daranging, auch die amerikanische Armee als kommunistisch unterwandert darzustellen, verlangte man Beweise für diese Verschwörungsideologie, die McCarthy natürlich schuldig blieb. Seine unaufhaltsam scheinende politische Karriere fand ein abruptes Ende. Der mit seinem Namen verbundene McCarthyismus dagegen hat das Ansehen der amerikanischen Demokratie im In- und noch mehr im Ausland schwer beschädigt und ganz offensichtlich Spuren innerhalb der amerikanischen politischen Kultur und Mentalität hinterlassen.

Die Ereignisse während der Ära McCarthy zeigen und erklären, dass Verschwörungsideologien auch, ja vielleicht sogar gerade in den USA auf einen fruchtbaren Boden fielen, weil man sich hier ständig und keineswegs nur während des Kalten Krieges von einem geheimen und im Geheimen agierenden diabolischen »inneren Feind« bedroht gefühlt hat. Dazu wurden aber vornehmlich Kommunisten und kaum Juden gezählt. Die Ideologie von der »jüdisch-bolschewistischen Weltverschwörung«

wurde in den USA nur von wenigen geglaubt und verbreitet. Der amerikanische Autokönig und Antisemit Henry Ford blieb ein Einzelfall und musste sein antisemitisches Machwerk *The International Jew* mit dem Ausdruck des Bedauerns zurückziehen.

Mit der Feststellung, dass die antikommunistischen Verschwörungsideologien überwiegend diabolisch und kaum antisemitisch geprägt waren, ist keine Rechtfertigung verbunden. Im Übrigen gab es auch in Amerika Antisemitismus; hinzu kam der gegen die Afroamerikaner, Indianer und asiatischen Einwanderer gerichtete Rassismus. Er war jedoch nicht oder kaum verschwörungsideologisch begründet und wirkte sich auch wenig auf die während des Kalten Krieges verbreiteten Verschwörungsideologien aus.

Auch in der Bundesrepublik gab es antikommunistische Verschwörungsideologien.[21] Sie waren schon deshalb weit verbreitet, weil der Antikommunismus hier den Charakter einer Staatsideologie hatte.[22] Schon im Grundgesetz und seinen Kommentaren wurde der zentrale Begriff der »freiheitlich demokratischen Grundordnung« nicht oder nicht nur positiv durch die Berufung auf die demokratischen Grundwerte, sondern negativ durch die Abgrenzung von seinen Feinden definiert. Dies manchmal sehr willkürlich und unter Zuhilfenahme von Verschwörungsideologien. So wurde, um nur ein Beispiel zu nennen, das Verbot der KPD im Jahr 1956 ernsthaft verschwörungsideologisch mit der Annahme begründet, dass diese damals bereits äußerst schwache und geradezu marginalisierte Partei danach strebe, die Grundlagen der Demokratie zu unterhöhlen und das demokratische System selber zu stürzen.[23]

Generell ermöglichte die Ideologie des Antikommunismus ein Freund-Feind-Denken, das wiederum die Verbreitung und Akzeptanz von Verschwörungsideologien begünstigte. Hinzu kommt, dass die antikommunistischen häufig mit antisemitischen Verschwörungsideologien verbunden waren. Wiederum beispielhaft kann dies an dem bekannten Wahlplakat der CDU aus dem Jahre 1953 verdeutlicht werden, wonach »alle Wege des Marxismus nach Moskau« führten.[24] Dieses Plakat fungierte in etwa wie eine illustrierte Verschwörungsideologie, die gerade in ikonografischer Hinsicht fatale Ähnlichkeiten mit den antikommunistischen und antisemitischen Verschwörungsideologien der Nationalsozialisten hatte, obwohl der auf dem Plakat abgebildete Rotarmist keine »jüdischen«, sondern nur »asiatische« Züge trug. Anklänge an die nationalsozialistische Ideologie von der »jüdisch-bolschewistischen Weltverschwörung« findet man darüber hinaus in weiteren Erzeugnissen der (west-) deutschen Kalte-Kriegs-Propaganda.[25] Ein sehr spätes und schon völlig unzeitgemäß gewordenes Beispiel lieferte der CDU-Bundestagsabgeordnete Martin Hohmann, der in einer im Jahr 2003 gehaltenen öffentlichen Rede eine »Wesensgleichheit von Judentum und Kommunismus beziehungsweise Bolschewismus« zu erkennen meinte, wobei er sich ausgerechnet auf Henry Ford berief. Damit revitalisierte Hohmann die Ideologie von der »jüdisch-bolschewistischen Weltverschwörung«.[26] Insgesamt lässt sich jedoch feststellen, dass die antisemitisch-antikommunistischen Verschwörungsideologien in der Bundesrepublik zurückgingen und von einem zunehmenden Selbstbewusstsein der Bundesbürger verdrängt wurden.

Im Osten oder, wie man im Westen sagte, im »Ostblock« war dies anders. Hier haben die herrschenden Kommunisten bis zum Schluss auf die drohende Gefahr des westlichen »Imperialismus« und »Faschismus« verwiesen und entsprechende Verschwörungsideologien verbreitet. Dies stand in einem deutlichen Widerspruch zum gleichzeitig verkündeten Siegesbewusstsein, wonach, wie es Erich Honecker ausdrückte, »den Sozialismus in seinem Lauf weder Ochs noch Esel« aufhalten würde. Generell war verschwörungsideologisches Denken eigentlich mit der kommunistischen Ideologie unvereinbar, schließlich war oder sollte der Marxismus ein »wissenschaftlicher Materialismus« sein, der für sich beanspruchte, alle politischen Phänomene wissenschaftlich erklären und auf

Wahlplakat der CDU zur Bundestagswahl 1949.

seine materiellen Ursprünge und Gegebenheiten zurückführen zu können. Außerdem waren Kommunisten selber zu Objekten und Opfern von Verschwörungsideologien geworden – der Bogen reicht von der »Communistenverschwörung« von 1848/49 über die »jüdisch-bolschewistische Verschwörung« von 1917 bis hin zu den westlichen Warnungen vor dem östlichen »Reich des Bösen«. Aus diesen Gründen hätten Verschwörungsideologien den Kommunisten fremd sein müssen. Doch das Gegenteil war der Fall.

Schon Marx und Engels haben überall Verschwörungen und Verschwörer gewittert,[27] nachzulesen einmal in ihrem privaten Briefverkehr, wo sie sich mehr als einmal als Verschwörungsneurotiker zu erkennen gaben, wie auch in öffentlichen Verlautbarungen, haben sie doch mehrere ihrer Genossen und Weggefährten verdächtigt, bonapartistische oder, noch schlimmer, zaristische Agenten zu sein. Diesen Vorwurf erhob Marx in seinem verschwörungsideologischen Pamphlet *Herr Vogt* auch gegen den ehemaligen Reichsverweser Karl Vogt.[28] Marx scheute sich ferner nicht, in seiner Schrift *Die Geschichte der Geheimdiplomatie des 18. Jahrhunderts* Russlands Aufstieg zur Großmacht auf eine einzige gegen den Westen gerichtete Verschwörung zurückzuführen.[29]

Marx und Engels' Verschwörungsideologien sind von ihren Gefolgsleuten in den Reihen der Sozialdemokratie kaum kritisiert worden. Im Gegenteil, auch verschiedene führende Sozialdemokraten ängstigten sich vor der russischen beziehungsweise »asiatischen Verschwörung«. Bei den Bolschewisten und Kommunisten war dies anders, aber doch ähnlich: Auch sie zeigten sich von dem verschwörungsideologischen Denken von Marx und Engels beeinflusst. Lenin hat verschiedene der bereits von ihm eingeleiteten diktatorischen und staatsterroristischen Maßnahmen mit den Hinweis auf meist mehr angebliche als tatsächliche Verschwörungen seiner innenpolitischen Gegner und außenpolitischen Feinde begründet.[30] Während des russischen Bürgerkrieges wurden Verschwörungsideologien von beiden Seiten eingesetzt; allerdings waren die Weißen hierbei erfolgreicher, verfügten sie doch mit den »Protokollen der Weisen von Zion« über eine äußerst wirkungsvolle verschwörungsideologische Waffe.

Lenins Nachfolger Stalin war noch verschwörungsgläubiger oder gab dies zumindest vor.[31] Verschwörungen warf er erst seinen Gegnern auf dem linken, dann auf dem rechten Parteiflügel vor, und diese bekannten sich in den gegen sie angestrengten Schauprozessen dazu, die groteskesten und unglaubwürdigsten Verschwörungen gegen die Sowjetunion und ihren »Woschd« (Führer) angezettelt zu haben. Doch nicht nur die innerparteilichen »Säuberungen«, auch die Verfolgung und Ermordung von Millionen von »Kulaken« wurde verschwörungsideologisch mit der Behauptung begründet, dass diese Bauern nicht genügend Lebensmittel an die Arbeiter der Städte geliefert hätten.[32]

In der Endphase des Stalinismus wurde auch die geplante Vernichtung der sowjetischen Juden verschwörungsideologisch begründet, und zwar von Stalin persönlich. Verbreitete er doch Anfang der fünfziger Jahre das Gerücht, dass einige seiner Ärzte ihm nach dem Leben trachten würden.[33] Als er zudem mitteilte, dass die meisten dieser Ärzte Juden beziehungsweise, wie das antisemitische Tarnwort lautete, »Kosmopoliten« seien, wurde aus dem bloßen Gerücht eine antisemitische Verschwörungsideologie. In ihr wurde das sehr alte und übrigens auch schon bei Luther anzutreffende Stereotyp über die unheimliche Macht der jüdischen Ärzte mit dem Schlagwort vom »internationalen« und »kosmopolitischen« Judentum vereinigt. Dass es schließlich doch nicht zur Ermordung der sowjetischen Juden gekommen ist, die den Holocaust überlebt hatten, lag einzig und allein an Stalins Tod am 5. März 1953. Sein Geheimdienstchef und potenzieller (aber dann ermordeter) Nachfolger Berija stellte die antisemitische Ärztekampagne noch im März 1953 ein.

Doch inzwischen hatte die von Stalin begonnene und verschwörungsideologisch begründete antisemitische Welle bereits einige Staaten des Ostblocks erreicht.[34] In der Tschechoslowakei wurden Rudolf Slansky und einige andere Kommunisten jüdischer Herkunft im November 1952 zum Tode verurteilt und hingerichtet.[35] Zum Verhängnis war ihnen neben tatsächlichen oder auch nur angeblichen Kontakten zu amerikanischen »Kapitalisten« und »Imperialisten« wie dem amerikanischen Juden Joel Field ihre, wie es hieß, »internationalistische« und »kosmopolitische« Gesinnung geworden. »Kosmopolitisch« war auch hier zum Tarn- und Ersatzwort für »jüdisch« geworden. Die Anklänge an die Kampagne der Nationalsozialisten gegen das »internationale Judentum« waren unverkennbar.

In der DDR war es nicht viel anders. Hier wurde der Schauprozess gegen den führenden SED-Funktionär der Paul Merker ebenfalls mit antisemitischen Verschwörungsideologemen begründet.[36] Dabei war Merker gar kein Jude, sondern hatte sich nur für die Rückgabe des den Juden von den Nationalsozialisten geraubten Eigentums eingesetzt. Genau dies wurde ihm mit der Begründung vorgeworfen, er wolle sich am »Volkseigentum« vergehen und es den »jüdischen Kapitalisten« zurückgeben. Außerdem habe sich Merker der »imperialistischen« Politik des »Zionismus« gebeugt und sei von »Zionisten« bestochen worden.

Merker wurde zwar nicht, wie ursprünglich geplant, zum Tode, sondern nur zu einer langjährigen Haftstrafe verurteilt, doch die mit und gegen ihn begonnene »antizionistische« Kampagne wurde fortgesetzt. Dabei kam es mehr als einmal zu deutlichen Anklängen an die antisemitische Propaganda der Nationalsozialisten. Der offizielle »Antizionismus« der DDR war nur eine notdürftige Tarnung ihres Antisemitismus und wurde wie dieser verschwörungsideologisch begründet.[37]

Eine kurios anmutende, aber in der DDR immens wirksame Verschwörungsideologie war die vom »Amikäfer«. Gemeint war der Kartoffelkäfer, auch »Coloradokäfer« genannt, weil er zunächst im amerikanischen Bundesstaat Colorado aufgetreten ist. 1875 wurde er nach Europa eingeschleppt, wo er überall große Schäden anrichtete, da seine Bekämpfung lange Zeit nicht sonderlich erfolgreich war. Dies allein war Anlass genug, nach Schuldigen oder Sündenböcken zu suchen: in erster Linie die Amerikaner. Doch sehr bald wurden auch die Franzosen und schließlich »die Juden« verdächtigt.

Das geht aus einem 1877 veröffentlichten und »an den Colorado-Käfer« gerichteten Gedicht eines Mainzer Lokalpoeten namens Theodor Eichberger hervor, in dem die vorwurfsvolle Frage gestellt wurde, warum Amerika dieses »gefräßige Thier« nicht »satt« mache, weshalb es »unserm Volke die letzte Speise verkürze«.[38] In dem Kartoffelkäfer-Poem Eichbergers findet man neben dieser antiamerikanischen auch eine antisemitische Note. Sie erschließt sich allerdings nur durch eine intertextuelle Lektüre. Die Charakterisierung des Kartoffelkäfers als »aussaugender« und »Verderben« bringender »Räuber« hat Anklänge an die Verunglimpfung der Juden als »Schädlinge« und »Parasiten«. Offensichtlich ist der Vergleich mit dem französischen »Erbfeind«: Die *Wacht am Rhein* zitierend, forderte Eichberger seine Landsleute auf, »wachsam auf der Huth« zu sein. Der Kampf gegen den Kartoffelkäfer werde aber »regierungsseitig« geschehen: ihn und seine »ganzen Brut« werde das »Gesetz erreichen«.

In einer in der NS-Zeit erschienenen »Kartoffelkäfer-Fibel« waren die antifranzösischen und antisemitischen Akzente noch deutlicher ausgeprägt, die antiamerikanischen fehlten. Dies wurde während des Zweiten Weltkriegs nachgeholt. Die nationalsozialistische Propaganda verbreitete das Gerücht, dass die alliierten Luftflotten nicht nur Bomben, sondern auch Kartoffelkäfer abwerfen würden.[39] Aus der eigentlich harmlosen Kartoffelkäfer-Geschichte war die Kartoffelkäfer-Verschwörung geworden – eine Ideologie mit einer sowohl antiamerikanischen wie antisemitischen Zielsetzung.

Dies hätte man in der DDR wissen können und beherzigen müssen, doch stattdessen wurde die Ideologie von der Kartoffelkäfer-Verschwörung geradezu begierig aufgegriffen. Anfang der fünfziger Jahre, auf dem ersten Höhepunkt des Kalten Krieges, wurde die amerikanische Air Force verdächtigt, auf ihren Flügen nach Berlin Kartoffelkäfer in großen Mengen abzuwerfen. So grotesk diese Geschichte war, so sehr wurde sie geglaubt. Dies aus zwei Gründen. Einmal hatte die amerikanische (und britische) Luftwaffe gerade während der Blockade Berlins ihre unglaublichen Fähigkeiten unter Beweis gestellt. Dazu gehörte nicht nur die Versorgung einer Millionenstadt aus der Luft, sondern auch der Abwurf von Süßigkeiten mit Hilfe von kleinen Fallschirmen über dem Territorium der Westsektoren Berlins. Wenn, so meinten viele DDR-Bürger, die Amerikaner dies vermochten, dann könnten sie auch Kartoffelkäfer über ihrem Staatsgebiet abwerfen. In der DDR war es zu einer ernsten Versorgungskrise gekommen, für welche die Misswirtschaft der DDR und die rücksichtslose Ausplünderung des Landes durch die Sowjetunion verantwortlich war. Doch beides konnte und wollte man nicht zugeben. Stattdessen sollten die »Amis« im allgemeinen, die »Amikäfer« im besonderen schuld sein. Die DDR-Propaganda entwickelte eine regelrechte Kampagne gegen den »Amikäfer«. Unter Führung und Anleitung der FDJ wurden Kinder und Jugendliche in den »antifaschistischen« Kampf gegen den »Amikäfer« geschickt. Besonders eifrige Kartoffelkäfer-Sammler erhielten für ihr »antifaschistisches« Engagement kleine Belohnungen, was auch Erwachsene zum Mitmachen veranlasste.

Das Aufsammeln und Vernichten von Kartoffelkäfern an sich war sinnvoll, denn in der DDR gab es wirklich eine Kartoffelkäferplage, der man mangels chemischer Mittel auch nicht Herr wurde. Problematisch war die Kampagne selber, wurde sie doch mit Methoden durchgeführt, die an die der »Faschisten« erinnerten, was in einem unverkennbaren Gegensatz zu ihrer vorgeblichen »antifaschistischen« Zielsetzung stand. Deutlich wird dies an einer 1950 veröffentlichten Broschüre, für die der SED-Propagandist Gerhard Eisler verantwortlich war.[40] Sie enthielt, wie bereits auf dem Titelblatt zu lesen, »Dokumente zum Kartoffelkäferabwurf« der US-amerikanischen »Imperialisten«. Die Vorwürfe sind so grotesk, dass es sich nicht lohnt, näher darauf einzugehen. Interessant ist das Titelbild: Es zeigt in den Nationalfarben der USA gekleidete und auch so bezeichnete »Amikäfer«, die auf eine Art Schranke zumarschieren (oder krabbeln), auf der »Halt« steht. Gemeint ist offensichtlich die damals noch nicht völlig durch Mauer und Stacheldraht gesicherte »Staatsgrenze« der »Deutschen Demokratischen Republik«. Sie soll, so wird zumindest suggeriert, gegen das Vordringen des äußeren »Staatsfeindes« besser gesichert werden. Ein Nachklang auf die Blockade-Propa-

»Kampf dem Ami-Käfer« – SED-Plakat von 1950.

ganda und vielleicht sogar ein Vorgriff auf die zur Mauer. Letzteres ist bloße Vermutung, nachweisbar ist jedoch die Freund-Feind-Dichotomie.

Sie wird an einem anderen »Amikäfer«-Plakat noch offensichtlicher.[41] Es zeigt einen beziehungsweise mehrere im expressionistischen Stil abgebildete Kartoffelkäfer, die aus einem (durch die Fahne kenntlich gemachten) amerikanischen Flugzeug auf die Erde herabstürzen. Die Assoziation mit deutschen Stukas ist überdeutlich. Auf den ersten Blick ist das »Amikäfer«-Plakat ein Beispiel für den von beiden Seiten geführten Propagandakampf im Kalten Krieg. Doch geschah dies mit deutlichen Anleihen an die faschistische Propaganda, insbe-

Plakat der (westdeutschen) KPD, um 1950.

sondere durch die Verwendung des Parasitenbildes für den politischen Gegner, darüber hinaus durch die Adaption der Vorstellung einer »Volksgemeinschaft«, deren »Lebensgrundlage« durch den »Amikäfer« vernichtet werden soll. Mit der Wendung von der »verderbenbringenden Pest aus den USA« schließlich wird der Gegner fast schon dämonisiert, wie die Nazis den »jüdischen Bolschewismus« und »die Juden« generell dämonisiert haben.

Von der nationalsozialistischen Propaganda kaum noch zu unterscheiden ist ein Wahlplakat der schon damals von der DDR materiell, politisch und ideologisch völlig abhängigen westdeutschen KPD. Es zeigt wiederum einen durch die amerikanischen Nationalfarben kenntlich gemachten »Amikäfer«. Hinzugefügt wurde noch das Dollarsymbol. Ganz dem antisemitisch-rassistischen Jargon der Nationalsozialisten entnommen sind die Unterschriften: »Er frisst 10 Milliarden jährlich an Besatzungskosten. »Wir arbeiten nicht für Schmarotzer und Besatzer«.[42]

Gerade die scheinbar harmlose Geschichte von der Kartoffelkäferverschwörung weist darauf hin, dass es zwischen kommunistischen und antikommunistischen Verschwörungsideologien neben einigen Unterschieden viele erstaunliche Ähnlichkeiten gab. Dies gilt vor allem für die antisemitischen Konnotationen. Sie waren auf der kommunistischen Seite sogar stärker ausgeprägt. Eine geringere Bedeutung hatten hier die im Westen, vor allem in den USA stark vorhandenen diabolischen Elemente. Doch überwogen die Gemeinsamkeiten – es gab so etwas wie eine Konvergenz der antisemitischen und diabolischen Verschwörungsideologien, die wiederum große Ähnlichkeiten mit den nationalsozialistischen wie auch mit den aktuellen islamistischen und antiislamistischen hatten.

10. »Kampf der Kulturen«

Islamistische und antiislamistische Verschwörungsideologien

Der Kalte Krieg war gerade einmal sechs Jahre vorüber, da kündigte der amerikanische Politologe Samuel P. Huntington 1996 schon den Ausbruch eines neuen Ost-West-Konflikts an: Dieses Mal, so Huntington, werde der Kampf des Westens jedoch nicht gegen den europäischen, sondern gegen den orientalischen Osten, ja gegen den gesamten islamischen »Kulturkreis« ausgetragen.[1]

Der von Huntington prophezeite und inzwischen von anderen Autoren[2] weiter ausgemalte »Kampf der Kulturen« zwischen dem islamischen Orient und dem christlichen Abendland rief im Westen zunächst ungläubiges Kopfschütteln hervor. Vor dem Orient oder gar vor dem Islam sollte man sich ängstigen? Undenkbar! Schließlich war die Zeit der gegen den Islam geführten Glaubenskämpfe lange vorbei. Die Kreuzzüge galten seit der Aufklärung nicht mehr als gerecht und gottgefällig, sondern als barbarisch und intolerant. Der Orient wurde nicht mehr gefürchtet, sondern bemitleidet. Einige wenige bewunderten ihn, weil aus ihm das »Heil« komme, doch insgesamt fühlte man sich dem »Orient« turmhoch überlegen, schätzte allenfalls einige seiner Produkte wie Kaffee und Zigaretten oder schwelgte in lüsternen (Männer-) Fantasien über die sexuellen Reize der orientalischen Haremsdamen und Odalisken.[3]

Der von Edward Said so genannte und beschriebene »Orientalismus« hatte den antiislamischen Glaubenseifer des Mittelalters und die Türkenangst der frühen Neuzeit verdrängt. Hinzu war die eigene, die westliche Aggression getreten, wurden doch im ausgehenden 19. und beginnenden 20. Jahrhundert große Teile der arabischen Welt von den Westmächten »kolonialisiert«. Die Briten und Franzosen verloren zwar nach dem Zweiten Weltkrieg ihre verschämt »Mandatsgebiete« genannten Kolonien im Nahen und Mittleren Osten, doch genau hier wurde ein Staat gegründet, der von den Arabern als Produkt des westlichen Kolonialismus wahrgenommen wurde.

Gemeint ist Israel, das sich, so klein es war und so schwach es schien, gegen die erdrückende Übermacht der arabischen Staaten behaupten konnte und ihnen mehrere vernichtende Niederlagen bereitete. Das war von den geschlagenen und geradezu gedemütigten Arabern nicht erwartet worden und rief einen Schock hervor. Man suchte nach Schuldigen und meinte sie bei den Israelis und ihren westlichen Schutzmächten zu finden: Sie, »die Juden« und »der Westen«, hätten sich gegen die arabische und die gesamte islamische Welt verschworen.[4]

Diese hatten von Anfang an einen antisemitischen, bald auch einen diabolischen Charakter. Beides, weder der Teufelsglauben noch der religiös motivierte Antisemitismus, hatte keinerlei islamische Wurzeln. Im Koran ist zwar viel vom Teufel die Rede, aber er erscheint hier nicht, wie im Neuen Testament, als ein Gegen-Gott, der sich gegen die Menschen verschworen hat. Allerdings pflegen auch Muslime gewisse exorzistische Rituale, zum Beispiel die symbolische Steinigung des Teufels bei der Hadsch (Pilgerfahrt) nach und in Mekka. Doch einen voll ausgebildeten Diabolismus scheint es im Islam nicht zu geben.[5]

Dies gilt auch für den religiös motivierten Antisemitismus oder Antijudaismus.[6] Der Koran enthält zwar einige judenfeindliche Stellen, die sich auf die gewaltsamen Auseinandersetzungen beziehen, die der Prophet Mohammed mit einigen Juden seiner Zeit in Medina ausgefochten hat, doch wird dies nicht dogmatisiert. Natürlich fehlt der Vorwurf, Juden hätten Gottes Sohn ermordet. Die Passionsgeschichte Jesu wird im Koran zwar erwähnt, aber umgedeutet (Jesus soll weder ermordet noch auferstanden sein) und keinesfalls Fall als Verschwörung der Juden dargestellt. Folglich gibt es auch keine Verschwörungsideologien über Hostienschändungen und Ritualmorde. Generell haben Juden im Islam längst nicht den Stellenwert wie sie ihn im positiven und negativen Sinne als »auserwähltes Volk« und als »verstockte« und »verworfene« »Gottesmörder« im Christentum haben.

Doch all das ist, wie so vieles andere im Koran, auslegbar. In der Zeit des arabischen und des daran anschließenden Osmanischen Großreiches geschah dies nicht in einem judenfreundlichen, aber auch nicht extrem antijüdischen Sinne.[7] Das Judentum wurde wie das Christentum als »Buchreligion« angesehen, aber nicht toleriert. Juden galten wie Christen in den islamischen Staaten als Angehörige einer geduldeten, aber keineswegs gleichberechtigten Religion. Sie mussten besondere Steuern zahlen und wurden auch sonst diskriminiert, aber niemals so verfolgt wie in christlichen Staaten. Pogrome gab es zu keiner Zeit und in keinem islamischen Reich. Antisemitismus in seiner religiösen, sozialen und vor allem rassistischen Gestalt ist kein Produkt des islamischen Orients, sondern ein Import aus dem christlichen Abendland. Genauso verhält es sich auch mit den antisemitischen Verschwörungsideologien: Sie sind aus dem Westen übernommen, dann aber mit islamischen Elementen vermengt und schließlich auch radikalisiert worden.

Dieser Prozess begann spät oder, aus heutiger Sicht, früh, nämlich im Jahr 1840 mit dem angeblichen Ritualmord in Damaskus, der in der westlichen Welt ein großes Echo hervorrief. Er wurde als weiterer Beweis für die Rückständigkeit des Orients gedeutet; Romantiker und Klerikale haben darin den Beweis sehen wollen, dass die christliche Ritualmordlegende sehr wohl wahr sei. Und wenn derlei Gräuelmärchen im »aufgeklärten Abendland« für möglich gehalten wurden, warum sollte dies im »rückständigen Orient« nicht geglaubt werden?

Hier, im Orient, übernahm man auch andere Elemente des westlichen Antisemitismus und begründete damit den Kampf gegen die aus Europa eingewanderten Juden. Beides geschah vor allem durch den in der heutigen arabischen und islamischen Welt immer noch hoch geachteten Amin Al-Husseini, der zu einem der ersten und wirkungsvollsten islamischen Antisemiten wurde.[8]

Husseini wurde 1893 in Jerusalem als Sohn einer einflussreichen und alten Notablenfamilie geboren, deren Stammbaum auf eine Tochter des Propheten Mohammed zurückgehen soll. Nach der Absolvierung einer weltlichen (französischen) Schule in Jerusalem und einer religiösen in Kairo beteiligte er sich als Unteroffizier der Osmanischen Armee am Ersten Weltkrieg. Nach Jerusalem zurückgekehrt, wurde er 1921 zum Mufti (Islamgelehrten) von Jerusalem gewählt, der den zusätzlichen Titel »al-Akbar« führte, was allgemein mit »Großmufti« übersetzt wird. Diese Wahl wurde vom britischen Hochkommissar für Palästina, Herbert Samuel (der übrigens selber jüdischer Herkunft war), bestätigt. In seiner Eigenschaft als Vorsitzender des Hohen Islamischen Rates soll sich Husseini zunächst vor allem karitativen Zwecken und der Restaurierung der Al-Aqsa-Moschee in Jerusalem gewidmet haben. In der westlichen Literatur wird dagegen eine sehr frühe Beteiligung an den antijüdischen Unruhen in Palästina vermerkt.

Im September 1937 entzog sich Husseini der drohenden Verhaftung durch die britische Mandatsmacht, die ihn beschuldigte, an der Ermordung des britischen Statthalters in Galiläa beteiligt zu sein, indem er zunächst in den Libanon, dann nach Syrien floh. Umstritten ist, ob er schon zu diesem Zeitpunkt über enge Kontakte zu Hitler-Deutschland verfügte. Nach Ausbruch des Krieges 1939 war das mit Sicherheit der Fall.

1941 beteiligte sich Husseini an dem zunächst erfolgreichen Putsch Al-Gailanis im Irak, der jedoch durch britische Truppen niedergeschlagen wurde. Husseini musste erneut fliehen und gelangte über Italien, wo er von Mussolini empfangen wurde, in November 1941 nach Berlin. Hier kam es nach einigen Vorverhandlungen mit dem Staatssekretär im Auswärtigen Amt,

Ernst von Weizsäcker, am 28. November 1941 zu einem Gespräch mit Hitler, das 90 Minuten dauerte und mit einem für Husseini enttäuschenden Ergebnis endete. Hitler lehnte die erbetene öffentliche Unterstützung der arabischen Unabhängigkeitsbewegung ab, weil dies erst dann sinnvoll sei, wenn die deutschen Truppen den Kaukasus erreicht hätten. Dennoch oder deshalb berichteten die deutschen Zeitungen in ziemlich großer Aufmachung und mit einem Bild, das Hitler und Husseini im Gespräch zeigt (und das Geschichte gemacht hat), über diese eigentlich ergebnislose Besprechung.

Husseini gab aber nicht auf und erlangte eine interne Erklärung, in der sich Deutschland für die Unabhängigkeit der Araber einzusetzen versprach. Gewissermaßen im Gegenzug tat Husseini alles in seiner Macht Stehende, um Hitler in seinem Kampf gegen England – und die Juden – zu unterstützen. So beteiligte er sich an der Aufstellung einer arabischen Hilfstruppe, die von General Felmy im griechischen Kap Sunion gebildet und »deutsch-arabische Lehrabteilung« genannt wurde. Ein Teil dieser Truppe wurde gegen den Protest Husseinis nach Russland geschickt. Ein anderer kämpfte in den Reihen des Afrikakorps in Tunesien, bis die arabischen Soldaten wegen Unzuverlässigkeit von der Front abgezogen und als Arbeitssoldaten eingesetzt wurden.

Als aus deutscher Sicht zuverlässig und ungeheuer brutal galten dagegen die muslimischen Einheiten der Waffen-SS, die in Bosnien rekrutiert wurden. Neben zwei SS-Divisionen namens »Khanjar« und »Quama« mit zusammen 37 000 Mann sollen noch weitere 100 000 Muslime in Milizen auf deutscher Seite gekämpft und nachweisbar Kriegsverbrechen begangen haben. Dies mit Wissen und Billigung Husseinis, der diese muslimischen Einheiten in ihrem Kampf gegen den »jüdisch-bolschewistischen Weltfeind« instruiert hat.

Das Hauptinteresse Husseinis aber galt der Bekämpfung der Juden in seinem palästinensischen Heimatland. Die Gelegenheit dazu bot sich, als im Sommer 1942 in Athen ein Einsatzkommando der Sicherheitspolizei und des nationalsozialistischen Sicherheitsdienstes (SD) mit dem Ziel aufgestellt wurde, auch die Juden in Palästina zu ermorden.[9] Husseini sagte sofort seine Hilfe zu und verhandelte bereits mit Adolf Eichmann über den Einsatz von arabischen Hilfswilligen bei dem geplanten Massenmord. Dass es dazu nicht gekommen ist, lag einzig und allein an der Niederlage der Deutschen unter Rommel bei El Alamein.

Die Juden im damaligen Jischuw und späteren Israel sind nicht der deutschen »Endlösung der Judenfrage« zum Opfer gefallen, mussten sich aber weiterhin der antisemitischen Angriffe der Araber, angestachelt durch Husseini, erwehren. Ihm selbst gelang es am Ende des Krieges, über die Schweiz und Frankreich nach Ägypten zu fliehen, wo er maßgeblich an der Gründung der PLO beteiligt war. Bis zu seinem Tod im Jahr 1974 hat Husseini einen großen, aber öffentlich nicht eingestandenen Einfluss auf die Politik und Ideologie dieser palästinensischen »Befreiungsbewegung« ausgeübt.

Im Zentrum der Ideologie der PLO stand und steht der Antisemitismus, zunächst in seiner politischen und aus Europa importierten Variante, die aber um einheimische arabische und islamistische Komponenten erweitert und zugleich radikalisiert wurde. Deutlich wird dies an den »Protokollen der Weisen von Zion«. Sie sind schon 1926 (vermutlich auf Veranlassung Husseinis) ins Arabische übersetzt worden, werden hier immer noch als echt dargestellt und sind durch neue arabisch-islamische Komponenten erweitert worden, nämlich durch neue Fälschungen und fiktive Dokumente.[10] So wurde einem ins Arabische übersetzten Buch Shimon Peres' ein Vorwort hinzugefügt, in dem es heißt: »Als die Protokolle der Weisen von Zion vor 200 Jahren entdeckt und in verschiedene Sprachen, auch ins Arabische, übersetzt wurden, versuchte die zionistische Weltorganisation, die Existenz der Verschwörung zunächst zu bestreiten und behauptete, es sei ein Fälschung. (...) Aber jetzt liefert Shimon Peres den eindeutigen Beweis, dass die Protokolle echt und absolut wahr sind. Sein Buch ist ein weiterer Schritt zur Durchsetzung dieses gefährlichen Plans.«[11]

Und es wurden weitere Gerüchte und Verschwörungsgeschichten verbreitet. So soll eine jüdische Geheimorganisation namens »Schwarze Hand« 1968 in Frankreich eine Finanzkrise ausgelöst haben, um den damaligen Präsidenten de Gaulle für dessen proisraelische Politik zu strafen. Nicht näher charakterisierte Juden sollen verbotene Drogen verbreitet, arabische Kinder zum Satanskult verleitet und arabische Frauen zur sexuellen Hemmungslosigkeit verführt haben, letzteres durch die Verabreichung von Kaugummi. Mag man dies noch als unfreiwillig komisch ansehen, macht die von der PLO 1997 vor der UNO-Menschenrechtskommission vorgetragene Beschuldigung, Juden hätten das Aidsvirus verbreitet, eher sprachlos.[12] Alle diese Bezichtigungen sind, wie die ebenfalls verbreitete »Auschwitzlüge«, letztlich Importe aus dem Westen. Einen anderen Charakter haben die Verschwörungsideologien, die mit Rückgriffen auf den Islam begründet werden. Diese im engeren und eigentlichen Sinne islamistischen Verschwörungsideologien gehen auf den Gründer der Muslimbruderschaft Hassan al-Banna zurück.[13]

Der 1906 in Ägypten geborene und aufgewachsene Hassan al-Banna hatte sich zunächst gegen die britische Kolonialherrschaft in seiner Heimat gewandt. Für sie und für den gesamten Niedergang der arabischen und islamischen Welt machte er dann jedoch »den Westen« insgesamt verantwortlich. Notwendig seien eine Rückkehr zu den Idealen des Islam und eine rücksichtslose Bekämpfung aller »westlichen« und aufklärerischen Bestrebungen. Diesem Ziel widmete sich die 1928 von ihm gegründete »Muslimbruderschaft«, die regen Zulauf nicht nur in Ägypten selber, sondern auch in anderen arabischen Ländern erhielt. Ihre fundamentalistischen und auf die Herstellung einer theokratischen staatlichen Ordnung abzielenden Bestrebungen, in der die nach und durch die europäische Aufklärung vollzogene Trennung von Politik und Religion rückgängig gemacht

»Teuflischer Jude«: Ariel Sharon trinkt arabisches Blut.
Karikatur aus dem Jahr 2001, Abu Dhabi Television.

werden sollte, stießen jedoch auf den Widerstand der eher lai-
zistisch und im gewissen Sinne sogar sozialistisch orientierten
arabischen Nationalisten. Die »Muslimbruderschaft« wurde
1954 durch den ägyptischen Präsidenten Nasser verboten und,
als sich ihre Mitglieder gegen dieses Verbot wehrten, blutig verfolgt. Zu den Opfern gehörte auch Hassan al-Banna, der wegen eines Attentats zum Tode verurteilt und 1966 hingerichtet
wurde.

Der Verbreitung der von ihm entwickelten islamistischen
Ideologie tat dies jedoch keinen Abbruch, war sie doch inzwischen radikalisiert und durch eine extrem antisemitische Note
erweitert worden. Verantwortlich dafür war der Ägypter Sayyid Qutb, der in mehreren, in der arabischen Welt viel gelesenen
und breit rezipierten Werken »die Juden« für die Aggressivität
und Dekadenz »des Westens« verantwortlich machte.[14] Dabei

*Der »teuflische Zionismus« oder »zionistische Teufel«
geht über Leichen. Karikatur aus der saudi-arabischen
Zeitschrift Al-Watan, Juli 2002.*

kam es zu einer Art Umkehrung. Aus dem ursprünglichen
Antiwestlertum der Islamisten war ein islamistischer Antisemitismus geworden. Begründet wurde dies durch neue und spezifisch islamistische Verschwörungsideologien, wonach die Politik des Westens im Allgemeinen und der USA im Besonderen
von Israel und »den Juden« bestimmt werde.

Bei den, wie sie sich jetzt nannten, Palästinensern (eine pa-
lästinensische Nation hatte es vorher nicht gegeben, sie wurde
schlicht erfunden), fielen diese antisemitischen Verschwörungsideologien der Islamisten auf fruchtbaren Boden. Der paläs-
tinensische Flügel der Muslimbruderschaft »Hamas« (»Wider-
standsbewegung«) begründete damit seinen mit terroristischen
Methoden geführten Vernichtungskampf gegen Israel.[15] Laut
ihrer (nie revidierten und heute noch gültigen) »Charta« aus
dem Jahr 1989 versteht sich die Hamas als »Glied in der Kette
des Heiligen Krieges« und bekennt sich ohne Einschränkung
zur totalen Vernichtung Israels;[16] wer im »Heiligen Krieg«
gegen den »Zionismus« falle, sterbe im »Dienst Allahs«. Zu
diesen religiösen kommen Elemente des rassistischen Antise-

mitismus. So wird ausführlich aus den als echt dargestellten »Protokollen der Weisen von Zion« zitiert und Israel als »Krebsgeschwür« bezeichnet. Gleichzeitig wird jedoch Israel des Rassismus bezichtigt und ihm die Instrumentalisierung des Holocaust zum Zwecke der Legitimierung seiner Eroberungspolitik vorgeworfen. Dabei habe Palästina niemals den Juden, sondern immer den Muslimen gehört. Diese eigenwillige Geschichtsinterpretation wird mit Hinweis auf den Koran vorgenommen: Die auch im Koran erwähnten David und Salomon seien »wahre Gläubige« und Abraham der »erste Muslim« gewesen. Die Juden beziehungsweise, wie sie konsequent und abschätzig genannt werden, die »Zionisten« hätten sich Palästina mit Hilfe des »Weltimperialismus unter Führung der USA« widerrechtlich angeeignet und würden darüber hinaus die Herrschaft über das gesamte Land vom Euphrat bis zum Nil anstreben. Letzteres wird wiederum mit dem Hinweis auf die »Protokolle der Weisen von Zion« begründet. Im zukünftigen »Islamischen Palästina« würden Juden allenfalls als »Schutzbefohlene« (arabisch: ahl-al-dhimma) geduldet,[17] hätten aber das islamische Recht zu respektieren, dessen Einhaltung wiederum von islamischen Komitees kontrolliert werden solle.

Dies ist ein Hinweis auf die Situation in der »Islamischen Republik Iran«, die eine weitere islamistische Terrororganisation unterstützt, die mindestens so antisemitisch eingestellt ist wie die Hamas – die Hisbollah. Diese »Partei Gottes« steht unter dem Einfluss des nach Hassan al-Banna und Sayyid Outb dritten großen und bisher wirkungsvollsten islamistischen Ideologen – Ayatollah Ruholla Khomeini.[18]

Der vierte ist (oder möchte es sein) der 1957 im saudi-arabischen Riad geborene Osama Bin Laden, der 1992 einen »Heiligen Krieg« gegen die USA begann, nachdem er einen solchen »Djihad« vorher mit Unterstützung der USA gegen die sowjetischen Truppen in Afghanistan geführt hat.[19] Dass dies unter missbräuchlicher Verwendungs des islamischen Begriffs »Djihad« geschieht, der eigentlich nur (religiöse und individuelle)

»Anstrengung« meint, stört ihn und andere islamistische Terroristen nicht. Sie begründen ihren Terror gegen den Westen und die Juden mit antiwestlichen und antisemitischen Verschwörungsideologien, in denen auch die diabolischen Elemente nicht fehlen: In ihren Verlautbarungen ist viel von »großen« und »kleinen Teufeln« die Rede, womit wahlweise »die Juden« und die USA gemeint sind. Antisemitismus und Diabolismus stehen auch im Mittelpunkt der sonstigen gegen Israel und den Westen gerichteten islamistischen Verschwörungsideologien.

Israel hat auf diese Bedrohung mit berechtigter und teilweise auch unberechtigter Gewalt reagiert. Einige Vertreter Israels haben dies mit dem Hinweis auf den Holocaust begründet – eine problematische historische Parallelisierung, wenn nicht gar Instrumentalisierung. Auf den Einsatz von antiislamistischen Verschwörungsideologien hat Israel selbst jedoch weitgehend verzichtet. Anders dagegen die USA. Sie haben die Kriege gegen die Taliban in Afghanistan und Saddam Hussein im Irak mit antiislamistischen Verschwörungsideologien und Feindbildern legitimiert. Das gipfelte in dem vom amerikanischen Präsidenten George W. Bush gegen den islamistischen Terrorismus ausgerufenen »Kreuzzug«. Bush hätte keinen fataleren Begriff wählen können, und dies aus mehreren Gründen.[20] Einmal lieferte er damit islamistischen Terroristen vom Schlage eines Osama Bin Laden eine wohlfeile Begründung für ihren Terrorfeldzug gegen die »westlichen Kreuzfahrer« unter Führung des »Obersatans« Bush. Zum anderen begab sich Bush mit seiner Kreuzzugsmetapher in eine antiaufklärerische Position und in eine bedenkliche Nähe zu faschistischen Ideologen. In Europa gelten Begriff und Sache des »Kreuzzuges« schon lange als diskreditiert und mit den Idealen und Werten der Aufklärung als unvereinbar.[21] Nur faschistische Staaten wie das Spanien Francos und zumindest in der Endphase des Zweiten Weltkriegs auch Hitler-Deutschland haben ihren Kampf gegen den »gottlosen« und/oder »jüdisch-bolschewistischen« Kommunismus mit dem Kreuzzugsgedanken legitimiert.

In den USA dagegen wurde und wird der Kreuzzugsbegriff positiv aufgefasst, vor allem von fundamentalistischen Predigern, die ihren wortgewaltigen Kampf gegen den Teufel im Allgemeinen, den »Teufel Alkohol« im Besonderen, nicht selten als »Kreuzzug« ausgegeben haben. Doch auch Politiker wie Eisenhower haben den Befreiungskrieg gegen den Faschismus als »Crusade for democracy« bezeichnet. In den USA selbst wirkte der gegen den »teuflischen« und »terroristischen Islamismus« ausgerufene »Kreuzzug« also keineswegs so befremdlich wie im Rest der westlichen Welt.

Dennoch war und ist die Verwendung von religiösen, vor allem diabolischen Begriffen in der Politik immer bedenklich, führt die Verteufelung des politischen Gegners und noch mehr des religiösen Feindes doch sehr leicht zur Konstruktion von politischen und diabolischen Verschwörungsideologien. Davon gab es im Westen viele. Man findet sie in verschiedenen offiziellen Verlautbarungen und Büchern über den »Terrorismus« ganz allgemein und speziell über den »islamistischen Terrorismus«, in denen beide Begriffe nicht hinreichend geklärt, sondern verschwörungsideologisch begründet werden.

Schon der inzwischen überall und für alles Mögliche verwandte Terminus »Terrorismus« ist äußerst vage und unbestimmt.[22] Es gibt Hunderte sich zum Teil völlig widersprechende Definitionen. »Terrorismus« ist, wie Noam Chomsky angemerkt hat, eher ein »Produkt des politischen Diskurses« als ein feststehender und präzise definierter politikwissenschaftlicher Begriff.[23] Was »Terrorismus« ist oder sein soll, entscheidet meist der, der von »Terrorismus« spricht.[24] Diese dezisionistische Verwendung des Begriffs ermöglicht die Konstruktion von Verschwörungsidologien gegen diejenigen, die des Terrorismus beschuldigt oder verdächtigt werden.[25]

Bei den antiislamistischen Verschwörungsideologien ist dies im besonderen Maße der Fall, besteht doch nicht einmal Einigkeit darüber, was unter dem Begriff »Islamismus« verstanden werden soll.[26] Anstatt den Islamismus als Fundamentalismus zu begreifen und ihn mit anderen religiös-politischen Erscheinungen dieser Art zu vergleichen,[27] wird Islam oft mit Islamismus verwechselt und werden einige der von islamistischen Ideologien verwandten Begriffe als islamisch, das heißt als Bestandteile des islamischen Glaubens ausgegeben.[28] Dies gilt einmal für den »Djihad«, der nach islamischem Glaubensverständnis nicht als »Heiliger Krieg« gegen das Christentum und schon gar nicht gegen den Westen allgemein ausgelegt werden kann und darf. Ähnlich ist es mit den von Islamisten propagierten und angewandten Selbstmordattentaten von sogenannten islamischen Märtyrern. Sie sind mit islamischen Glaubensgeboten völlig unvereinbar. Beides ist auch von verschiedenen islamischen Glaubensgelehrten immer wieder betont worden; ihre Mahnungen sind jedoch nicht von allen Muslimen gehört und beherzigt worden, gibt es doch im Islam keine religiöse Autorität, die so anerkannt wird wie der Papst von den katholischen Christen.

So ist es westlichen Antiislamisten möglich, mit den verschiedensten Unterstellungen gegen den Islam zu arbeiten und mit vorgeblich islamischen Begriffen und Begründungen antiislamistische Verschwörungsideologien zu konstruieren.[29] Dabei haben manche Ideologen auch auf eine sehr alte Legende zurückgegriffen: die Verschwörung der »Assassinen«, deren Nachfolger Terrororganisationen vom Schlage der Al Quaida sein sollen. In verschiedenen Publikationen wurde gar eine Deckungsgleichheit von Al Quaida und den »Assassinen« behauptet.[30] Ein größeres Missverständnis ist kaum vorstellbar.

Bei den historischen »Assassinen« handelte es sich nicht um eine Terrororganisaiton, sondern um eine islamische Glaubensgemeinschaft, die sich Ende des 11. Jahrhunderts von den heute noch existierenden und den Schiiten nahe stehenden Ismaeliten abgespalten hat.[31] Unter ihrem Führer Hassan i Sabbah, dem »Alten vom Berge«, errichteten sie im Grenzgebiet zwischen dem heutigen Persien und der Türkei eine Art Gottesstaat, der sich neben den benachbarten Kreuzfahrerstaaten und den Seldschukenreichen fast ein Jahrhundert halten konnte, bevor er 1256 von den Mongolen vollständig vernichtet wurde.

Diese bemerkenswerte Stabilität verdankte der »Assassinen«-Staat der militärischen Tüchtigkeit und dem religiösen Fanatismus seiner Bewohner und Krieger, die allen Angriffen auf ihre Burgen standhielten und darüber hinaus selber zum Angriff auf ihre christlichen und islamischen Nachbarn übergingen. Von eigens dazu geschulten Männern wurden Attentate auf sowohl christliche wie islamische Herrscher ausgeübt, meist mit Dolchen, was die erfolgreiche Durchführung dieser Attentate sicherte, zugleich aber die Überwältigung und Gefangennahme der Attentäter erleichterte. Um dies und ihre anschließende qualvolle Hinrichtung zu verhindern, sollen sich verschiedene von ihnen nach begangener Tat selber umgebracht haben.

Diese Entschlossenheit verblüffte Christen wie Muslime gleichermaßen; sie stellten Spekulationen darüber an, wie dies möglich sein könnte. Muslime führten das Phänomen auf den vorherigen Genuss von Haschisch zurück, weshalb sie allen Gefolgsleuten des »Alten vom Berge« den (Spott-) Namen »Haschischinen« (Haschischesser) gaben. Die Christen machten daraus »Assassinen«, was im Französischen und Englischen bis heute als Synonym für »Mörder« gilt. Aus der islamischen Glaubensgemeinschaft wurde eine islamische »Mördersekte«, die sich gegen das gesamte christliche Abendland verschworen und dabei vor Selbstmordattentaten nicht zurückgeschreckt habe. Mit dem Hinweis auf die Verschwörung der extrem heimtückischen und mörderischen »Assassinen« wurde schon im Mittelalter die abendländische Aggression gegen die »verteufelten Muslime« generell begründet.

Vereinzelt wurde im Westen sogar angenommen, dass hinter der Verschwörung der »Assassinen« die »teuflischen Juden« stünden. So wusste Luther in seiner Schrift *Vom Schem Ham-*

phoras und vom Geschlecht Christi zu berichten, dass »die Juden« ihre »Meuchelschäden« auch mit Hilfe der »Assessinen« begehen würden, »die von den Saracenen inn alle welt geschickt werden, die weltlichen herrn listiglich zu erwürgen und, was sie können, zu ermorden, ob sie also die ledigen Lender, und ohn herrn einnemen kündten.«[32] Doch eine solche antisemitische Konnotation dieser Verschwörungsideologie ist selten.

In der Neuzeit galten die »Assassinen« mehr als Beweis und Beispiel für den angenommenen Fanatismus des Islam und die Rückständigkeit des Orients; ihr Schreckbild wurde zum integralen Bestandteil des orientalischen Feindbildes. In der unmittelbaren Gegenwart werden die »Assassinen« zum Vorbild der islamistischen Selbstmordattentäter gemacht, die wie die Gefolgsleute des »Alten vom Berge« durch religiöse Heilsversprechen und die Verabreichung von Drogen zu ihrem mörderischen Tun verleitet würden. Ob dies wirklich der Fall ist, kann nicht eindeutig bewiesen werden. Nachweisbar ist jedoch, dass einigen der islamistischen Selbstmordattentätern neben immensen Geldsummen im Diesseits auch zahlreiche Jungfrauen im Jenseits versprochen worden sind.

Hier schließt sich der islamistische und antiislamistische Verschwörungskreis. Mit anderen Worten: Islamisten begehen wirklich Selbstmordattentate und andere terroristische Anschläge und begründen dies wirklich mit islamistischen Verschwörungsideologien. So gesehen verfügen die antiislamistischen Verschwörungsideologien über einen realen Kern. Doch dies alles ist kein Grund, den Islam zu verteufeln und zu einem »Kreuzzug« gegen ihn aufzurufen.

Auch die »Auschwitzlüge« hat sich inzwischen in rasender Geschwindigkeit in den islamischen Ländern verbreitet.[33] Das vorerst letzte Beispiel ist der iranische Präsident Mahmud Ahmadinedschad, der Ende des Jahres 2005 mehrmals öffentlich erklärte, dass der Holocaust nicht stattgefunden habe, ja, so wörtlich, ein »Märchen« und ein »Mythos« sei, erfunden von der »zionistischen Propagandamaschine« und verbreitet, um die »Besetzung Jerusalems« und die Unterdrückung der Palästinenser zu legitimieren. Mit dieser antisemitischen Verschwörungsideologie war der unverhüllte Aufruf zur »Vernichtung« des »Schandflecks« Israels verbunden, das »aus der islamischen Welt getilgt werden« müsse.[34]

Anfang 2005 kündigte Ahmadinedschad eine internationale Konferenz an, die untersuchen sollte, ob es den Holocaust wirklich gegeben hat. Trotz heftiger internationaler Proteste fand diese tatsächlich im Dezember 2006 in Teheran statt. Nach offiziellen iranischen Angaben sollen 67 zu »Wissenschaftlern« ernannte Holocaustleugner aus 30 Ländern teilgenommen haben, darunter der einschlägig bekannte und vorbestrafte Robert Faurisson. Zur Freude der iranischen Propaganda gesellten sich zu dieser Internationale der Holocaustleugner auch einige orthodoxe Rabbiner – ein wahrhaft gespenstisches Spektakel und der bisherige Höhepunkt der propagandistischen Aktivitäten der islamischen Auschwitzleugner.

Erschreckend ist, dass ähnliche antisemitische Verschwörungsideologien auch von islamischen Politikern vertreten werden, die man im Westen als gemäßigt ansieht. So erklärte der malayische Premierminister Mahathir Mohamad am 16. Oktober 2003 auf der Islamischen Weltkonferenz: »Wir sind mit einem Volk [gemeint ist: das jüdische, d. Verf.] konfrontiert, das denkt. Sie haben 2000 Jahre Pogrome nicht mittels Zurückschlagen überlebt, sondern mittels Denken. Sie erfanden und förderten erfolgreich Sozialismus, Kommunismus, Menschenrechte und Demokratie (...), damit sie sich der gleichen Rechte erfreuen dürfen wie andere. Mit denen haben sie nun die Kontrolle über die mächtigsten Länder gewonnen, und sie, diese winzige Gemeinschaft, sind eine Weltmacht geworden.«[35]

Angesichts der islamistischen sind die neuen westlichen antisemitischen Verschwörungsideologien umso gefährlicher. Sie haben ein neues Sujet gefunden und kreisen um die von Islamisten begangenen Terroranschläge vom 11. September 2001.

11. »Kosher Conspiracy«

Verschwörungsideologien über den 11. September

»Die Kosher Conspiracy« hat der *taz*-Redakteur Mathias Bröckers einen Artikel überschrieben, den er am 2. März 2002 in der Internetzeitschrift *teleopolis* veröffentlichte.[1] Dies sollte vermutlich lustig, eben »tazig« sein. Der Artikel ist allerdings in keiner Weise komisch und in ganz eindeutiger Weise antisemitisch, führt er die Terroranschläge vom 11. September 2001 doch auf eine jüdische Verschwörung zurück, und dies mit der für verschwörungsideologisches Denken geradezu typischen Frage nach dem *Cui bono*: »Ariel Sharon«, »Israel« und »die Juden« generell seien die »Hauptprofiteure« dieses Verbrechens.

Antisemitismus pur – und das ist Bröckers sehr wohl bewusst, kokettiert er doch geradezu mit den gegen ihn erhobenen Antisemitismus-Vorwürfen. Wie vor ihm bereits der Schriftsteller Martin Walser spricht er in diesem Zusammenhang von einer »Auschwitz-Keule«, die gegen ihn, den furchtlosen Journalisten, geschwungen werde. Das »Meinungsklima« erinnert ihn an das »in Deutschland nach 1933«, es würden »Nazi-Spielregeln« gelten. Denn: »Wer heute auf die faschistischen Tendenzen der USA aufmerksam macht, wird als ›Anti-Amerikaner‹ ins Abseits gestellt, und wer Israels Bruch des Völkerrechts kritisiert, erhält als ›Antisemit‹ umgehend die rote Karte. Das Meinungsklima ist ganz ähnlich wie in Deutschland nach 1933, als Kritiker des Faschismus wegen ›undeutscher Umtriebe‹ aus dem Verkehr gezogen wurden.«[2] Der antisemitische Täter Bröckers stilisiert sich zum Opfer eines philosemitischen Diskurses. Aus den jüdischen Opfern des Holocaust macht er gleichzeitig israelische Täter, die eine Politik »nach dem Modell Hitler« betrieben. Dies keineswegs nur in Palästina, sondern fast überall in der Welt, auch und gerade in den USA, deren Politik von Israel und »den Juden« generell kontrolliert werde. All dies hat eine fatale Ähnlichkeit mit den »Protokollen der Weisen von Zion«.

Das scheint Bröckers nicht zu stören. Seine antisemitische Verschwörungsideologie über den Terroranschlag vom 11. September 2001 hat er in einem dickleibigen Buch näher ausgeführt, das inzwischen in der 30. Auflage vorliegt.[3] Es trägt den Titel *Verschwörungen, Verschwörungstheorien und die Geheimnisse des 11.9.* und will die »World-Trade-Center Verschwörung« nicht dekonstruieren, sondern ganz im Gegenteil konstruieren. Dies geschieht mit Hilfe von »Beweisen«, die Bröckers, wie er selber freimütig einräumt, alle samt und sonders aus dem Internet gezogen hat. Dabei macht er sich die Tatsache zunutze, dass dort verschiedene und sich zum Teil widersprechende Informationen über die Vorgeschichte und den Verlauf des Anschlags zu finden sind, was in diesem Medium keineswegs ungewöhnlich, sondern geradezu typisch ist. Aus der Flut der Internet-Informationen hat sich Bröckers dann diejenigen herausgesucht, die seine verschwörungsideologischen Mutmaßungen stützen. Gegenteilige Meldungen ignoriert er entweder oder führt sie auf eine Desinformationskampagne Israels und »der Juden« zurück, die daran interessiert seien, die Spuren ihrer Verbrechen zu verwischen.

Schließlich arbeitet Bröckers mit Zitaten, die häufig kaum nachprüfbar und meist aus dem jeweiligen Zusammenhang gerissen sind. So ein Wort des damaligen israelischen Ministerpräsidenten Ariel Sharon, der in einem Gespräch mit Shimon Peres gesagt haben soll: »Wir, die Juden, kontrollieren Amerika und die Amerikaner wissen das.« Diese Behauptung ist, wenn sie denn so gemacht worden ist, einfach lächerlich. Wie soll das kleine Israel die großen USA »kontrollieren«? Das wäre auch mit Hilfe der amerikanischen Juden, die noch nicht einmal zwei Prozent der amerikanischen Gesamtbevölkerung stellen, einfach unmöglich. Auch dann nicht, wenn, was Bröckers geradezu triumphierend kolportiert, der israelische Geheimdienst über »Abhörmöglichkeiten für jedes amerikanische Telefon« verfügt habe.[4]

Für antisemitische Verschwörungsideologen wie Mathias Bröckers ist dieses und noch viel mehr sehr wohl möglich. Schließlich scheint es für ihn auch so etwas wie das »internationale Judentum« zu geben, und dieses muss eben allmächtig sein. Dass Bröckers Antisemitismus nicht von rechts, sondern von links kommt, macht die Sache keineswegs besser, haben wir es hier doch mit einem weiteren Beispiel für die bei einigen Linken nicht seltene Transformation von Antiimperialismus über den Antizionismus in den offenen Antisemitismus zu tun.

Bröckers ist kein Einzelfall. Der Anschlag auf das World Trade Center ist zum Gegenstand von neuen Verschwörungsideologien geworden, hinter denen sich die alten Deutungsmuster verbergen, wie sie vor allem aus den »Protokollen der Weisen von Zion« bekannt sind. Die verschwörungsideologische Fantasie der Verfasser von Werken über die »World-Trade-Center-Verschwörung« kennt keine Grenzen. Dies gilt für Gerhard Wisnewskis *Operation 9/11*[5] und wenigstens teilweise auch für einige andere Sachbücher,[6] in besonderem Maße aber für das Buch *Die CIA und der 11. September* des ehemaligen Bundesforschungsministers Andreas von Bülow.[7]

Um seine These zu beweisen, dass hinter den Anschlägen vom 11. September die CIA stünde, stellt von Bülow zunächst einmal die verschwörungsideologische Cui-bono-Frage und beantwortet sie gleich selber mit dem Hinweis auf den Nutzen, die die USA aus den Anschlägen hätten ziehen können: »Die Pläne, lange vor dem 11.9.2001 von maßgeblichen Vertretern der derzeitigen amerikanischen Administration diskutiert und schriftlich niedergelegt (...), zielten auf die Sicherung eines Jahrhunderts globaler amerikanischer Weltherrschaft, die Ein-

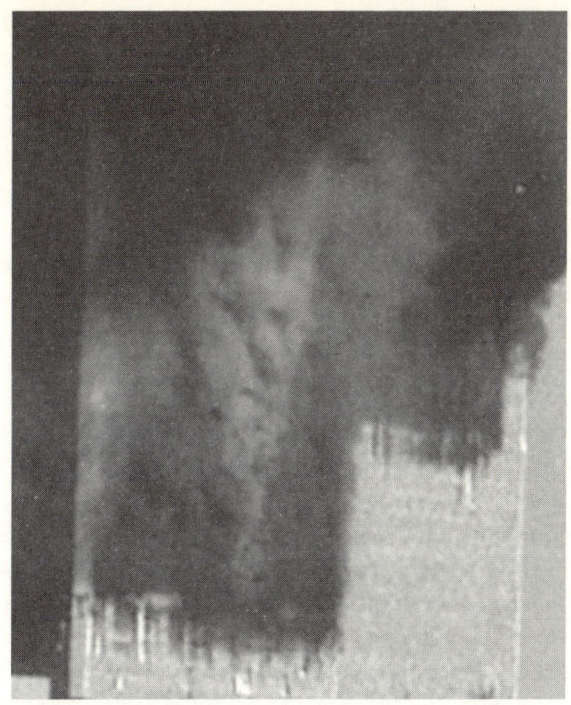

Besonders Verschwörungsgläubige wollen in den brennenden Türmen des World Trade Centers den grinsenden Teufel gesehen haben.

dämmung der Milliardenvölker Chinas und Indiens, die Verhinderung des Aufstiegs konkurrierender Gegenmächte auf dem eurasischen Kontinent und schließlich den Zugriff auf die Lagerstätten des Öls, den knapper werdenden Rohstoff von strategischer Bedeutung, und die damit verbundene Finanzmacht. Die Bush-Administration nutzte die Ereignisse des 11. 9., ohne auch nur einen Moment zu zögern, um diese schon vorab formulierte Politik im Zuge des Kampfes gegen den Terror durchsetzen und rechtfertigen zu können.«[8] Ähnlich wie Bröckers äußert von Bülow Zweifel an der Darstellung der

Vorgeschichte und des Verlaufs der Terroranschläge und führt alles auf Desinformationskampagnen der amerikanischen und israelischen Geheimdienste zurück: »Es wäre vermessen, Vorgeschichte und Tat des 11.9. in allen Einzelheiten ohne die Hilfe aus den Riesenapparaten FBI, der CIA, der NSA oder des Mossad aufklären zu wollen. Doch die Zweifel an der offiziellen Version reichen aus, um der amerikanischen Regierung bei ihrer Darstellung des Geschehens und der daraus abgeleiteten politischen wie militärischen Strategie eines ›Weltkrieges‹ schlicht die Gefolgschaft zu verweigern.«[9]

Dann geht es, wie bei Bröckers, in die verschwörungsideologischen Details. Dabei wird suggeriert, dass neben dem amerikanischen CIA auch der israelische Geheimdienst Mossad frühzeitig von dem geplanten Anschlag gewusst habe.[10] Dennoch habe der Mossad nur seine Landsleute gewarnt. Die letzte Warnung sei noch wenige Stunden vor dem Anschlag gekommen; die Mitarbeiter der israelischen Schiffahrtslinie »Zim« hätten dagegen schon einige Wochen vorher von einem möglichen Anschlag gewusst, weshalb sie in aller Ruhe ihre Büros im World Trade Center hätten räumen und kündigen können, und dies, obwohl ihr Mietvertrag noch bis Ende 2001 gelaufen sei. Als Beleg für all diese Verdächtigungen gibt von Bülow dann penibel genau an, wie viele Juden (nur dreißig) und Israelis (nur ein einziger) sich unter den Opfern des Anschlags befunden haben.[11]

Damit nicht genug. Es wird zumindest suggeriert, dass der Mossad den Anschlag selber mittels der von ihm unterwanderten und insgeheim auch gesteuerten Al Quaida begangen habe. Hier äußert sich von Bülow vorsichtiger, weiß er doch, dass »eine Erörterung dieser Behauptung« die »Gefahr« in sich berge, »sich den Vorwurf des Antisemitismus einzuhandeln«.[12] Daher spricht er von »unaufgeklärten Mossad-Spuren«, wozu wiederum die Schiffahrtslinie »Zim« gehören soll,[13] zitiert einen ungenannten »sehr hochrangigen Ermittler«[14] und beruft sich auf sonstige Informationen aus dem Internet.

In einigen Internet-Artikeln, die Bröckers wie von Bülow zustimmend zitieren, wird auch der eigentliche Profiteur des Terroranschlags auf das World Trade Center genannt: »Natürlich« ein Jude, nämlich Garry Silverstein, dem das World Trade Center gehört und der es hoch gegen Terroranschläge versichert habe, nämlich im Wert von 3,2 Millarden Dollar.[15] »Natürlich« taucht auch immer wieder Ariel Sharon mit dem schon von Bröckers verwandten Zitat auf, wonach Israel und das »internationale Judentum« die USA fest in der Hand hätten und völlig kontrollierten. Dies unter anderem mit Hilfe eines Geheimbundes, der von dem wegen seiner jüdischen Herkunft aus Deutschland vertriebenen Philosophen Leo Strauss gegründet und geleitet worden sei. Dieser neokonservative Bund habe inzwischen die gesamte amerikanische Administration unterwandert.[16] Die Ähnlichkeiten mit der Verschwörungsideologie der »Weisen von Zion« sind verblüffend.

Einige Verschwörungsideologen behaupten, die beiden Türme des World Trade Centers seien nicht von Flugzeugen, sondern, wie in den »Protokollen« angekündigt und beschrieben, von unterirdischen Sprengladungen zerstört worden. Auch sonst wird eine Art Deckungsgleichheit mit der Verschwörung der »Weisen von Zion« hergestellt. Der israelische Geheimdienst Mossad übernimmt dabei die Rolle der in den »Protokollen« fantasievoll beschriebenen jüdischen Geheimorganisation, Israel selber verkörpert das »internationale Judentum«, der Eigner des World Trade Centers Garry Silverstein gilt als Repräsentant der »jüdischen Wucherer«. Auch der in den »Protokollen« erwähnte Teufel fehlt nicht. Seine Existenz wird durch verschiedene, angeblich der Kabbala entlehnte Zahlenspielereien und andere »satanische Numerologien« (so über die Nummer eines der Flugzeuge, die auf das World Trade Center gelenkt wurden) herbeifantasiert.[17]

Zur imitierten und revitalisierten Ideologie über die Verschwörung der »Weisen von Zion« kommt noch die über die »Auschwitzlüge«. Auch an sie wird bei der Ideologie von der

World-Trade-Center-Verschwörung angeknüpft. Beispielhaft ist ein Artikel in der amerikanischen rechtsradikalen Zeitschrift *National Journal*, in dem es heißt: »Die Vergasungsgeschichte der Juden ermöglichte die Gründung des Judenstaats. Der Angriff ermöglichte USrael den Vorwand zur militärischen Erzwingung der Weltherrschaft.«[18]

Der antiamerikanische und antisemitische Eifer dieser Verschwörungsideologen scheint grenzenlos zu sein. Sie nutzen die Tatsache aus, dass einige Aspekte der Politik Israels und Amerikas im Nahen Osten in der Tat nicht zu rechtfertigen sind. Dies gilt insbesondere für die offensichtlich wider besseres Wissen verbreiteten Meldungen über die Existenz von Massenvernichtungswaffen im Irak zu Zeiten Saddam Husseins. Hinzu kommen die antiislamistischen Verschwörungsideologien. Doch kann dies keine Rechtfertigung für die Konstruktion und Verbreitung der antiamerikanischen und antisemitischen Verschwörungsideologien darstellen, die zudem, wie die Verkaufszahlen der Bücher von Bröckers und von Bülow beweisen, von vielen Menschen nicht kritisiert, sondern akzeptiert werden.

Sicherlich kommt die antiamerikanische und antisemitische Tendenz dieser Bücher der antiamerikanischen und antisemitischen Einstellung von Teilen der Bevölkerung entgegen. Die Frage bleibt, warum so eingestellte Personen gerade zu solchen Werken greifen. Dies liegt offensichtlich nicht oder zumindest nicht nur an ihrer ideologischen Tendenz, sondern auch am verschwörungsideologischen Sujet. Verschwörungsideologien werden nicht nur wegen ihrer ideologischen Tendenz, sondern wegen ihres verschwörungsideologischen Inhalts geglaubt, scheinen sie doch eine einfache und verständliche Erklärung für komplizierte und unverständliche Ereignisse zu bieten. Diese monokausale Erklärung beziehungsweise Ideologie kann leicht durch den Hinweis auf alle möglichen Informationen kaschiert und damit scheinbar multikausal dargestellt werden. Insbesondere im Internet blühen Verschwörungsideologien geradezu auf[19], das Medium erleichtert die Konstruktion und Verbreitung von Verschwörungsideologien und erschwert zugleich ihre Dekonstruktion und ideologiekritische Entlarvung.

Die Konstrukteure der früheren Verschwörungsideologien legten ihre Thesen in Büchern, Traktaten und anderen Druckerzeugnissen dar und mussten sie hier durch Fakten und Zitate beweisen, deren Faktizität und Herkunft relativ leicht nachprüfbar war. Erwiesen sich diese Fakten und Zitate als falsch, gefälscht oder gar, wie die »Protokolle der Weisen von Zion«, völlig fiktiv, konnte der ideologische Charakter der jeweiligen Verschwörung schon mit Hilfe von Methoden der positivistischen Ideologiekritik bewiesen werden. Bei Verschwörungsideologien, die im Internet verbreitet werden, ist dies weit schwerer, ja fast unmöglich. Die klassischen Methoden der positivistischen Ideologiekritik greifen nicht oder zumindest nicht so wie bisher. Schon die Herkunft von Fakten und Zitaten aus dem Internet ist häufig nicht nachprüfbar, weil die angegebene Internetadresse nicht oder nicht mehr stimmt, gelöscht oder durch andere ausgetauscht wurde, die abgewandelte oder völlig andere Fakten und Zitate enthält. Die ideologiekritische Spur verliert sich oder der Recherchierende landet über die vielen angegebenen Links anderswo. Selbst wenn sie aufgespürt werden können und ein Faktum oder ein Zitat widerlegt wird, ist es häufig schon zu spät, weil es inzwischen weiterverbreitet und weiter zitiert wurde. Zitaten-Kartelle im Internet lassen sich praktisch nicht dekartellisieren. Ebenso ist es mit den Fakten: Wurden sie an einer Stelle widerlegt, tauchen sie sofort an einer anderen wieder auf. Es ist wie bei der Fabel vom Hasen und Igel: Der verschwörungsideologische Igel ist immer schon vor dem ideologiekritischen Hasen im Ziel.

Die Verbreitung der Verschwörungsideologien ist faktisch nicht zu stoppen. Ein verschwörungsideologisches Buch konnte man indizieren oder zumindest ignorieren. Bei der Verbreitung entsprechender Thesen im Internet ist das nicht möglich, sie sind einfach da und verbreiten und vermehren sich mit unglaublicher Schnelligkeit. Kulturkritisches Lamentieren hilft hier ebenso wenig wie der Ruf nach Polizei und Staatsanwalt.

Doch nicht nur Verschwörungsideologien, auch Verschwörungsideologen blühen im Internet auf. Finden sie doch sehr schnell Gleichgesinnte, die noch dazu wie sie selber anonym bleiben können. Gemeinsam kann man sich im Internet auf die Suche nach »geheimen Drahtziehern« begeben, ohne Gefahr zu laufen, lächerlich gemacht zu werden – im Gegenteil, bestärkt man doch sich und die anderen in seinem Verschwörungswahn. Dies kann schon fast religiöse Züge annehmen: Eine Gemeinschaft der vermeintlich Wissenden wendet sich gegen den unwissenden Rest der Welt.

Warum aber werden verschwörungsideologische Desinformationen gerade heute so leicht geglaubt, obwohl doch kein Mangel, sondern ganz im Gegenteil ein Überfluss an Informationen besteht? Der Grund dafür ist keineswegs das neue Medium Internet oder die Beschaffenheit der neuen Verschwörungsideologien. Die Ursachen liegen tiefer. Bei dem Versuch der Erklärung mag ein Blick auf »moderne« esoterische und satanistische Verschwörungsideologien hilfreich sein.

12. »Illuminati«

Esoterische Verschwörungsideologien

Die aufklärerisch-freimaurerische Geheimgesellschaft der Illuminaten war bis vor kurzem nur einigen Spezialisten bekannt. Heute ist dies völlig anders. Illuminaten sind in aller Munde beziehungsweise auf allen Websites. Gibt man bei »Google« das Stichwort »Illuminaten« ein, werden über 6 000 Treffer gemeldet. Doch nur wenige behandeln die historischen Illuminaten, viele beschäftigen sich mit völlig fiktiven Organisationen, die angeblich im Untergrund nach dem Verbot der Illuminaten Weishaupts bis in die Gegenwart weiter existiert haben.[1] Diese unglaublichen Geschichten sind von den Verfassern verschiedener Romane aufgegriffen worden, so von den Amerikanern Robert Shea und Robert A. Wilson, die eine *Illuminatus* genannte Romantrilogie verfasst haben. Noch berühmter wurden die »Illuminati«– Romane Dan Browns: *Sakrileg* wurde ein internationaler Bestseller und ist unter dem Titel *Der Da-Vinci-Code* verfilmt worden.[2]

Der Plot dieser und anderer »Verschwörungsthriller« über die »Illuminati« ist einfach, aber durchaus faszinierend[3]: Alles beginnt mit Jesus, der mit der in der Bibel als »Sünderin« verunglimpften Maria Magdalena verheiratet gewesen sein und mit ihr eine Tochter gehabt haben soll. Mit dieser Tochter habe sich Maria Magdalena nach der Hinrichtung Jesu nach Frankreich begeben, wo sie von Juden gut aufgenommen und versteckt worden seien. Nachkommen von Jesu Tochter hätten dann in das Geschlecht der fränkischen Merowinger eingeheiratet, die damit über königliches und göttliches »Heil« verfügt hätten. Doch sei die Dynastie der Merowinger von Pippin abgesetzt und von jener der Karolinger abgelöst worden. Einige Angehörige des Geschlechts der Merowinger hätten das inzwischen von der Kirche als unwahr und häretisch bezeichnete Geheimnis über die Nachkommenschaft Jesu weitergetragen. Hier wird noch der Gralsmythos in die Verschwörungsgeschichte eingewoben, und zwar in einer feministischen Färbung, wird doch der Gral als Beispiel und Symbol einer matriarchalischen Urreligion gedeutet, die von der Kirche unterdrückt worden sei.

Die Kirche sei es auch gewesen, die die Maria-Magdalena-Merowinger-Nachkommen verfolgt hätte. Um sich vor ihren Nachstellungen zu schützen, habe ein Angehöriger dieses Geschlechts, nämlich der erste König von Jerusalem, Gottfried von Bouillon, den Ritterorden der Templer ins Leben gerufen, der das Geheimnis um Jesus Nachkommen und den Gral geschützt habe. Der Templerorden habe auch nach seiner Auflösung durch Philipp den Schönen im Untergrund weiter existiert, zum einen in Gestalt von »Illuminaten« und anderen Freimaurerlogen (von denen einige tatsächlich auf die Templer zurückgehen sollen), zum anderen in Form einer kleinen, aber ungeheuer mächtigen Organisation, die sich »Prieuré de Zion« (Bruderschaft von Zion) nannte und immer noch nennt. Ein Geheimorden gleichen Namens soll noch heute existieren.

Dies ist der Plot, den Dan Brown sehr geschickt und massenwirksam mit den Stilmitteln eines Thrillers ausgestaltet hat. Hinzu kommen verschwörungsideologische Momente, wobei zwischen positiven und negativen Verschwörungen unterschieden wird. Positiv bewertet wird die Merowinger-Templer-Illuminati-Verschwörung, negativ die konspirativen, zum Teil verbrecherischen Aktionen der katholischen Kirche im Allgemeinen, des katholischen Laienordens Opus Dei im Besonderen. Juden tauchen bei Dan Brown nicht auf; auf die in anderen »Illuminati«-Romanen häufig erwähnten »Protokolle der Weisen von Zion« ist er nicht eingegangen. Dan Browns »Verschwörungsthriller« mögen antiklerikal sein, sie sind nicht antisemitisch.

Das trifft allerdings nicht auf andere Bücher dieser Gattung zu, insbesondere wenn Anleihen an die Esoterik getätigt werden, ist doch die Esoterik (von griechisch »das Innere«) von einer Geheimlehre, wie sie schon von den Orden und Logen des 19. Jahrhunderts praktiziert wurde, zu einer politischen Weltanschauung mit antisemitischer Tendenz geworden.[4] So war es bereits in der NS-Zeit, als die antisemitische und rassistische Weltanschauung der Nationalsozialisten durch einige esoterische Elemente erweitert und radikalisiert wurde.[5] Hauptrepräsentant dieser Strömung innerhalb des Nationalsozialismus war der »Reichsführer SS und Chef der Deutschen Polizei« Heinrich Himmler.[6] Himmler war nicht nur Anhänger der esoterischen Wiedergeburtslehre (wobei er sich selber als Reinkarnation König Heinrichs I. verstand), auch der von ihm geschaffene SS-Kult wies verschiedene esoterische Züge auf. Dies gilt vor allem für den Ordensgedanken, der sowohl mit dem Hinweis auf den Deutschen Orden wie auf andere Orden und Geheimgesellschaften begründet wurde.[7] Hinzu kam der Gralskult, den Himmler auf der Wewelsburg bei Paderborn zelebrieren ließ, die von Häftlingen aus dem eigens zu diesem Zweck gegründeten Konzentrationslager Niederhagen zu einer zentralen SS-Kultstätte umgebaut worden war.[8]

Mit weiteren esoterischen und okkulten Praktiken beschäftigte sich das »Ahnenerbe der SS«.[9] So sollte beispielsweise das magische und okkulte Wissen der Sinti und Roma erforscht und zu diesem Zweck »reinrassige Zigeuner« in ein »Zigeunerreservat« am Neusiedler See verbracht werden; ein Plan, der am Einspruch Hitlers scheiterte.[10] Die Sinti und Roma wurden nicht erforscht, sondern ermordet. Verwirklicht wurde dagegen Himmlers Idee, die Geschichte der als real existierend angesehenen »Hexen« zu erforschen, galten die als »weise« und »reinblütig« angesehenen »Hexen« doch als Opfer einer jüdisch-christlichen Verschwörung.[11]

Weitere esoterische Elemente wies der SS-Kult auf. Praktiziert wurde er sowohl bei öffentlichen als auch privaten Feiern wie Geburtstag, Hochzeit und Begräbnis und bei Festen wie Ostern, Erntedank und Weihnachten, die dabei ihres christlichen Gehalts beraubt wurden. Übernommen und nur leicht abgewandelt wurden der christliche Teufelsglaube und Antisemitismus. All das wirkte bereits auf etliche Zeitgenossen weltfremd und verschroben und wurde von späteren Historikern als Schrullen Himmlers abgetan. Doch kommt dies einer Unterschätzung des SS-Kults und der Ideologie des SS-Staats gleich, dessen Verbrechen auch mit pseudoreligiösen und esoterischen Elementen begründet wurden.

Nach dem Untergang des SS- und NS-Staates setzten viele der alten Esoteriker ihr Treiben fort und beeinflussten die neu entstehende Esoterik-Szene, die immer mehr in das rechtsradikale Lager abgeglitten ist. Esoterik begünstigt generell antisemitisches und verschwörungsideologisches Denken, bietet sie doch mit dem Begriff der »Ganzheitlichkeit« ein einfaches und zugleich binäres Erklärungsmodell für alle Probleme der Welt und der einzelnen Menschen an. Danach befindet sich das »Ganze« beziehungsweise »das Universum« in einem Zustand der natürlichen Ordnung und Harmonie, allerdings nur dann, so die esoterische Weltanschauung, wenn sich die Menschen mit ihrem durch Abstammung und Geschlecht, Klasse und Rasse determinierten Platz abfänden. Täten sie es nicht, versuchten sie aus ihrer festgelegten Rolle im gesellschaftlichen Gefüge auszubrechen, werde die natürliche Ordnung und kosmische Harmonie gestört. Katastrophen, Kriege und individuelle Krankheiten seien die Folge. Schuld daran seien jene Menschen, die die Ordnung störten und aus der Gemeinschaft austräten. Die Ähnlichkeiten mit der nationalsozialistischen Differenzierung zwischen »Volksgenossen« und »Gemeinschaftsfremden« sind unverkennbar. Die esoterischen Verschwörungsideologien gleichen den nationalsozialistischen aufs Haar, wie sich besonders an den Schriften Udo Holeys verdeutlichen lässt.

Die Eindollarnote als Beweis für die geheime Existenz der Illuminaten: freimaurerisches Symbol – Pyramide mit Auge – und das Motto der historischen Illuminti, novus ordo seclorum – »neue Weltordnung«.

Der 1967 geborene Holey hat unter dem Pseudonym Jan van Helsing verschiedene Werke veröffentlicht, die auf dem Buchmarkt überaus erfolgreich waren, bevor das Landgericht Mannheim 1996 ihre bundesweite Beschlagnahmung anordnete.[12] Dies geschah mit der Begründung, dass in Holeys Werken »Volksverhetzung« betrieben und »Kennzeichen verfassungsfeindlicher Organisationen« verwandt würden. Über dieses Urteil kann man streiten, sicher aber ist, dass es sich bei Holey um einen gefährlichen Antisemiten und Verfechter einer antisemitischen Verschwörungsideologie handelt.[13]

Auf den ersten Blick ist dies seinen seit Anfang der neunziger Jahre publizierten Büchern nicht anzusehen.[14] Sie handeln von der »Geheimgesellschaft« der »Illuminati«, die schon vor 300000 Jahren in Mesopotamien als »Bruderschaft der Schlange« gegründet worden sein soll, um dann unter wechselnden Namen über die Illuminaten Adam Weishaupts bis hin zu einer Organisation namens »Die Bilderberger« weiter zu existieren. In der Gegenwart habe sie Verstärkung von Außerirdischen erhalten, die mit unbekannten Flugobjekten (Ufos) auf die Erde gekommen sein sollen, um hier gentechnische Veränderungen an der Menschheit vorzunehmen.[15]

Dies alles kann man als unfreiwillig komisch, vielleicht auch als unterhaltsam empfinden, wenn Holey/van Helsing nicht versuchen würde, diesen hanebüchenen Unsinn zu beweisen, und zwar durch einen umfangreichen, ja geradezu überbordenden Anmerkungsapparat, in dem dann alle möglichen, vor allem aber antisemitische und revisionistische Autoren als Gewährsleute angegeben werden, darunter David Hoggan, David Irving, Germar Rudolf und andere Auschwitzleugner. Ihre »Argumente«, mit denen Holocaust und die deutsche Kriegsschuld geleugnet werden, sind bei Holey/van Helsing zustimmend wiedergegeben.[16] Wenn dann noch im Text ausführlich aus den »Protokollen der Weisen von Zion« zitiert wird, um zu beweisen, dass hinter den »Illuminati« das »Haus Rothschild« und »die Juden« generell stünden, ist der antisemitische Tenor eindeutig.

Dem Mannheimer Gericht, das die Bücher Holeys indizierte, ist beizupflichten, wenn es dieses Verbot auch damit begründete, dass van Helsing Thesen verbreite, wonach »die Juden (...) die Weltherrschaft« anstrebten, was »unter Verwendung entstellter, erfundener oder nicht nachvollziehbarer Zitate« geschehe.[17] Tatsächlich hat Holey kaum ein antisemitisches Verschwörungsideologem ausgelassen – von der Ritualmordlüge (einem jüdischen Ritualmord soll auch der geheimnisumwobene Kaspar Hauser zum Opfer gefallen sein[18]) über die sattsam bekannten antisemitischen Spekulationen über die Macht von jüdischen Organisationen wie der Loge B'nai B'rith bis hin zum (in der revisionistischen Literatur häufig anzutreffenden) Vorwurf, dass die Jewish Agency unter Leitung von Chaim Weizmann Hitler-Deutschland den Krieg erklärt habe.[19]

Fast schon originell ist die Behauptung Holeys, Helmut Kohl sei Jude, weil seine Vorfahren ihren Familiennamen von »Kohn« in »Kohl« umgewandelt hätten.[20] Wenig komisch ist dagegen der erhobene Verdacht, dass das Aidsvirus auf Befehl der (jüdischen) Illuminati in einem amerikanischen Labor hergestellt und von dort aus verbreitet worden sei.[21] Schließlich fehlt auch die Verbindung von Antisemitismus und Diabolismus nicht: »Den Juden« wird unterstellt, Teufelsanbeter zu sein, weil das Wort »Jahwe« (Gott) auf »Sheitan« (Teufel) zurückzuführen sei.

Die Liste der antisemitischen und rechtsextremen Beispiele ließe sich fortsetzen; sie zeigen, dass das gerichtliche Verbot begründet und angemessen war. Eine andere Frage ist, ob es auch Erfolg hatte, denn zum Zeitpunkt der Indizierung waren schon weit über 100 000 Exemplare der Holey'schen Machwerke abgesetzt worden. In Österreich kann man sie zudem weiterhin kaufen, man kann sie bei »Ebay« ersteigern oder im Internet einfach nachlesen.[22] Zudem hat Holeys Erfolg Nachahmer und Trittbrettfahrer auf den Plan gerufen.

Zu ihnen gehört Jo Conrad, der sich offen dazu bekennt, das antisemitisch-esoterische Helsing-Klientel bedienen zu wollen. Im »Forum« des Ewert-Verlages gab er 1999 bekannt: »Wer sich ärgert, dass er die *Geheimgesellschaften* nicht lesen kann, dem sind meine *Entwirrungen* oder *Zusammenhänge* empfohlen, die auch bei Ewert zu bestellen sind.«[23] Tatsächlich ist Conrads 1996 erschienenes Buch *Entwirrungen* eine Kopie von Holeys Titeln.[24]

Ähnlich wie Holey stammt der 1958 im Landkreis Osterholz-Scharmbeck geborene Conrad nicht aus der rechtsradikalen Szene. Beruflich hat er sich als Radiomoderator und als Produzent von Filmmusiken für Fernsehserien betätigt. Doch muss er in Kontakt mit der rechten Esoterik geraten sein; der zentrale esoterische Begriff der »Ganzheitlichkeit« wird gleich zu Beginn seiner *Entwirrungen* thematisiert.[25] Das Prinzip ist einfach: Wer positive Energie aussendet, der wird auch Positives zurückbekommen. Conrad verdeutlicht dies an einem alltäglichen Beispiel: »Wenn wir z. B. Angst haben, in der Straßenbahn überfallen zu werden, dann ziehen wir diese oder eine ähnliche

Wirkung irgendwann an. Kennen wir jedoch das Gesetz, dass das, was wir aussenden – seien es Taten, Worte oder Gedanken – zu uns zurückkommt, dann können wir selbst bestimmen, ob wir in der Straßenbahn überfallen werden oder etwas Schöneres auf uns zukommt.«

In seinem für Verschwörungsideologen typischen Denken weiß Conrad auch, wer negative Signale aussendet und für alles Negative verantwortlich ist: »die Juden« und die von ihnen beeinflussten »Illuminaten«.[26] Ganz besonders böse und mächtige Juden verortet er in Hollywood, diese Menschen dort sendeten schlechte Signale aus und vergifteten (wie die mittelalterlichen jüdischen Brunnenvergifter) die esoterische Umwelt: »Der Hollywoodisierung der Welt haben wir den Typen des coolen Helden zu verdanken. Nicht liebevolle und sanftmütige Menschen werden dort propagiert, sondern gefühlskalte und zynische. Namen wie Goldwyn, Zukor, Loew, Selznik, Fox, Meyer usw. stammen aus der Gründerzeit der Traumfabrik. Wem diese Namen spanisch vorkommen, liegt völlig daneben. Heute ist Hollywood zwar nicht mehr fest in jüdischer Hand, aber der Prototyp des coolen Helden hat weltweit Furore gemacht.«[27]

Nach und neben den Juden von Hollywood kommen bei Conrad die Juden auch als »Gottesmörder« und »Teufelskinder« vor.[28] In klassischer antisemitischer Manier lässt er sich über den »jüdischen Gott« aus, der schlicht ein »Massenmörder« gewesen sei. Die Schlechten seien immer »die Juden« gewesen, sie seien für alles Böse verantwortlich. Die »Guten« nennt Conrad die »weißen Ariens« und stellt ihnen die bösen (jüdischen) »Greys« gegenüber: »Offenbar gibt es eine Rasse von schönen, blonden Wesen, die wie Menschen aussehen und – anders als die Grauen – den freien Willen der Menschen respektieren.«[29]

Dies hätte Hitler nicht schlechter sagen können. Conrad gibt dem Hitler'schen Antisemitismus jedoch einen esoterischen Anstrich und entwickelt folgende antisemitische Verschwörungsideologie: »Wenn es so eine Verschwörung gibt, die uns vom wahren Glauben abhält, was sind das denn für Leute, die da mitmachen? Was unterscheidet sie von positiven, spirituell fortgeschrittenen Menschen? Nun, für die einen ist das Ziel, eine positive Ausrichtung für alles Leben zu bewirken. Die anderen haben solche Ziele nicht. Alles, was sie haben, ist eine unersättliche Gier. (...) Der Gott, an den sie glauben, ist so widersprüchlich, dass er eigentlich keine richtige Bedeutung für ihr Handeln hat.«[30]

Conrad übernimmt nicht nur den Antisemitismus der Nationalsozialisten, er rechtfertigt ihn auch: »Die Nazis legten fest, dass die Juden, die sich auf fremdem, nämlich deutschem Boden niedergelassen hatten, nicht die gleichen Rechte haben könnten wie Deutsche. Juden erwarten überall auf der Welt, dass man ihnen eine Vorrangstellung in der Geldwirtschaft, der Politik und den Kirchen einräumt. Nicht nur die Deutschen hatten damit ihre Probleme.«[31]

Zum traditionellen kommt bei Conrad auch noch der »sekundäre Antisemitismus«, der Vorwurf nämlich, dass »die Juden« den Holocaust als Waffe gegen »uns Deutsche« benutzen würden, dies jedoch in einer neuen esoterischen Variante: »Wir Deutsche müssen eine ganze Generation nach Hitler noch ›Trauerarbeit leisten‹, die Vergangenheit bearbeiten und dürfen die immer wieder propagierte kollektive Schuld nicht vergessen. Durch diese ständige Beschäftigung mit der Schuld eines Gewaltherrschaftssystems werden wir heute davon abgehalten, uns frei spirituell zu entwickeln. Frohe, liebende Menschen können sich in diesem kollektiven Schuldzustand kaum entwickeln. Vielleicht wollen bestimmte Menschen das so.«[32]

Nicht genug damit, nähert sich Conrad auch den Holocaustleugnern an – mit der bekannten Man-wird-doch-mal-fragendürfen-Variante: »Wenn es von Staats wegen verboten wäre, Kritik an Atomkraftwerken zu üben, müssten wir uns zurecht fragen, warum das so ist. Wenn etwas die Wahrheit ist, braucht es nicht vom Staat angeordnet zu werden. Die Wahrheit würde für sich selbst stehen, und jeder, der sie anzweifelte, würde sich damit lächerlich machen. Bei uns ist es verboten zu bezweifeln, dass es den Holocaust in diesem Ausmaß gegeben hat. Das soll hier natürlich nicht geschehen, aber man muss sich fragen, warum Zweifel an etwas verboten sind, das jederzeit beweisbar wäre. So lange Informationen über unsere Vergangenheit vorenthalten werden und nicht diskutiert werden dürfen, ist es unmöglich, die Wahrheit zu finden.«[33]

Jo Conrad ist ein Antisemit im esoterischen Gewande und seine *Entwirrungen* sind Beweis und Beispiel dafür, dass einige der neuen esoterischen Verschwörungsideologien mindestens so antisemitisch konnotiert sind wie die alten vom Schlage der »Weisen von Zion«. Damit schließt sich ein Kreis: Die neuen esoterischen Verschwörungsideologien über die Illuminati greifen auf die alten über die Illuminaten zurück. Hinter beiden sollen der Teufel und die Juden stecken; beide sind antisemitisch und antiaufklärerisch geprägt, und dies obwohl der Antisemitismus inzwischen geächtet, die Aufklärung dagegen überall verbreitet ist. Doch ist dies wirklich so? Ist die Aufklärung nicht von der Gegenaufklärung verdrängt worden?

Gerade die esoterischen Ideologien zeigen, dass es Tendenzen dazu gibt, rationale Erklärungen und ausdifferenzierte Theorien durch irrationale Mythen und einfache und binäre Verschwörungsideologien zu verdrängen. Anstatt die Verhältnisse in unserer immer komplizierter werdenden Welt zu erklären, wird alles einfach auf Verschwörungen zurückgeführt. An die Stelle der Wissenschaft tritt die Esoterik, die Lehre von dem geheimen Wissen über die »Ganzheitlichkeit« und natürliche Harmonie. Wer diese Lehre nicht anerkennt und die Harmonie stört, ist böse und hat sich gegen »die Guten« verschworen. Andere wiederum glauben nicht an das Gute, sondern an das Böse in Gestalt eines real existierenden Teufels, der allein und persönlich für das Böse verantwortlich gemacht wird.

13. »Exorzismus«

Satanistische Verschwörungsideologien

Am 24. Dezember 2005 erschien in der Weihnachtsbeilage der *Berliner Morgenpost* ein Interview mit Pater Dr. Pedro Barrajón, Professor für Anthropologie der Universität Regina Apostolorum in Rom.[1] Barrajón wurde über die Erfahrungen befragt, die er mit seinem gerade beendeten Kurs über »Exorzismus und Gebete um Befreiung« gemacht hatte. Der Pater und Professor gab bereitwillig Auskunft.

Die »Teufelsaustreibung« geschehe durch »Gebet«, »Kruzifix« und »Weihwasser«. Sie werde so lange fortgesetzt, bis sich der »Dämon zu erkennen« gebe, der in einen besessenen Menschen gefahren sei. Diese seine »Besessenheit« manifestiere sich darin, dass er eine »tiefe Aversion gegen heilige Objekte wie das Kreuz, den Rosenkranz oder Kreuzzeichen« habe. Einige dieser vom Teufel Besessenen würden schon bei der Lektüre des »Wortes Gottes« »ganz nervös« und würden dadurch ihre »übernatürlichen Fähigkeiten« wie das Sprechen von »Fremdsprachen, die sie nie gelernt haben«, und die Überwindung der Schwerkraft aufgeben. Bei anderen sei der Einsatz eines »Exorzisten« notwendig. Dieser müsse ein »Mann des Gebets und des Fastens« sein, dann sei er dem Teufel gewachsen, der auch »physische Erscheinungsformen annehmen« könne. Manchmal verbreite er auch, wie »die große Theresa von Avila« berichtet habe, einen »widerlichen Gestank«. Exorzisten hätten es schwer, schließlich sei der Teufel »überall gegenwärtig, wo Böses innerhalb der normalen Naturgesetze« geschehe. Der Teufel sei bei »allen Massakern, in jedem Mord, in physischen

Katastrophen, in jeder Konzentration« gegenwärtig und für diese und andere Verbrechen verantwortlich.

Dies alles war in einem Artikel nachzulesen, der im Jahr fünf des dritten Jahrtausends erschien. War er gefälscht? Wollte sich die *Berliner Morgenpost* einen Scherz erlauben? Keineswegs – die Geschichte ist echt, der Exorzist Barrajón, der fest daran glaubt, dass sich der Teufel in leibhaftiger Gestalt gegen die Menschen verschworen habe, existiert wirklich. Ein Einzelfall? Auch diese Frage ist zu verneinen. Es gibt immer noch oder schon wieder Exorzisten. Die katholische Kirche betreibt immer noch oder schon wieder Exorzismus und will mit exorzistischen Ritualen dem leibhaftigen Teufel auf den Leib rücken. »Exorzismus« wird nicht als das bezeichnet, was es ist, nämlich »Magie«, sondern als »ein besonderer Gottesdienst mit Gebet und Befreiung eines Menschen, der als vom Bösen besessen gilt«[2] – und zwar mit dem Segen der höchsten Instanz.

Sowohl der amtierende Papst wie seine beiden Vorgänger haben den Exorzismus gebilligt und sich selber sogar daran beteiligt. So verkündete Paul VI. am 15. November 1972, dass die »Abwehr jenes Bösen, den wir den Teufel nennen, eines der größten Bedürfnisse der Kirche« sei.[3] »Die Wirklichkeit des Bösen« sei »nicht bloß ein Mangel, sondern eine wirkende Macht, ein lebendiges geistiges Wesen, das pervertiert ist und pervertiert: eine furchtbare, geheimnisvolle und beängstigende Wirklichkeit«.[4] Papst Johannes Paul II. soll höchstpersönlich eine junge Frau von einem garstigen Dämon befreit haben.[5] Aufklärerische und theologische Kritik am Teufelsglauben wies er mit folgenden Worten zurück: »Satans geschickter Plan in der Welt besteht darin, die Menschen zu veranlassen, seine Existenz zu leugnen im Namen der Rationalität oder auch jeden anderen Denksystems, das zu allen nur möglichen Ausflüchten greift, um nur sein Wirken nicht eingestehen zu müssen.«[6] In einer anderen Ansprache vertrat Johannes Paul II. die Aussicht, dass der »Drache der Apokalypse« die Frauen versuche und damit »die Sünde in der Geschichte der Menschheit« mehre.[7]

Auch der jetzige Papst Benedikt XVI. hat sich in seinem 1985 veröffentlichten Buch *Zur Lage des Glaubens* zum Teufelsglauben bekannt.[8] Hier erklärte er den Teufel zu einer »Un-Person«, die den Glauben unterwandere und Zweifel und Zweideutigkeit säe. Die, so wörtlich, »exorzistische Aufgabe des Glaubenden« bestehe darin, die »Abgründe moderner Existenz« zu erkennen und den Teufel in seiner realen Macht zu erkennen. Wer diese Gefahr nicht sehe, könne nicht in Christus leben.

Dieser Teufelsglauben ist ernst und wörtlich zu nehmen. Repräsentanten der katholischen Kirche glauben an die Existenz des Teufels in leibhaftiger Gestalt, der sich gegen die Menschen verschworen habe – eine extreme Variante einer diabolischen Verschwörungsideologie. Ein singulärer und nur bei der katholischen Kirche zu beobachtender Rückfall ins Mittelalter oder ein weiteres Beispiel für das, was Ernst Bloch die »Gleichzeitigkeit des Ungleichzeitigen« genannt hat? Gehören diese diabolischen Verschwörungsideologien zu jenen »Überbauten«, die nur »umgewälzt« und verdrängt zu sein schienen?[9] Vieles spricht dafür, dass Ernst Bloch mit dieser aus dem Jahre 1935 stammenden Beobachtung recht bekommen hat.

Auch verschiedene evangelische Theologen haben den Teufelsglauben wiederbelebt. Dabei hat schon Friedrich Schleiermacher Anfang des 19. Jahrhunderts den Teufelsglauben »keinem mehr zumuten« wollen.[10] Der evangelische Theologe Rudolf Bultmann hat Schleiermacher ein Jahrhundert später zugestimmt und erklärt: »Man kann nicht elektrisches Licht und Radio benutzen sowie bei einer Krankheit Ärzte oder Krankenhäuser aufsuchen und gleichzeitig an die Geisterwelt glauben.«[11] Wie kann es dann unter evangelischen Theologen zu einer Renaissance des Teufelsglaubens kommen? Ein Grund liegt darin, dass die Kirche einen Schuldigen für die von den Deutschen während der NS-Zeit begangenen Verbrechen suchte – und dies sollte der Teufel sein. Der Holocaust wird damit als Produkt einer satanistischen Verschwörung angesehen. Deutlich ausgesprochen wird dies in einem Buch des Heidelberger Professors für evangelische Theologie, Klaus Berger.[12] Berger vertritt die These, dass der Teufel dazu da sei, dass »über allen Hass und Neid in der Welt, deren Zentrum er [der Teufel, d.Verf.] ist, die Herrlichkeit Gottes triumphiert.«[13] Der Teufel sei real und in seiner »radikalen Gestalt geradezu der Kern und die letzte theologische Grundvoraussetzung eines dualistischen Denkens«. Dualistisches Denken in einer monotheistischen Religion – ein Widerspruch in sich oder ein Rückfall in den Manichäismus? Auf jeden Fall eine neue Häresie und eine gefährliche noch dazu. Hat es dieser evangelische Theologieprofessor doch für nötig gehalten, auch die den diabolischen Verschwörungsideologien immanente Verteufelung der Juden zu verteidigen.[14] Schließlich hätten »die Juden« Christus nach dem Leben getrachtet; daher seien sie, wie es bei Johannes 8, 44 geschrieben steht, »Teufelskinder«. Denn »wenn irgendetwas teuflisch ist«, dann sei es »die Ermordung unschuldiger Menschen«. Immerhin räumt Berger ein, dass nicht »alle Juden zu allen Zeiten Teufelskinder« gewesen seien. Doch dies tröstet über seine fundamentalistische Auslegung dieser diabolischen und antisemitischen Bibelstellen nicht hinweg.

Diese Art der Auslegung findet sich auch bei verschiedenen anderen fundamentalistischen Gruppierungen innerhalb und vor allem außerhalb Europas. Sekten von den Pfingstlern bis hin zu den Zeugen Jehovas lehren und verbreiten diabolische (Irr-) Lehren und glauben fest und unbeirrt an satanistische Verschwörungsideologien.

Noch unaufgeklärter gebärden sich die »Satanisten«, praktizieren sie doch das, was den von der Kirche verteufelten Ketzern, Hexen und Juden fälschlich vorgeworfen wurde, nämlich »Schwarze Messen«, bei denen die christlichen Werte verhöhnt, persifliert und ins Gegenteil verkehrt werden; die Opferung von Tieren und die Anbetung des Teufels in skurrilen und abstoßenden Formen sowie vor allem sexuelle Orgien.[15]

Angeregt zu diesem Tun scheinen sie durch Werke der romantischen Literatur worden zu sein.[16] In dieser »schwarzen

Romantik«[17] wurden Satanskulte und Schwarze Messen in einer so verklärten Weise beschrieben, dass sie geradezu zur Nachahmung anregten.[18] Dies vor allem durch Aleister Crowley, der »Meister« des von den Deutschen Karl Kellner und Franz Hartmann gegründeten »Ordo Templis Orientis« wurde und hier verschiedene satanistische Rituale durchführen ließ.[19] Alle weiteren satanistischen Sekten berufen sich auf Crowley, der sich mit »Das große Tier 666« anreden ließ.[20] Besonders berüchtigt waren die »Fraternitas Saturni« und die »Church of the Final Judgement«, die in Kalifornien ihr Unwesen trieben. Führendes Mitglied der »Church of the Final Judegement« war Charles Manson, der mit seinen Anhängern sexuelle Orgien veranstaltete und Ritualmorde begangen haben soll. Bewiesen ist die Ermordung der Schauspielerin Sharon Tate, die mit dem bekannten Regisseur Roman Polanski verheiratet war, der den Film *Rosemaries Baby* gedreht hat, in dem der Teufelsglauben kritisch dargestellt worden war, was den Zorn Mansons erregt hatte.

Inzwischen ist der Satanismus zu einer Modeerscheinung geworden.[21] Neben dem in Gruppen und »Orden« organisierten gibt es den nicht organisierten Satanismus, erkennbar an scheinbaren Äußerlichkeiten. Jugendliche beiderlei Geschlechts hüllen sich in schwarze Gewänder, schminken sich die Gesichter weiß und tragen am Hals oder unter der Kleidung bestimmte als satanistisch geltende Symbole. Diese »Grufties« genannten Nachwuchssatanisten bevorzugen eine bestimmte Musik, die dem Mittelalter nachempfundene »Gothic« oder »Black Metal«. So weit, so harmlos. Doch aus purer Neugierde oder auch unter dem Druck der Gruppe nehmen einige dieser »Grufties« an Schwarzen Messen teil, in denen das Christentum verhöhnt und nicht selten christliche Symbole geschändet werden. Letzteres hat in den vergangenen Jahren auch in einigen Kirchen – so in der Berliner Kaiser-Wilhelm-Gedächtniskirche – stattgefunden. Darüber hinaus kommt es, wie zunehmend in den Medien berichtet wird, zu Selbstverstümmelungen und gewaltsamen Auseinandersetzungen unter Satanisten. Es gibt Menschen, vor allem Jugendliche, die diesen Druck und diese Praktiken nicht aushalten und Selbstmord begehen – sogar zu kollektiven Selbstmorden ist es schon gekommen.

Es besteht ein dringender Handlungsbedarf seitens des Staates und vor allem der Kirchen, die zudem das Hauptangriffsziel der Satanisten sind. Tatsächlich haben bereits einige engagierte Pfarrer und Religionspädagogen auf die eminente Bedrohung mit der Herausgabe von Arbeitshilfen und Ratgebern für die Jugend- und Gemeindearbeit reagiert.[22] Die Satanisten selber fühlen sich verfolgt und führen diese Verfolgung auf eine Verschwörung zurück, hinter der neben den Kirchen »die Juden« stünden, rechtfertigen also ihr satanistisches Treiben mit dem Hinweis auf eine jüdische Verschwörung.[23]

Ein letztes Beispiel für die Existenz von diabolischen, satanistischen Verschwörungsideologien in der Jetztzeit: Als in verschiedenen Zeitungen Bilder der von den Flugzeugen getroffenen, brennenden Türme des World Trade Centers erschienen, wollten einige in ihnen den Teufel in leiblicher, ja teuflisch grinsender Gestalt wiedererkannt haben. Der Teufel höchstpersönlich, allein, ohne irgendwelche sonstige Agenten, habe, so wurde dieses Bild gedeutet, die Türme zum Einsturz gebracht.

Wer heute an satanistische Verschwörungen glaubt, dem kann nicht geholfen werden, am wenigsten durch antisatanistische oder exorzistische Rituale. Exorzismus und Satanismus verweisen auf die Grenzen der Aufklärung und ein weit verbreitetes Krisengefühl. Wie schon in der Zeit vor der Aufklärung fürchten sich Menschen vor dem Teufel und machen ihn für alles Böse verantwortlich. Diabolische und satanistische Verschwörungsideologien entziehen sich jeglicher rationaler Aufklärung und Ideologiekritik.

Nachwort

Abkehr von der Aufklärung –
Epochen der Verschwörung

Am Anfang war der Teufel. Genauer gesagt seine Erfindung, die mit dem Alten Testament begann. Doch erst in den apokryphen Schriften und dann im Neuen Testamten wurde aus Satan, dem »Widersacher«, eine Art Gegen-Gott, dem alles Böse zugeschrieben wurde, für das Gott nicht oder nicht mehr verantwortlich gemacht werden konnte. War doch aus dem manchmal zornigen und zürnenden Gott des Alten Testaments ein »lieber Gott« geworden. In die Zuständigkeit des Teufels fiel nun alles Böse, das den Menschen widerfuhr.

Doch so mächtig und böse der Teufel auch war oder sein sollte, er war nicht mächtig und böse genug, alles Böse allein zu tun. Er benötigte Helfershelfer: an erster Stelle, so der weit verbreitete Glauben, »seine Kinder«, die Juden. Ferner die »Hexen«, die ihre magischen Fähigkeiten erhalten hatten, weil und nachdem sie mit dem inzwischen auch als leibhaftig imaginierten (und mit einem Penis ausgestatteten) Teufel geschlafen hatten.

In der Neuzeit kamen weitere Agenten des Satans hinzu: neben Freimaurern und Illuminaten auch Sozialisten und Kommunisten, die dämonisiert und in eine Beziehung zu »den Juden« gestellt wurden. Antisemitismus und Diabolismus (worunter der religiöse und säkularisierte Teufelsglaube zu verstehen ist) waren später Grundlage der Annahme einer vermeintlichen Verschwörung der »Weisen von Zion«. Mit der Ideologie von der »jüdisch-bolschewistischen Weltverschwörung« hat Hitler seinen beispiellosen Rassen- und Vernichtungskrieg begründet.

Antisemitische und diabolische Züge findet man auch in den nach Hitler entwickelten Verschwörungsideologien, in den revisionistischen ebenso wie in den kommunistischen und antikommunistischen sowie den islamistischen und antiislamistischen und den Verschwörungsideologien über den 11. September. Noch deutlicher als in diesen politischen sind die antisemitischen und diabolischen Elemente in den esoterischen und den satanistischen Verschwörungsideologien.

Im Hinblick auf ihre Inhalte lässt sich eine Konstanz von den Anfängen bis heute feststellen. Doch dies gilt nicht für ihre Funktionen und Wirkungen. Sie haben sich gewandelt, und dieser Wandel hing von der Zeit des Entstehens der jeweiligen Ideologie ab. Die in diesem Buch beschriebenen Verschwörungsideologien entstanden und kulminierten in bestimmten Krisenzeiten – Krisenzeiten sind Verschwörungszeiten. Diese Verschwörungszeiten lassen sich in fünf Epochen unterteilen.

Da wäre zunächst die Zeit des ausgehenden Mittelalters und der beginnenden frühen Neuzeit. Sie war durch verheerende Kriege, schwere wirtschaftliche und politische Krisen und Ängste vor diesen Kriegen und Krisen gekennzeichnet. Die Menschen suchten nach Ursachen, nach Sündenböcken, und fanden sie in Gestalt des Satans und seiner Agenten, vor allem »der Juden«, aber auch der »Hexen«. Die Reformation führte nicht zu einem Ende, sondern ganz im Gegenteil zu einer Steigerung dieser Ängste; die beginnende Neuzeit wurde nicht als Beginn einer neuen und optimistisch stimmenden Epoche, sondern als Vorbote der düsteren und schrecklichen Endzeit begriffen, in der der Teufel noch einmal versuchen würde, alle Macht an sich zu reißen – mit Hilfe seiner Helfershelfer, zu denen neben Juden und »Hexen« auch Türken und – je nach Konfession – Protestanten und Katholiken beziehungsweise »Ketzer« und »Papisten« gerechnet wurden. Ein idealer Boden für die Entstehung, Verbreitung und Akzeptanz von Verschwörungsideologien vornehmlich religiösen, genauer diabolischen Inhalts. Die zweite Krisen- und Verschwörungsepoche war die

Zeit der Aufklärung und der Französischen Revolution. Die Aufklärung überwand die geistige Vorherrschaft der Kirche, die Revolution schränkte mit dem Sturz des Ancien Regimes die politische Macht der Konservativen ein. Das war keineswegs überall in Europa so, rief aber überall in Europa die konservativen und klerikalen Kräfte auf den Plan. Sie führten den unerwarteten und zutiefst bedauerten Fall der alten Ordnung auf die Verschwörungen von Aufklärern, Illuminaten und anderen Geheimgesellschaften zurück, hinter denen wiederum der Teufel und »die Juden« stehen sollten. Vorherrschend dabei waren politische Motive und Ziele, nämlich das Aufheben der Folgen und Errungenschaften der Französischen Revolution, aber auch die Aberkennung der bereits verkündeten Emanzipation der Juden, die Zurückdrängung der angeblich von Juden und Judenfreunden dominierten aufklärerischen und liberalen Strömungen sowie die Wiederherstellung der vermeintlich vornehmlich von Juden bedrohten gottgewollten konservativen Ordnung.

In der darauf folgenden Krisen- und Verschwörungsepoche, die mit dem Ausbruch der bolschewistischen Revolution begann, wurden aus den liberalen Objekten der alten konservativen die Subjekte der neuen antisozialistischen Verschwörungsideologien. Waren es doch die bisher von den Konservativen bekämpften Liberalen, die sich jetzt vor einer Revolution ängstigten, die den Anspruch erhob, die demokratische und kapitalistische Grundordnung überall auf der Welt und keineswegs nur in Russland zu beseitigen. Der jähe Sturz des zaristischen Regimes in Russland wurde auf eine Verschwörung zurückgeführt; es wurde befürchtet, dass sich Ähnliches auch in anderen Ländern ereignen könnte. Vor allem aber hatte man Angst, entsetzliche Angst vor der Art und Weise, wie diese Revolution durchgeführt worden war: mit schrecklichem »roten Terror«, der den Terror der »Weißen« und selbst den »terreur« der Französischen Revolution weit in den Schatten zu stellen schien. Außer von den Kommunisten und Bolschewisten wurde die gesellschaftliche Umwälzung nicht als »gute«, sondern als »böse«

Revolution empfunden, hinter der man den Teufel, in religiöser und säkularer Gestalt, und die teuflischen Juden vermutete. Die Nationalsozialisten gingen noch einen Schritt weiter. Sie glaubten an die Existenz einer »jüdisch-bolschewistischen Weltverschwörung«. Diese antisemitische und antikommunistische Verschwörungsideologie stand im Zentrum der »Weltanschauung« Hitlers und erhielt einen programmatischen Charakter, weil sie den beispiellosen Rassen- und Vernichtungskrieg der Nationalsozialisten legitimierte.

Von wechselseitiger und allgemeiner Vernichtung war auch in der Zeit des Kalten Krieges die Rede, die als vierte Krisen- und Verschwörungsepoche angesehen werden kann. Hier war die Angst voreinander, eine allgemeine und beide Seiten geradezu einigende Angst, durchaus real. Waren doch beide Seiten – der Westen wie der Osten – in der Lage, den jeweiligen Gegner total zu vernichten, und dies um den Preis der eigenen Vernichtung. Zum ersten und bisher auch einzigen Mal in der Geschichte war die Auslöschung der Menschheit möglich und wurde durch das wechselseitige atomare Wettrüsten immer realer.

Obwohl die Ängste vor der gegenseitigen totalen Vernichtung neu und real waren, wurden sie mit irrealen und keineswegs neuen Verschwörungsideologien geschürt und ausgenutzt. Eine gewisse Sonderrolle nahmen in dieser Zeit die beiden deutschen Staaten ein; hier waren die antisemitischen Momente stärker ausgeprägt als die diabolischen. Dies gerade deshalb, weil man in Deutschland sehr wohl wusste, dass die Vernichtung der europäischen Juden mit vornehmlich antisemitischen Verschwörungsideologien begründet worden war. Doch dies wurde von bestimmten Kreisen geleugnet, ja man verdächtigte sogar den Staat Israel und »die Juden« generell, den Holocaust für politische und materielle Zwecke zu instrumentalisieren. In der Bundesrepublik und in einigen anderen westlichen Staaten führte diese neue antisemitische Verschwörungsideologie sogar zur völligen Leugnung des Holocaust.

Die fünfte und letzte Krisen- und Verschwörungsepoche hat spätestens mit den Anschlägen vom 11. September 2001 begonnen. Angekündigt und prophezeit wurde sie jedoch schon 1996 durch ein Buch des amerikanischen Politologen Samuel Huntington. Der von ihm sowohl vorhergesagte wie herbeigeschriebene »Kampf der Kulturen« wird auch mit Hilfe von islamistischen und antiislamistischen Verschwörungsideologien geführt. Dabei werfen sich beide Seiten vor, teuflische oder »Heilige Kriege« zu führen. »Djihad« und »Kreuzzug« sind zu austauschbaren dämonologischen Begriffen geworden. Und auch hier fehlt der Antisemitismus nicht. Einige Islamisten vertreten die These, dass die Politik der USA und des Westens generell von Juden gesteuert werde. Von westlichen Verschwörungsideologien werden dagegen Israel und »die Juden« verdächtigt, die eigentlichen Drahtzieher der von Islamisten verübten Terroranschläge vom 11. September zu sein.

Die Radikalität und Verschrobenheit dieser antisemitischen und diabolischen Verschwörungsideologien ist nicht allein mit politischen Motiven zu erklären. Sie weisen vielmehr auf eine geistige Krise hin. Die Moderne insgesamt wird als bedrohlich empfunden, Rettung scheinen oder sollen fundamentalistisch verstandene und ausgelegte Religionen oder esoterische und okkulte Ersatzreligionen bieten. Die allgemeine Rückkehr zur Religion ist häufig mit einer Abkehr von der Aufklärung verbunden. Antiaufklärer fundamentalistischer und esoterischer Prägung sind auf dem Vormarsch, und in diesem geistigen Klima gedeihen Verschwörungsideologien besonders gut. Ihre Verbreitung wird zudem durch das Medium Internet begünstigt.

Es droht ein Rückfall in eine vor- und antiaufklärerische Zeit mit alten und neuen antisemitischen und diabolischen Verschwörungsideologien. Satan und seine Agenten werden uns nicht verlassen.

Anmerkungen

1. »Widersacher«

1 Zum Folgenden: Herbert Haag, Teufelsglaube, Stuttgart 1974; Alfonso di Nola, Der Teufel. Wesen, Wirkung, Geschichte, München 1990; Elain Pagels, Satans Ursprung, Berlin 1996; Peter Stanford, Der Teufel. Eine Biografie, Frankfurt/M. 2000; Gerald Messadié, Teufel, Satan, Luzifer. Universalgeschichte des Bösen, München 2002. Die sonstige Forschung ist meist theologisch orientiert und will nicht wahrhaben, dass es sich beim Teufelsglauben um ein ideologisches Konstrukt handelt. Ansätze dazu jedoch bereits bei: Gustav Roskoff, Geschichte des Teufels, Bd. 1–2, Leipzig 1869 (Nachdruck Aalen 1967).

2 Vgl. Haag, Teufelsglaube, S. 200 ff.; di Nola, Der Teufel, S. 179 f.

3 Jürgen Ebach, Streiten mit Gott. Hiob, Neukirchen 1995, S. 12.

4 Haag, Teufelsglaube, S. 214.

5 Ebenda, S. 217.

6 In der Septuaginta, der griechischen Bibelübersetzung, hieß es »Zauberer«. Luther hat in seiner Übersetzung den Text der hebräischen Bibel herangezogen, wo von »Zauberinnen« die Rede ist.

7 Haag, Teufelsglaube, S. 175.

8 Als »Apokryphen« werden diejenigen Schriften bezeichnet, die nicht in der hebräischen Bibel, wohl aber in der (griechischen) Septuaginta zu finden sind. »Pseudopigraphen« sind nach katholischer Auffassung die Schriften, die weder in die hebräische Bibel noch in die Septuaginta aufgenommen worden sind.

9 Das Folgende nach Haag, Teufelsglaube, S. 218 ff.; Stanford, Der Teufel, S. 71 ff.

10 Haag, Teufelsglaube, S. 257.

11 An diese frauen- und sexualfeindlichen Ausführungen knüpften die späteren satanologischen und Hexentraktate an.

12 Zitiert nach Haag, Teufelsglaube, S. 235.

13 Ebenda, S. 236 ff.

14 Stanford, Der Teufel, S. 80.

15 Markus 3, 22–27; Matthäus 12, 22–30; Lukas 11, 14–23.

16 Johannes 12, 31; 14, 30; 16, 11.

17 Johannes 3,19; 7,7.

18 Johannes 3, 12.

19 Johannes 6, 70. Judas wird hier als »Teufel« bezeichnet.

20 Johannes 8, 44.

21 Offenbarung 2, 9: »Ich weiß deine Trübsal und deine Armut – du bist aber reich – und die Lästerung von denen, die da sagen, sie seien Juden, und sind's nicht, sondern sind des Satans Synagoge.« Offenbarung 3,9: »Siehe, ich werde geben aus des Satans Synagoge, die da sagen, sie seien Juden, und sind's nicht, sondern lügen ...«

22 Offenbarung 12,3 f.; 9, 13; 16 f.

23 Offenbarung 11, 7; 13, 1.

24 Ebenda S. 237 ff. Vgl. auch: N. Cohn, Das Ringen um das tausendjährige Reich, München 1961, S. 61 ff.; S. Heid, Chiliasmus und Antichrist-Mythos, Alfter 1993; G. Jenkins, The Origins and Early Development of the Antichrist Myth, Berlin 1991

25 Kurt Rudolph, Die Gnosis – Wesen und Geschichte einer spätantiken Religion, Göttingen 1994; Christoph Matschies, Die Gnosis, München 2001.

26 Dazu und zur Verbindung mit dem Hexenglauben: Claudia Honegger (Hrsg.), Die Hexen der Neuzeit. Studien zur Sozialgeschichte eines kulturellen Deutungsmusters, Frankfurt/M. 1978, S. 37 ff.

27 Auf diesen Zusammenhang hat bereits Roskoff, Geschichte des Teufels, Bd. 1, S. 317 verwiesen: »Alle Schriftsteller, welche den Teufelsglauben des Mittelalters besprechen, stimmen in der Wahrnehmung überein: daß die Vorstellung vom Teufel und die Furcht vor seiner Macht innerhalb des 13. Jahrhunderts den Gipfelpunkt erreicht und von da ab die Gemüther beherrscht.«

28 Zu diesen Vorläufern und Zusammenhängen: Carlo Ginzburg, Hexensabbat. Entzifferung einer nächtlichen Geschichte, Frankfurt/M. 1997, S. 47 ff.

29 Delumeau, Angst im Abendland. Die Geschichte kollektiver Ängste im Europa des 14. bis 18. Jahrhundert, Reinbek 1985, S. 358.

30 Friedrich Schleiermacher, Der christliche Glaube nach den Grundsätzen der evangelischen Kirche (1821), hrsg. von M. Redeker, Berlin 1969, S. 211.

2. »Teufelskinder«

1 Nach Johannes 8, 44. Es können nur die anwesenden »Juden« und »Pharisäer« gemeint sein, doch verstanden wurden darunter in der Geschichte des Christentums »die Juden« generell. Zu dieser Rezeptionsgeschichte vor allem: Joshua Trachtenberg, The Devil and the Jews. The Medieval Conception of Jews and its Relation to Modern Antisemitims, Philadelphia 1961.

2 Vgl. etwa: Dietrich Neuhaus (Hrsg.), Teufelskinder oder Heilsbringer – die Juden im Johannes Evangelium, Frankfurt/M. 1990.

3 Johannes 8, 6 und 8, 8 und 8, 44.

4 Markus, 3, 2.

5 Markus 8, 31 und 14, 1.

6 Markus 14, 56, 14, 64, 15, 11–15.

7 Matthäus 27, 1. Das Folgende 27, 15–26.

8 Offenbarung 2, 9 und 3, 9; Johannes 8, 44.

9 Dazu: Rainer Erb (Hrsg.), Die Legende vom Ritualmord. Zur Geschichte der Blutbeschuldigung gegen die Juden, Berlin 1993.

10 Vgl. zum Folgenden die sehr plastische Schilderung der Vorgänge bei: Dubnow, Weltgeschichte des jüdischen Volkes, Bd. 5, S. 159 ff.

11 Urkunde Friedrichs II. vom Juli 1236 in: Guido Kisch, Forschungen zur Rechts- und Sozialgeschichte der Juden in Deutschland während des Mittelalters, Zürich 1955, S. 260.

12 Vgl. dazu: Battenberg, Das europäische Zeitalter der Juden, S. 119 f.

13 Friedrich Lotter, Hostienfrevelvorwurf und Blutwunderfälschung bei den Judenverfolgungen von 1298 (»Rintfleisch«) und 1336–1338 (»Armleder«), in: Fälschungen im Mittelalter 5, Hannover 1988, S. 533–583.

14 Dazu liegen verschiedene zeitgenössische Quellen vor. Vgl. etwa den Bericht des Straßburger Chronisten Fritsche Closener in: Höxter, Quellenbuch, Bd. 3, S. 30; und den von Konrad von Megenberg in: Leon Poliakov, Geschichte des Antisemitismus, Bd. 2, Das Zeitalter der Verteufelung und des Ghettos, Worms 1979, S. 14.

15 Zum folgenden: Peter von der Osten-Sacken, Martin Luther und die Juden. Neu untersucht anhand von Anton Margarithas »Der gantz Jüdisch glaub« (1530/31), Stuttgart 2002.

16 »An den christlichen Adel deutscher Nation«; »Von der babylonischen Gefangenschaft der Kirche«; »Von der Freiheit eines Christenmenschen«.

17 Martin Luther, Dictata super Psalterium, in: Martin Luthers Werke, Weimarer Ausgabe (WA) 55, 1.

18 Luther, WA 7, S. 544–604.

19 Ebenda S. 601.

20 Martin Luther, Daß Jesus Christus ein geborener Jude sei, in: WA 11, S. 314–336.

21 Dennoch wird in der apologetischen Literatur über Luther und in einem großen Teil des theologischen Schrifttums immer noch behauptet, dass Luther und andere Christen nicht nur das Recht, sondern sogar die Pflicht hätten, Juden zu bekehren.

22 Martin Luther, Vier tröstliche Psalmen an die Königin zu Ungarn, in: WA 19, S. 595–613.

23 Lateinischer Text in: Luther, WA 42, S. 447–451. Die Mitte des 18. Jahrhunderts von Johann Georg Walch angefertigte deutsche Übersetzung findet man in: Dr. Martin Luthers sämtliche Schriften, Bd. 1, St. Louis 1880–1910.

24 Martin Luther, Wider die Sabbather an einen guten Freund, in: WA 50, S. 312–337.

25 Ebenda S. 314.

26 Ebenda S. 336.

27 Ebenda S. 335.

28 Deppermann, Judenhaß und Judenfeindschaft im frühen Protestantismus, S. 121.

29 Martin Luther, Von den Juden und ihren Lügen, in: WA 53, S. 417–552.

30 Ebenda S. 427.

31 Ebenda S. 514.

32 Der Wucher-Vorwurf war zwar im Mittelalter weit verbreitet, hatte aber bei Luther eine gewisse mo-

derne Komponente, weil Luther gegen die jüdische Geldgier den christlichen Arbeitseifer ins Feld führt. Vgl. dazu: Gerhard Scheit, Verborgener Staat, lebendiges Geld. Zur Dramaturgie des Antisemitismus, Freiburg 1999, S. 65 f.

33 Ebenda S. 514.

34 Martin Luther, Vom Schem Hamphoras und vom Geschlecht Christi, in: WA 53, S. 579–648, S. 613.

35 Adressat dieses Forderungskatalogs waren die protestantischen Fürsten seiner Zeit. Angesprochen gefühlt konnten und haben sich jedoch auch andere.

36 Luther, Von den Juden, S. 523 ff.

37 Diese Forderung findet man auch in Luthers letzter Predigt, die er wegen eines Schwächeanfalls nicht mehr beenden konnte. In: WA 51, S. 195.

38 Zur Rezeption der judenfeindlichen Schriften Luthers: von der Osten-Sacken, Martin Luther und die Juden, S. 271 ff.

39 Die protestantische Judenmission setzte erst in der zweiten Hälfte des 18. Jahrhunderts unter dem Einfluss Speners und des Pietismus ein. Vgl. dazu: Paul Gerhard Aring, Christen und Juden heute, und: Judenmission. Geschichte und Theologie protestantischer Judenmission in Deutschland, dargestellt und untersucht am Beispiel des Protestantismus im mittleren Deutschland, Frankfurt/M. 1987; Christopher Clark, The Politics of Conversion. Missionary Protestantism and the Jews in Prussia 1728–1941, Oxford 1995.

40 Johann Jakob Schudt, Jüdische Merkwürdigkeiten IV. Theil, Frankfurt/M. 1717, 2, S. 331.

41 Johann Andreas Eisenmenger, Entdecktes Judenthum zweyter Theil, Königsberg 1818, S. 447. Schon der vollständige Titel deutet auf den Einfluß des von Luther nicht reformierten, sondern radikalisierten religiösen Antisemitismus hin: »Entdecktes Judenthum oder Gründlicher und warhafftiger Bericht/welchergestalt die verstockten Juden die hochheilige Dreiheiligkeit/etc./erschrecklicherweise lästern und verunehren/die heilige Mutter Christi verschmähen/das Neue Testament/die Evangelien und Aposteln/die Christliche Religion spöttisch durchziehen/und die ganze Christenheit auff das äußerste verachten und verfluchen.«

42 Des Knaben Wunderhorn. Alte deutsche Lieder. Gesammelt von L. A. v. Arnim und Clemens Brentano, Teil 1, hrsg. von Heinz Rölleke; Clemens Brentano, Sämtliche Werke und Briefe, Historisch-kritische Ausgabe, Bd. 6, Stuttgart 1975, S. 88–91.

43 Der deutschen Literaturwissenschaft scheint dies erst seit kurzem aufgefallen zu sein. Vgl. u. a.: Heinz Härtl, Romantischer Antisemitismus: Arnim und die »Tischgesellschaft«, in: Weimarer Beiträge 33, 1987, S. 1159–1173; Wolfgang Frühwald, Antijudaismus in der Zeit der deutschen Romantik, in: Hans Otto Horch/Horst Denkler (Hrsg.), Conditio Judaica. Judentum, Antisemitismus und deutschsprachige Literatur vom 18. Jahrhundert bis zum Ersten Weltkrieg, Tübingen 1989, S. 72–91; Gunnar Och, Alte Märchen von der Grausamkeit der Juden. Zur Rezeption judenfeindlicher

Blutschuld-Mythen durch die Romantiker, in: Erb (Hrsg.), Die Legende vom Ritualmord, S. 223–238.

44 Zitiert nach: Och, Alte Märchen, S. 229.

45 Ebenda, S. 228.

46 Clemens Brentano, Die Barmherzigen Schwestern in Bezug auf Armen- und Krankenpflege (…), in: ders., Werke Bd. 22, 1 u. 2, Stuttgart 1985 u. 1990, zitiert nach: Och, Alte Märchen, S. 234.

47 Clemens Brentano, Leben der heil. Jungfrau Maria, in: ders., Sämtliche Werke, Bd. 14, 2, Leipzig 1913, S. 75 f. Zitiert nach, Och, Alte Märchen, S. 237.

48 Quellen zur Damaskus-Affäre bei: Julius Höxter, Quellenlesebuch zur jüdischen Geschichte und Literatur, Bd. 5, Frankfurt/M. 1930, S. 44–48. Mit Hinweisen auf weitere Literatur: Rohrbacher/Schmidt, Judenbilder, S. 289 f.

49 Joseph Görres, Die Christliche Mystik, Bd. 5, 2. Auflage 1879.

50 Gunnar Och, Alte Märchen, S. 223–238.

51 Beispiele bei: Rohrbacher/Schmidt, Judenbilder, S. 131 f. Allgemein über »Blutsauger« und »Vampire«:

A. Schroeder, Vampirismus. Seine Entwicklung vom Thema zum Motiv, Frankfurt/M. 1973.

52 Dazu: Joachim Baumann/Andreas Dietl/Wolfgang Wippermann, Wolfgang, Blut oder Boden. Doppelpaß, Staatsbürgerrecht und Nationsverständnis, Berlin 1999, S. 10 ff.

53 Johannes T. Groß, Ritualmordbeschuldigungen gegen Juden im deutschen Kaiserreich (1871–1914), Berlin 2002.

54 Albert Lichtblau, Die Debatten über Ritualmordbeschuldigungen im österreichischen Abgeordnetenhaus am Ende des 19. Jahrhunderts, in: Erb (Hrsg.), Die Legende vom Ritualmord, S. 230–252.

55 Rohrbacher/Schmidt, Judenbilder, S. 336 ff.

56 Dazu die Fallstudie von: Helmut Walser Smith, Die Geschichte des Schlachters. Mord und Antisemitismus in einer deutschen Kleinstadt, Frankfurt/M. 2004.

57 Wesentlich dazu beigetragen hatte das Buch des katholischen Theologieprofessors August Rohling (1839–1931): August Rohling, Die Polemik und das Menschenopfer des Rabbinismus, Paderborn 1884.

3. »Teufelsbuhlschaft«

1 »Kumulativer Hexenbegriff« meint, dass mehrere Komponenten gemeinsam das Hexereidelikt ergeben, nämlich Schadenszauber, Teufelspakt, Teufelsbuhlschaft und Teilnahme am Hexensabbat. – Unverzichtbar sind die älteren ideengeschichtlichen Studien von: Wilhelm Gottlieb Soldan, Geschichte der Hexenprocesse. Aus den Quellen dargestellt, Stuttgart und Tübingen 1843; Soldan's Geschichte der Hexenprozesse, neu bearb. von Heinrich Heppe, Stuttgart 1890; Joseph Hansen, Zauberwahn, Inquisition und Hexenprozeß im

Mittelalter und die Entstehung der großen Hexenverfolgung, München und Leipzig 1900. Allgemeine Überblicke: Wolfgang Behringer, Hexen. Glaube, Verfolgung, Vermarktung, München 1998; Andreas Blauert (Hrsg.), Ketzer, Zauberer, Hexen. Die Anfänge der europäischen Hexenverfolgungen, Frankfurt/M. 1990; Helmut Brackert u. a., Aus der Zeit der Verzweiflung. Zur Genese und Aktualität des Hexenbildes, Frankfurt/M. 1977; Christoph Daxelmüller, Zauberpraktiken. Die Ideengeschichte der Magie, Düsseldorf 2001; Richard van Dülmen (Hrsg.), Hexenwelten. Magie und Imagination, Frankfurt/M. 1987; Eva Labouvie, Zauberei und Hexenwerk. Frankfurt/M. 1991; Brian P. Levack, Hexenjagd. Die Geschichte der Hexenverfolgungen in Europa, München 1999; Gerhard Schormann, Hexenprozesse in Deutschland, Göttingen 1981; Georg Schwaiger (Hrsg.), Teufelsglaube und Hexenprozesse, München 1999.

2 In den Arbeiten über Verschwörungsideologien wird die der »Hexen« meist nur am Rande erwähnt. Vgl. etwa: Groh, Die verschwörungstheoretische Versuchung, S. 285 ff.

3 Hansen, Zauberwahn, S. 262 ff.; Behringer (Hrsg.), Hexen und Hexenprozesse, S. 76.

4 Auszugsweise abgedruckt bei: Behringer (Hrsg.), Hexen und Hexenprozesse, S. 88 ff.

5 Zu Kramer: Peter Segl, Heinrich Institoris. Persönlichkeit und literarisches Werk, in: ders. (Hrsg.), Der Hexenhammer. Entstehung und Umfeld des Malleus maleficarum von 1487, Köln 1988, S. 103–126. Sprenger selbst war vermutlich niemals in einem Inquisitionsverfahren aktiv.

6 Hier zitiert wurde: Heinrich Kramer (Institoris), Der Hexenhammer, Malleus Maleficarum, neu übersetzt und kommentiert, München 2000.

7 Ebenda S. 237.

8 Ebenda S. 99.

9 Ebenda S. 100.

10 Ebenda S. 238.

11 Ebenda S. 385 ff.

12 In seinem 1923 veröffentlichten Aufsatz über »Eine Teufelsneurose im siebzehnten Jahrhundert« hat Sigmund Freud auf die verdrängte Sexualität der Ankläger verwiesen und die These vertreten, dass deren sexuelle Phantasien auf gesellschaftliche Gruppen projiziert worden seien, die wie die weiblichen »Hexen« und männlichen »Unholde« den Teufel verehrt hätten. Vgl. dazu: Stanford, Der Teufel, S. 328.

13 Vgl.: Peter Kriedke, Die Hexen und ihre Ankläger. Zu den lokalen Voraussetzungen der Hexenverfolgungen in der frühen Neuzeit. Ein Forschungsbericht, in: Zeitschrift für historische Forschung 12, 1987, S. 47–71.

14 Guter Nachweis in der Regionalstudie von: Eva Labouvie, Zauberei und Hexenwerk. Ländlicher Hexenglaube in der frühen Neuzeit, Frankfurt/M. 1991.

15 Dazu vor allem: Andreas Blauert (Hrsg.), Ketzer, Zauberer, Hexen. Die Anfänge der europäischen Hexenverfolgungen, Frankfurt/M. 1990.

16 So die modernistische Deutung von: Groh, Die verschwörungstheoretische Versuchung, S. 288.

17 Ulrich Molitor, Von Hexen und Unholden, Konstanz 1489. Auszug in: Behringer (Hrsg.), Hexen, S. 112 f.

18 Erasmus von Rotterdam, Lob der Torheit (1509), hrsg. von Anton Gail, Stuttgart 1883; hier zitiert nach: ebenda, S. 114 f.

19 Agrippa von Nettelsheim, De vanitate scientarum, Köln 1531. Abgedruckt bei Wilhelm Soldan/Heinrich Heppe/Max Bauer, Geschichte der Hexenprozesse, Hanau 1911, Bd. 1, S. 486 f. Zitiert nach: ebenda, S. 116 f.

20 Willibald Pirckheimer, Eckius dedolatus, Nürnberg 1520. Zitiert nach: ebenda, S. 117 f.

21 Zitiert nach: ebenda, S. 104. Vgl.: Nikolaus Paulus, Luthers Stellung zur Hexenfrage, in: ders., Hexenwahn und Hexenprozeß, vornehmlich im 16. Jahrhundert, Freiburg 1910, S. 26.

22 Johann Weyer, De praestigiis daemonum, 1563. Auszüge in: ebenda, S. 140 ff.

23 Die von Freud vertretene These von der unterdrückten Sexualität findet sich jedoch bei Weyer noch nicht.

24 Zitiert nach: ebenda, S. 145.

25 Jean Bodin, De daemonomania magorum, 1580, dt. Übersetzung Straßburg 1581. Auszüge in: ebenda, S. 161–165.

26 Martin DelRio, Disquisitionum magicarum libri VI, Leiden 1598–1660. Auszugsweise übersetzt bei: Juli Caron Baroja, Die Hexen und ihre Welt, Stuttgart 1967, S. 146 ff.; und: ebenda, S. 230–232.

27 Heinrich Goehausen, Processus juridicis contra sagas et veneficos, das ist: Rechtlicher Prozeß, wie man mit Unholdten und Zauberische Personen verfahren soll, Rinteln 1630.

28 Benedikt Carpzov, Practica rerum criminalium, Wittenberg 1646 (zuerst 1635) in: Richard van Dülmen (Hrsg.), Hexenwelten, Frankfurt/M. 1987, S. 382.

29 Anonymus (Friedrich Spee), Cautio criminalis, Rinteln 1631; München 1982.

30 Johann Matthäus Meyfahrt, Christliche Erinnerung an Gewaltige Regenten, Erfurt 1635. Auszüge abgedruckt bei: Erich Trunz (Hrsg.), Johann Matthäus Meyfahrt, Bua novissima, Tübingen 1980, Anhang.

31 Balthasar Bekker, De betoverde wereld, 1691, in: Gottlieb Wilhelm Soldan/Heinrich Heppe/ Max Bauer, Geschichte der Hexenprozesse, Hanau 1911, Bd. 2, S. 237 ff.

32 Christian Thomasius, De crimine magiae. Vom Laster der Zauberei, Halle 1701; München 1986.

33 Zitiert nach Behringer (Hrsg.), Hexen und Hexenprozesse, S. 443 ff.

34 Georg Conrad Horst, Dämonologie oder Geschichte des Glaubens an Zauberei und dämonische Wunder mit besonderer Berücksichtigung des Hexenprocesses seit den Zeiten Innocentius des Achten, Bd. 1–2 Frankfurt/M. 1818, Bd. 1, S. 6.

35 Dazu: Wolfgang Wippermann, »Wie die Zigeuner«. Antisemitismus und Antiziganismus im Vergleich, Berlin 1997, S. 95 ff.; ders., »Doch allermeist die Weiber«. Antiziganismus in geschlechterge-

schichtlicher Sicht, in: Helgard Kramer (Hrsg.), Die Gegenwart der NS-Vergangenheit, Berlin 2000, S. 278–294.

36 Jacob Grimm, Deutsche Mythologie. Bd. 1–2, Nachdruck der vierten Ausgabe, Graz 1953.

37 Jules Michelet, Die Hexe. Herausgegeben und mit einem Nachwort versehen von Günther Emig, Stuttgart 1982.

38 Vgl. dazu und zum folgenden: Felix Wiedemann, Rassenmutter und Rebellin. Hexenbilder aus Romantik, Völkischer Bewegung, Neuheidentum und Feminismus, Phil. Diss. Berlin 2006 (Masch.)

39 Sönke Lorenz u. a. (Hrsg.), Himmlers Hexenkarthothek. Das Interesse des Nationalsozialismus an der Hexenverfolgung, Bielefeld 1999.

4. »Synagoge des Satans«

1 Henri-Roger Gougenot des Mousseuaux, Les Juifs, le judaisme et la judaisation du peuple chrétiens, Paris 1869. Vgl. dazu Cohn, Die Protokolle, S. 51 ff.

2 Vgl. dazu vor allem: Johannes Rogalla v. Bieberstein, Die These von der Verschwörung 1771–1945. Philosophen, Juden, Liberale und Sozialisten als Verschwörer gegen die Sozialordnung, Frankfurt/M. 1978.

3 Ralf Melzer, Konflikt und Anpassung. Freimaurerei in der Weimarer Republik und im »Dritten Reich«, Wien 1999, S. 37.

4 Und zwar bis in die unmittelbare Gegenwart hinein, denn die antimasonistischen Bannungen und Unvereinbarkeitsbeschlüsse der katholischen Kirche sind niemals aufgehoben, sondern immer wieder erneuert worden. In Deutschland zuletzt 1980 von der Fuldaer Bischofskonferenz. Treibende Kraft dabei war übrigens Josef Ratzinger.

5 Zitiert nach Fritz Valjavec, Die Entstehung der politischen Strömungen in Deutschland, München 1951, S. 515.

6 Die Forschung über die Geschichte des Freimaurertums ist fast unüberschaubar. Gute Überblicke von: Paul Naudon, Geschichte der Freimaurerei, Frankfurt/M. 1982; Helmut Reinalter (Hrsg.), Freimaurer und Geheimbünde im 18. Jahrhundert in Mitteleuropa, Frankfurt/M. 1989; Günter Düriegl/Susanne Winkler (Hrsg.), Freimaurer. So lange die Welt besteht, Wien 1992 (Katalog der Internationalen Freimaurerausstellung in Wien 1992/1993).

7 Zu dieser »Templer-Legende« mit weiterführenden Literaturhinweisen: Melzer, Konflikt und Anpassung, S 28 f.

8 Der Illuminatenorden hat das besondere Interesse der Forschung gefunden. Vgl. u. a.: Richard van Dülmen, Der Geheimbund der Illuminaten. Darstellung, Analyse, Dokumentation, Stuttgart 1975; Jan Rachold, Die Illuminaten: Quellen und Texte zur Aufklärungsideologie des Illuminaten-

ordens (1776–1785), Berlin 1984; Helmut Reinalter (Hrsg.), Der Illuminatenorden (1776–1785/87); Hermann Schüttler, Die Mitglieder des Illuminatenordens, 1776–1787/93, München 1991.

9 Dieser Wahlspruch ist auch auf den amerikanischen Eindollarnoten aufgedruckt, was von Verschwörungsideologen immer wieder als Beweis für die geheime Weiterexistenz und Wirkungen der »Illuminaten« gedeutet wird.

10 Pipes, Verschwörung, S 113. In einigen anderen zeitgenössischen Pamphleten wurden jedoch auch die angeblich im Verborgenen weiter aktiven Templer als Verantwortliche der Revolution benannt.

11 John Robison, Proofs of Conspiracy Against the Religions and Governments of Europe Carried on in the Secret Meetings of Freemasons, Illuminati and Reading, 1798, reprint London 2003. Vgl. dazu: Bieberstein, Zur Geschichte der Verschwörungstheorien, S. 24.

12 Bieberstein, Die These von der Verschwörung, S. 106.; Pipes, Verschwörung, S. 118.

13 Bieberstein, Die These von der Verschwörung, S. 106 f.

14 Abbé Barruel, Denkwürdigkeiten zur Geschichte des Jakobinismus, nach der in London 1797 erschienen französischen Original-Ausgabe ins Teutsche übersetzt von einer Gesellschaft verschiedener Gelehrten, Bd. 1–4, Hannover 1800–1803. Zu Barruel: Sylvia Schaeper-Wimmer, Augustin Barruel 1741–1820, Frankfurt/M. 1985.

15 Barruel, Denkwürdigkeiten, Bd. 1, S. 6.

16 Petri vermutet in: Der Weltverschwörungsmythos, S. 201, dass der wirkliche Verfasser des Sismondi-Briefes der französische Geheimdienstchef Fouché gewesen ist.

17 Bieberstein, Die These von der Verschwörung, S. 160.

18 Vgl. dazu: Pfahl-Traughber, Der antisemitisch-antifreimaurerische Verschwörungsmythos; und Melzer, Konflikt und Anpassung, S. 42.

19 Zur »Dolchstoß-Legende« bzw. »Dolchstoß«-Verschwörungsideologie: Manfred Vasold, Dolchstoß-Legende, in: Benz (Hrsg.), Legenden, Lügen, Vorurteile, S. 55–57.; Joachim Petzold, Die Dolchstoßlegende, Berlin 1963.

20 Friedrich Wichtl, Weltfreimaurerei – Weltrevolution – Weltrepublik. Eine Untersuchung über Ursprung und Endziele des Weltkrieges, München 1919. Das Buch wurde 1938 noch einmal in einer erweiterten Fassung von einem ehemaligen Freimaurer namens Robert Schneider herausgegeben. Vgl.: Melzer, Konflikt und Anpassung, S. 43.

21 Zitiert nach: Josef Ackermann, Heinrich Himmler als Ideologe, Göttingen 1970, S. 25.

22 Pfahl-Traughber, Der antisemitisch-antifreimaurerische Verschwörungsmythos, S. 44.

23 Melzer, Konflikt und Anpassung, S. 67 und Dokument 4, S. 298.

24 Erich Ludendorff, Vernichtung der Freimaurerei durch Enthüllung ihrer Geheimnisse, München 1927. Vgl. dazu: Neuberger, Freimaurerei und Nationalsozialismus, Bd. 1, S. 104 ff.

25 Vgl. Melzer, Konflikt und Anpassung, S. 49.

26 Hermann Hesse (unter dem Pseudonym »Hermann der Deutsche«; nicht zu verwechseln mit dem Schriftsteller und Literaturnobelpreisträger), Die Weltrevolution des Roten Propheten. Die Verschwörung der Freimaurer und Finanzmagnaten, Berlin 1928. Dieses Buch wurde von der Polizei indiziert und verboten. Vgl. Melzer, Konflikt und Anpassung, S. 244, Anm. 87.

27 Melzer, Konflikt und Anpassung, S. 51 f.

28 Dazu vor allem Neuberger, Freimaurerei und Nationalsoziaismus, Bd. 1, S. 58 ff.

29 Hitler, Mein Kampf, S. 345. Im Register wird pauschal auf die »Weltherrschaftspläne« des »Judentums« verwiesen. Vgl. S. XI.

30 Henry Picker, Hitlers Tischgespräche im Führerhauptquartier, Frankfurt/M. 1989, bes. S. 77, 208 und 234.

31 Hermann Rauschning, Gespräche mit Hitler, Zürich 1938, Neuauflage Zürich 1973. Der Quellenwert dieser »Gespräche« ist in der Forschung äußerst umstritten. Unglaubwürdig ist die von Rauschning kolportierte Behauptung, dass Hitler Formen und Methoden der politischen Organisation von den Freimaurern entlehnt habe.

32 Nicholas Goodrick-Clarke, The Occult Roots of Nazism. Secret Aryan Cults and their Influence on Nazi Ideology, London 1992.

33 Wilfried Daim, Der Mann, der Hitler die Ideen gab. Die sektiererischen Grundlagen des Nationalsozialismus, Wien 2. Aufl. 1985.

34 Zum Folgenden neben Daim, Der Mann, der Hitler die Ideen gab; Ekkehard Hieronymus, Jörg Lanz von Liebenfels, in: Uwe Puschner u. a. (Hrsg.), Handbuch zur »Völkischen Bewegung« 1871–1818, München 1996, S. 131–146.

35 Ordensregel, zitiert nach Hieronymus, Jörg Lanz von Liebenfels, S. 134.

36 Daim, Der Mann, der Hitler die Ideen gab.

5. »Schwarzes Buch«

1 Karl Marx, Enthüllungen über den Kommunisten-Prozeß zu Köln (1853), in: Marx Engels Werke (MEW) Bd. 8, S. 405–470, S. 429.

2 Die Communisten-Verschwörung des neunzehnten Jahrhunderts. Im amtlichen Auftrag zur Benutzung der Polizei-Behörden der sämmtlichen deutschen Bundesstaaten auf Grund der betreffenden gerichtlichen und polizeilichen Akten vorgestellt von Dr. jur. Wermuth, Königl. Hannöverscher Polizei-Director und Dr. jur Stieber, Königl. Preußischer Polizei-Director, Berlin 1853.

3 Zum Folgenden: Denkwürdigkeiten des Geheimen Regierungsrathes Dr. Stieber. Aus seinen hinterlassenen Papieren bearbeitet von Dr. Leopold Auerbach, Berlin 1884. Dieses Buch wurde 1978 in der Bundesrepublik auf dem Höhepunkt der damaligen Terroristen-

angst vom rechten Seewald Verlag nachgedruckt: Wilhelm J. C. E. Stieber, Spion des Kanzlers. Die Enthüllungen von Bismarcks Geheimdienstchef, Stuttgart 1978.

4 Stieber, Der Spion des Kanzlers, S. 24 ff.

5 Ebenda S. 27 und 30 f.

6 Ebenda S. 33. Folgt man seinen Biografen, soll Marx wirklich unter Hämorrhoiden gelitten haben.

7 Ebenda S. 35. Nach Marx, Die Enthüllungen, S. 416 sind die Dokumente von einem von Stieber gedungenen Dieb erbeutet worden.

8 Ebenda S. 36 f. und 40 f.

9 So hat ihn bereits Marx (Enthüllungen, S. 411) bezeichnet.

10 Stieber, Spion des Kanzlers, S. 41.

11 Ausführlich zur Fälschungsgeschichte: Marx, Enthüllungen, S. 431 ff. Marx' Darstellung des Kölner Kommunisten-Prozesses ist ziemlich langweilig.

12 Empört hat Stieber dazu in seinen Erinnerungen erklärt: »Insbesondere streute man von London das Gerücht aus, alles gegen die Beklagten gerichtete Belastungsmaterial sei von mir und anderen deutschen Stellen gefälscht worden und daher nichts als Lüge und Betrug.« Ebenda S. 42.

13 Die Communisten-Verschwörungen des neunzehnten Jahrhunderts, S. 3.

14 Ebenda.

15 Gesetz gegen die gemeingefährlichen Bestrebungen der Sozialdemokratie vom 21.10.1878, in: Reichs-Gesetzsammlung 1878, Nr. 34, S. 351.

16 Dieter Groh, Negative Integration und revolutionärer Attentismus. Die Sozialdemokratie in der deutschen Politik am Vorabend des ersten Weltkrieges (1909–1914), Berlin 1973.

17 Aus der Rede des konservativen Abgeordneten Robert v. Puttkammer am 24. 6. 1897 im Preußischen Herrenhaus, zitiert nach: Dieter Fricke (Hrsg.), Dokumente zur deutschen Geschichte 1897/98–1904, Frankfurt/M. 1976, S. 19 f.

18 Ebenda.

19 Shulamit Volkov, Jüdisches Leben und Antisemitismus im 19. und 20. Jahrhundert, München 1991.

20 Über dieses sozialdemokratische Milieu gibt es eine reichhaltige und mit viel Liebe am Detail verfasste Literatur. Zusammenfassend: Meyer u. a. (Hrsg.), Lern- und Arbeitsbuch deutsche Arbeiterbewegung, Bd. 3, S. 317 ff.

21 Zu den Friedhofsschändungen, die bereits im Kaiserreich begannen: Dirk Walter, Antisemitische Kriminalität und Gewalt. Judenfeindschaft in der Weimarer Republik, Bonn 1999, S. 157 ff.

22 In einer Flugschrift des Bundes der Kommunisten war die »völlige Trennung der Kirche vom Staate« gefordert worden. Vgl. MEW 5, S. 4.

23 »Trennung der Kirche vom Staat« im Eisenacher Programm der Sozialdemokratischen Arbeiterpartei von 1869. In: Dieter Dowe/Kurt Klotzbach (Hrsg.), Programmatische Dokumente der deutschen Sozialdemokratie, Berlin 1973, S. 167. Im Gothaer Programm der SAP von 1875 war die Religion zur »Privatsache« erklärt worden. In: ebenda S. 173.

24 Zitiert nach Meyer u. a. (Hrsg.), Lern- und Arbeitsbuch deutsche Arbeiterbewegung, Bd. 3, S. 358 f.

25 Wilhelm Weitling, Das Evangelium des armen Sünders. Die Menschheit wie sie ist und wie sie sein sollte, hrsg. von Wolf Schäfer, Reinbek 1971.

26 Vgl. dazu: Wolfgang Ockenfels, Die christlich-soziale Bewegung bis zum Sozialistengesetz, in: Meyer u. a. (Hrsg.), Lern- und Arbeitsbuch deutsche Arbeiterbewegung, Bd. 1, S. 167 ff.; und ders., Die christliche Gewerkschaftsbewegung, in: ebenda S. 201 ff.

27 Vgl. Brakelmann, Kirche und Sozialismus.

28 Rudolf Todt, Der radikale Deutsche Sozialismus und die christliche Gesellschaft, Wittenberg 1878, zitiert nach: Karl Heinrich Rengstorf/Siegfried v. Kortzfleisch (Hrsg.), Kirche und Synagoge. Handbuch zur Geschichte von Christen und Juden, Bd. 1–2, München 1998, Bd. 2, S. 297.

29 Adolf Stoecker, Das moderne Judenthum in Deutschland, besonders in Berlin, Berlin 1880, zitiert nach: ebenda S. 298 f.

30 Ebenda S. 299.

31 Dazu unter anderem: Edmund Silberner, Sozialisten zur Judenfrage, Berlin 1962; ders., Kommunisten zur Judenfrage. Zur Geschichte von Theorie und Praxis der Kommunisten, Opladen 1983; Mario Keßler, Antisemitismus, Zionismus und Sozialismus. Arbeiterbewegung und jüdische Frage im 20. Jahrhundert, Mainz 1993.

6. »Herrschaft des Geldes«

1 Norman Cohn, Die Protokolle der Weisen von Zion. Der Mythos von der jüdischen Weltverschwörung, Köln 1969; Ernst Piper, Die jüdische Weltverschwörung, in: Julius H. Schoeps/Joachim Schlör (Hrsg.), Antisemitismus. Vorurteile und Mythen, München 1995, S. 127 ff.; Ruth Körner, Protokolle der Weisen von Zion, in: Wolfgang Benz (Hrsg.), Legenden, Lügen, Vorurteile. Ein Lexikon zur Zeitgeschichte, München 1990, S. 157 f.; Hadassa Ben-Itto, »Die Protokolle der Weisen von Zion« – Anatomie einer Fälschung, Berlin 1998; Jeffrey L. Sammons. Die Protokolle der Weisen von Zion. Die Grundlage des modernen Antisemitismus – eine Fälschung. Text und Kommentar, Göttingen 1998; Stephen Eric Bronner, Ein Gerücht über die Juden. Die »Protokolle der Weisen von Zion« und der alltägliche Antisemitismus, Berlin 1999; Michael Hagemeister, Der Mythos der »Protokolle der Weisen von Zion«, in: Ute Caumanns/Mathias Niendorf (Hrsg.), Verschwörungstheorien: Anthropologische Konstanten – historische Varianten, Osnabrück 2001, S. 89–102.

2 Cesare G. Michelis, The Non-Existent Manuscript. A Study of the Protocols of the Sages of Zion, Lincoln 2004.

3 Zu Nilus: Michael Hagemeister, Sergej Nilus und die »Protokolle der Weisen von Zion« Überlegungen zum Forschungsstand, in: Jahr-

buch für Antisemitismusforschung 5, 1996, S. 127–147. – In der Fassung von 1905 wird bereits der russisch-japanische Krieg von 1904/05 erwähnt. Vgl. auch: Michael Hagemeister, Die Protokolle der Weisen von Zion – eine Anti-Utopie oder der Große Plan der Geschichte, in: Helmut Reinalter (Hrsg.), Verschwörungstheorien. Theorie-Geschichte-Wirkung, Innsbruck 2002, S. 45–57, S. 46.

4 Die Geheimnisse der Weisen von Zion. In deutscher Sprache herausgegeben von Gottfried zur Beek, Berlin 1920.

5 Hagemeister, Die Protokolle, S. 89.

6 Es war von dem »Schweizerischen Israelitischen Gemeindebund« angerufen worden. Angeklagt waren Mitglieder der faschistischen »Nationalen Front« der Schweiz.

7 Sammons, Die Protokolle, S. 7.

8 Maurice Joly: Dialogue aux enfers entre Machiavel et Montesquiue, Brüssel 1864; dt.: Gespräche in der Unterwelt zwischen Machiavelli und Montesquieu, Hamburg 1948.

9 Die entsprechenden Passagen aus Goedsches Roman sind abgedruckt bei: Sammons, Die Protokolle, S. 119 ff.

10 Darauf hat bereits Hannah Arendt verwiesen, die richtig erkannte, dass nicht der Fälschungscharakter bewiesen, sondern die Wirkung der »Protokolle« erklärt werden muss. Siehe: Arendt, Elemente und Ursprünge totaler Herrschaft, Zürich 1991, S. 36.

11 Herangezogen wurde die Übersetzung von: Jeffrey L. Sammons, »Die Protokolle der Weisen von Zion«. Die Grundlagen des modernen Antisemitismus – eine

Fälschung. Text und Kommentar, Göttingen 1998.

12 Erkannt hat dies vor allem Hagemeister, Die Protokolle der Weisen von Zion – eine Anti-Utopie. In der Utopieforschung ist dieser Teil der »Protokolle« dagegen kaum erwähnt und entsprechend interpretiert worden.

13 Sammons, Die Protokolle der Weisen von Zion, S. 32 ff., S. 36, S. 51, S. 53, S. 58, S. 60 f. und 65 f.

14 Ebenda S. 65. Der Hinweis auf den »Staatsstreich« stammt vermutlich aus der Joly'schen Streitschrift gegen Napoleon III., der ebenfalls durch einen solchen »Staatsstreich« zur Macht gekommen ist.

15 Vgl. ebenda S. 94: »Unser König wird, sobald er sich in der Öffentlichkeit zeigt, immer von einer Menge scheinbar neugieriger Männer und Frauen umgeben sein.«

16 Ebenda S. 54, 67, 75, 77, 84, 85, 88, 110.

17 Ebenda S. 63, 75, 78 f., 88, 90.

18 Hagemeister, Die Protokolle der Weisen von Zion – eine Anti-Utopie, S. 48 f., spricht dagegen von »Wohlfahrtsdiktatur« eines »wohltätigen Despoten«. Diese Interpretation ist m. E. zu weitgehend. Außerdem kann keine Rede davon sein, dass die »Protokolle« »nur wenige spezifisch jüdische oder antijüdische Motive« enthalten (ebenda S. 5) und »beliebig verwendbar« (ebenda S. 52) gewesen seien. Schließlich ist durchgängig von »uns Juden« als dem »auserwählten Volk« (ebenda S. 82) die Rede.

19 So der Titel eines neuen Buches über das Dritte Reich: Götz Aly, Hitlers Volksstaat. Raub, Rassen-

krieg und nationaler Sozialismus, Frankfurt/M. 2005.

20 Hannah Arendt, Elemente und Ursprünge totaler Herrschaft, S. 595.

21 Ebenda S. 96.

22 Ebenda S. 55, 10, 99.

23 Alexander Stein (=Rubinstein), Adolf Hitler. Schüler der »Weisen von Zion«, Karlsbad 1936. Nach Hagemeister, Die Protokolle, S. 91.

24 Zur im Folgenden knapp skizzierten Geschichte des russischen Antisemitismus: Poliakov, Geschichte des Antisemitismus, Bd. 7.; Ben-Sasson, Geschichte des jüdischen Volkes; Manfred Hildermeier, Die jüdische Frage im Zarenreich, in: Jahrbücher für die Geschichte Osteuropas 32, 1984, S. 321–357; Hans Rogger, Jewish Policies and Right-Wing Politics in Imperial Russia, Berkeley 1986; Walter Laqueur, Der Schoß ist fruchtbar. Der militante Nationalismus der russischen Rechten, München 1993;. Arno Lustiger, Rotbuch: Stalin und die Juden. Die tragische Geschichte des Jüdischen Antifaschistischen Komitees und der sowjetischen Juden, Berlin 1998, S. 21 ff.

25 Iris Boysen, Die revisionistische Historiographie zu den Judenpogromen von 1881 bis 1906, in: Jahrbuch für Antisemitismusforschung 8, 1999, S. 13–42; John D. Klier, Unravelling of the Conspiracy Theorie. A New Look at the Programs (Review Article), in: East European Jewish Studies 23, 1993, S. 79–89.

26 Hagemeister, Die Protokolle, S. 95.

27 Zu dieser Frage existiert eine recht umfangreiche Literatur, in der jedoch der ideologische, genauer verschwörungsideologische Charakter dieses Schlagwortes kaum erkannt und stattdessen meist nach seinem realen Kern gesucht wird, nämlich ob Juden in der bolschewistischen Partei wirklich überrepräsentiert waren. Vgl. vor allem: André Gerrits, Antisemitism and anti-communism. The myth of Judeo-Communism in Eastern Europe, in: East European Affairs 25, 1995, S. 49–72.

28 Sammons, Die Protokolle, S. 18 ff.

29 Ein Jahr später erschien bereits eine deutsche Übersetzung: Henry Ford, Der internationale Jude. Ein Weltproblem, Leipzig 1921. 1934 brachte der antisemitische Hammer-Verlag die 31. Auflage unter dem leicht veränderten Titel »Der internationale Jude – das weltgrößte Problem« heraus.

30 Zum Folgenden: Sammons, Die Protokolle, S. 18 ff.

31 Eine völlig kritiklose Zusammenstellung dieser antisemitisch-antibolschewistischen Literatur findet man bei: Kai-Uwe Merz, Das Schreckbild. Deutschland und der Bolschewismus 1917 bis 1921, Berlin 1996.

32 Keineswegs nur von Nationalsozialisten, sondern auch von Konservativen und Völkischen. Besonders wichtig und einflussreich waren: Eduard Stadtler, Weltkriegsrevolutionen. Vorträge, Leipzig 1920; und verschiedene Artikel von Graf Ernst von Reventlow, in denen die Ideologie von der »bolschewistisch-jüdischen Weltverschwörung« verbreitet wurde.

33 Benjamin W. Segel, The Protocols
    of the Elders of Zion. The Greatest
    Lie in History, New York 1934,
    S. 13 f.

34 Hitler, Mein Kampf, S. 337. Dies
    ist übrigens die einzige Erwäh-
    nung der »Protokolle« in »Mein
    Kampf«.

7. »Von Moses bis Lenin«

1   Dietrich Eckart, Der Bolschewis-
    mus von Moses bis Lenin. Zwiege-
    spräche zwischen Adolf Hitler und
    mir, München 1924. Dieses in nur
    noch wenigen Bibliotheken vorhan-
    dene Buch kann man übrigens voll-
    ständig aus dem Internet herun-
    terladen.
2   Zu Eckart: Margarete Plewnia, Auf
    dem Weg zu Hitler. Der »völki-
    sche« Publizist Dietrich Eckart,
    Bremen 1970.
3   Bzw. schon mit Joseph, der als
    »erster Kornwucherer« bezeichnet
    wird.
4   Alle Zitate aus Eckart, Der Bol-
    schewismus von Moses bis Lenin.
5   Ernst Nolte, Eine frühe Quelle zu
    Hitlers Antisemitismus, in: His-
    torische Zeitschrift 192, 1961,
    S. 584–606.
6   Die »Protokolle der Weisen von
    Zion«, in denen das ebenfalls ver-
    sucht worden ist, kannten Hitler
    und Eckart noch nicht.
7   Hitler am 27.2.1925, zitiert nach:
    Robert Wistrich, Der antisemiti-
    sche Wahn, Ismaning 1987, S. 60.
8   Eine Zusammenstellung dieser Ar-
    tikel bei: Kai-Uwe Merz, Das
    Schreckbild. Deutschland und der
    Bolschewismus 1917 bis 1921, Ber-
    lin 1995, S. 457 ff.
9   Zum Folgenden: Eberhard Jäckel,
    Hitlers Weltanschauung. Entwurf
    einer Herrschaft, Stuttgart 1983;
    Wolfram Meyer zu Uttrup, Kampf

    gegen die »jüdische Weltverschwö-
    rung«. Propaganda und Antisemi-
    tismus der Nationalsozialisten
    1919–1945, Berlin 2003.
10 Adolf Hitler, Mein Kampf,
    S. 255 ff., 262 ff., 275 ff., 269, 277.
11 An dieser Stelle hat Hitler auch
    ganz dezidiert die »Forderung« er-
    hoben, »dass defekten Menschen
    die Zeugung anderer ebenso defek-
    ter Nachkommen unmöglich ge-
    macht wird«. Ebenda S. 279.
12 Zitiert nach Jäckel, Hitlers Weltan-
    schauung, S. 56. Derartige biologis-
    tische Krankheitsmetaphern sind
    im verschwörungsideologischen
    Denken häufig anzutreffen und
    ebenso häufig antisemitisch konno-
    tiert. Dazu bereits: Alex Bein, Der
    »jüdische Parasit«. Bemerkungen
    zur Semantik der Judenfrage, in:
    Vierteljahrshefte für Zeitgeschichte
    13, 1965, S. 121–149.
13 Mein Kampf, S. 350 f. und 357.
14 Ebenda S. 703. Diese Ausführun-
    gen erinnern stark an die »Proto-
    kolle der Weisen von Zion«.
15 Ebenda S. 598 f. und 751.
16 Ebenda S. 752. Hier wendet sich
    Hitler gegen Vorstellungen zeitge-
    nössischer Konservativer wie Gene-
    ral v. Seeckt, die ein derartiges
    Bündnis mit Russland vorschlugen,
    um die an Polen gefallenen deut-
    schen Ostgebiete wiederzugewin-
    nen.
17 Ebenda S. 742.

18 Auch in seinen früheren und späteren Reden sowie im »Völkischen Beobachter« ist immer wieder vom »jüdischen Bolschewismus« die Rede. Vgl. Merz, Das Schreckbild, S. 462 ff. und 449–456.

19 Dies wird jedoch von den sog. Funktionalisten unter den NS-Forschern bestritten. Vgl. dazu: Wolfgang Wippermann, Umstrittene Vergangenheit. Fakten und Kontroversen zum Nationalsozialismus, Berlin 1998, bes. S. 28 ff.

20 Allgemein zur nationalsozialistischen Propaganda: Winfried Ranke, Propaganda, in: Wolfgang Benz u. a. (Hrsg.), Enzyklopädie des Nationalsozialismus, München 1997, S. 34–49; Bernd Sösemann, Propaganda und Öffentlichkeit in der »Volksgemeinschaft«, in: ders. (Hrsg.), Der Nationalsozialismus und die deutsche Gesellschaft. Einführung und Überblick, München 2002, S. 114–154.

21 Gerhard Paul, Aufstand der Bilder. Die NS-Propaganda vor 1933, Bonn 1990.

22 Eine instruktive Zusammenstellung derartiger antisemitisch-antikommunistisch geprägter Bilder gib es bei: Reiner Dietrich u. a., Die »rote Gefahr«. Antisozialistische Bildagitation 1918–1976, Berlin (West) 1976.

23 Dazu: Steven Lowry, Hitlerjunge Quex, in: Michael Töteberg (Hrsg.), Metzler Filmlexikon, Stuttgart 1995, S. 255; Hilmar Hoffmann, »Und die Fahne führt uns in die Ewigkeit« – Propaganda im NS-Film, Frankfurt/M. 1988, S. 57 ff.; Ulrich Schröter, »Hitlerjunge Quex«: Nationalsozialistische Gesinnung – der Verlauf

einer politischen Karriere »bis in den Tod«, in: Martin Loiperdinger (Hrsg.), Märtyrerlegenden im NS-Film, Opladen 1991, S. 113 ff.

24 Dazu: Stefan Mannes, Antisemitismus im nationalsozialistischen Propagandafilm »Der ewige Jude« und »Jud Süß«, Köln 1999.

25 Zu ihm liegen mehrere Untersuchungen vor: Peter Bucher, Die Bedeutung des Films als historische Quelle: »Der ewige Jude« (1940), in: Heinz Duchhardt/Manfred Schlenke (Hrsg.), Festschrift für Eberhard Kessel, München 1982; Stig Hornshoh-Moller, »Der ewige Jude«. Quellenkritische Analyse eines antisemitischen Propagandafilms, Göttingen 1995; Stefan Mannes, Antisemitismus im nationalsozialistischen Propgandafilm »Der ewige Jude« und »Jud Süß«, Köln 1999.

26 Mannes, Antisemitismus im nationalsozialistischen Propagandafilm, S. 88.

27 Rede Hitlers vom 30.1.1939, in: Wippermann, Geschichte der deutschen Juden, S. 155.

28 Aufzeichnung der Rede Hitlers vom 30.3.1941 in: Halder-Kriegstagebuch, Bd. II, Stuttgart 1963, S. 333 ff. Zitiert nach: Wolfgang Michalka (Hrsg.), Das Dritte Reich, Bd. 2, München 1985, S. 52. Vier Tage zuvor, am 26.3.1941 hatte der Generalquartiermeister Wagner mit Reinhard Heydrich den »Befehl über die Zusammenarbeit mit Sicherheitspolizei und dem SD für den vorgesehenen Ostkrieg« ausgehandelt, der den Einsatz der Mordbanden der Einsatzgruppen regelt. In: Gerd R. Ueberschär/Wolfram Wette (Hrsg.), Der deut-

sche Überfall auf die Sowjetunion, Paderborn 1984, S. 303 f.

29 Ebenda S. 53.

30 Erlass von Generalfeldmarschall Wilhelm Keitel über »Die Ausübung der Kriegsberichterstattung im Gebiet ›Barbarossa‹ und »besondere Maßnahmen der Truppe« vom 13.5.1941, zitiert nach: ebenda S. 55 f.

31 Richtlinien für die Behandlung politischer Kommissare (»Kommissarbefehl«) vom 6.6.1941, in: ebenda S. 56 f.

32 Zitiert nach: Arno J. Mayer, Der Krieg als Kreuzzug. Das Deutsche Reich, Hitlers Wehrmacht und die »Endlösung«, Reinbek 1989, S. 325. Allgemein zur Propaganda für den »Vernichtungskrieg«: Ortwin Buchbender, Das tönende Erz. Deutsche Propaganda gegen die Rote Armee im Zweiten Weltkrieg, Stuttgart 1978.

33 Vgl. etwa die »Richtlinien für die militärische Sicherung und für die Aufrechterhaltung der Ruhe und Ordnung im Ostland« vom 25.0.1941. Referiert und zitiert bei: Hans-Heinrich Wilhelm, Motivation und »Kriegsbild« deutscher Generale und Offizier im Krieg gegen die Sowjetunion, in: Jahn/ Rürup (Hrsg.), Erobern und Vernichten, S. 153–182, S. 172 f. Auch hier wird zum rücksichtslosen Kampf gegen »Bolschewisten« und Juden als den »Hauptträgern des Bolschewismus« aufgerufen.

34 Zitiert nach: Omar Bartov, Hitlers Wehrmacht. Soldaten, Fanatismus und die Brutalisierung des Krieges, Reinbek 1995, S. 195.

35 Zitiert nach: ebenda S. 196.

36 Ebenda S. 197.

37 Peter Jahn, Russenfurcht und Antibolschewismus: Zur Entstehung und Wirkung von Feindbildern, in: Peter Jahn/Reinhard Rürup (Hrsg.), Erobern und Vernichten. Der Krieg gegen die Sowjetunion 1941–9145, Berlin 1991, S. 47–64.

38 Vgl. dazu: Klaus Meyer/Wolfgang Wippermann (Hrsg.), Gegen das Vergessen. Deutsch-sowjetische Historikerkonferenz über Ursachen, Opfer, Folgen des deutschen Angriffs auf die Sowjetunion, Frankfurt/M. 1992; Gerd R. Ueberschär/Wolfram Wette (Hrsg.), Der deutsche Überfall gegen die Sowjetunion. »Unternehmen Barbarossa«, 1941, Paderborn 1984; Alan Clark, Barbarossa. The Russian-German Conflict, London 1995. Gute Zusammenfassungen des Forschungsstandes: Ludolf Herbst, Das nationalsozialistische Deutschland 1933–1945. Die Entfesselung der Gewalt: Rassismus und Krieg, Frankfurt/M. 1996; Michael Burleigh, Die Zeit des Nationalsozialismus. Eine Gesamtdarstellung, Frankfurt/M. 2000, S. 557 ff.

39 Zur Ermordung der in vielen Arbeiten meist übersehenen sowjetischen Roma: Wolfgang Wippermann, Nur eine Fußnote? Die Verfolgung der sowjetischen Roma: Historiographie, Motive, Verlauf, in: Meyer/Wippermann (Hrsg.), Gegen das Vergessen, S. 75 ff.

40 Vgl. dazu die verdienstvolle Pionierstudie von: Christian Streit, Keine Kameraden, Stuttgart 1978, insbesondere S. 181 f. zu den Befehlen General Reinekes. Ferner: Alfred Streim, Die Behandlung sowjetischer Kriegsgefangenen im »Fall Barbarossa«, Heidelberg 1981.

41 So der russische Demograph W. I. Koslow, Menschenopfer und Menschenverluste der Sowjetunion im Krieg 1941–1945, in: Meyer/Wippermann (Hrsg.), Gegen das Vergessen, S. 157–170.

42 Hans Mommsen, Kriegserfahrungen, in: Ulrich Borsdorf/Mathilde Jamin (Hrsg.), Über Leben im Krieg, Reinbek 1989, S. 13.

43 Burleigh, Die Zeit des Nationalsozialismus, S. 607, betont, dass das »Vorhandensein einer ›Herrenrassen-Mentalität‹ in den Reihen einfacher deutscher Soldaten (…) unschwer« zu finden sei.

44 Dazu die folgenden Quellensammlungen und Dokumentationen: W. Bähr/H. W. Bähr (Hrsg.), Kriegsbriefe gefallener Soldaten 1939–1943, Tübingen 1952; Ortwin Buchbender/Reinhold Sterz (Hrsg.), Das andere Gesicht des Krieges. Deutsche Feldpostbriefe 1939–1945, München 1982; Hans Dollinger (Hrsg.), Kain, wo ist dein Bruder? Was der Mensch im Zweiten Weltkrieg erleiden musste – dokumentiert in Tagebüchern und Briefen, Frankfurt/M. 1987; Gerd R. Ueberschär/Wolfram Wette (Hrsg.), »Unternehmen Barbarossa«. Der deutsche Überfall auf die Sowjetunion 1941. Berichte, Analysen, Dokumente, Paderborn 1984; Ernst Klee u. a. (Hrsg.), »Schöne Zeiten.« Judenmord aus der Sicht der Täter und Gaffer, Frankfurt/M. 1988; Reinhard Rürup (Hrsg.), Der Krieg gegen die Sowjetunion. Eine Dokumentation, Berlin 1991; Vernichtungskrieg. Verbrechen der Wehrmacht 1941–9144. Eine Ausstellung des Hamburger Instituts für Sozialforschung, Hamburg 1995. Aussagekräftig ist auch eine vom Reichspropagandaamt herausgegebene Sammlung von Feldpostbriefen: Wolfgang Dierwege/Reichspropagandaamt (Hrsg.), Deutsche Soldaten sehen die Sowjetunion. Feldpostbriefe aus dem Osten, Berlin 1941. Zum Quellenwert dieser Selbstzeugnisse: Bartov, Hitlers Wehrmacht, S. 308 f. Zur Interpretation ebenda S. 231 ff.

45 Buchbender/Sterz (Hrsg.), Das andere Gesicht des Krieges, S. 74.

46 Reichspropagandaamt (Hrsg.), Deutsche Soldaten, S. 35.

47 Rede Hitlers vom 30.1.1939 in: Wolfgang Wippermann, Geschichte der deutschen Juden. Darstellung und Dokumente, Berlin 1994, S. 155.

48 Buchbender/Sterz (Hrsg.), Das andere Gesicht des Krieges, S. 38.

49 Ebenda S. 171.

50 Ebenda S. 173.

51 Ebenda.

52 Ebenda.

53 H. F. Richardson (Hrsg.), Sieg Heil! War letters of Tank Gunner Karl Fuchs 1937–1941, Hambden 1987, S. 116.

54 Ebenda S. 119.

55 Zur Präventivkriegsthese, bei der es sich im Grunde auch um eine Verschwörungsideologie handelt: Wippermann, Wessen Schuld?, S. 59 ff.

56 Reichspropagandaamt (Hrsg.), Deutsche Soldaten, S. 54.

57 Buchbender/Sterz (Hrsg.), Das andere Gesicht, S. 78.

58 Ebenda, S. 80.

59 Reichspropagandaamt (Hrsg.), Deutsche Soldaten, S. 49

60 Ebenda S. 12 ff.

1 Deborah E. Lipstadt: Betrifft: Leugnen des Holocaust, Zürich 1994; Till Bastian, Auschwitz und die »Auschwitz-Lüge«. Massenmord und Geschichtsfälschung, München 1994.

2 Paul Rassinier, Le Mensonge d'Ulsse, Paris 1950; dt.: Die Lüge des Odysseus, Wiesbaden 1959.

3 Rassinier, Die Lüge, S. 236 ff.

4 Thies Christophersen, Die Auschwitz-Lüge, Mohrkirchen 1973.

5 Wilhelm Stäglich, Der Auschwitz-Mythos. Legende oder Wirklichkeit?, Tübingen 1979.

6 Arthur E. Butz, The Hoax of the Twentieth Century, Richmond-Surrey 1976; dt. Der Jahrhundertbetrug, Vlotho 1977.

7 Austin J. App, The Six Million Swindle. Blackmailing the German People for Hard Marks with Fabricated Corpses, Tacoma Park 1973.

8 Knappe Widerlegung dieser und anderer Legenden und Lügen in dem sehr nützlichen Buch von: Wolfgang Benz (Hrsg.), Legenden, Lügen, Vorurteile. Ein Lexikon zur Zeitgeschichte, München 1990.

9 Er liegt in verschiedenen Ausgaben vor: The Leuchter-Report. The First Forensic Examination of Auschwitz, London 1989; Der Leuchter-Bericht. Die »Gaskammer«-Expertise, Winterthur 1989; Der Leuchter-Bericht – Ein Ingenieursbericht über die angeblichen Gaskammern in Auschwitz, Vlotho 1988.

10 So in dem Buch des französischen Apothekers und ursprünglichen Negationisten Jean Claude Pressac, Die Krematorien von Auschwitz. Die Maschinerie des Massenmordes, München 1994.

11 Zu den Verbindungen zwischen Revisionismus und Rechtsexteremismus: Hans-Joachim Schwagerl, Rechtsextremes Denken. Merkmale und Methoden, Frankfurt/M. 1993; Richard Stöss, Die extreme Rechte in der Bundesrepublik, Opladen 1989. Besonders informativ ist die Studie vom Landesamt für Verfassungsschutz Berlin (Hrsg.), Die internationale Revisionismus-Kampagne, Berlin 1994 (Durchblick 1. Jg.).

12 Ernst Nolte, Der Faschismus in seiner Epoche, München 1963, S. 51.

13 Ernst Nolte, Streitpunkte. Heutige und künftige Kontroversen um den Nationalsozialismus, Berlin 1993, S. 395 f.

14 Nolte, Streitpunkte, S. 398. Hier bezog sich Nolte auf ein Schreiben des Leiters der Jewish Agency Chaim Weizmann an den britischen Premierminister Chamberlain vom 29.8.1939, in dem Weizmann versichert hatte, »daß die Juden bei Großbritannien stehen und an der Seite der Demokratien kämpfen werden«. Zur Widerlegung dieses wahnwitzigen »Kriegserklärung«-der-Juden-Arguments, das in der rechtsradikalen und revisionistischen Publizistik häufig auftaucht: Hellmuth Auerbach, »Kriegserklärung« der Juden an Deutschland, in: Benz (Hrsg.), Legenden, Lügen, Vorurteile, S. 118–121.

15 Ernst Nolte, Der europäische Bürgerkrieg 1917–1945. Nationalsozialismus und Bolschewismus, Berlin 1993, S. 509.

16 Nolte, Streitpunkte, S. 395 f.

17 Nolte, Streitpunkte, S. 394.

18 Nolte, Bürgerkrieg, S. 502.

19 Nolte, Vergangenheit, die nicht vergehen will, in: »Historikerstreit«. Die Dokumentation der Kontroverse über die Einzigartigkeit der nationalsozialistischen Judenvernichtung, München 1987, S. 177.

20 Johannes Rogalla von Bieberstein, »Jüdischer Bolschewismus«. Mythos und Realität. Mit einem Vorwort von Ernst Nolte, Schnellroda 2003.

21 Ebenda S. 244.

22 Ebenda S. 267. Nicht weniger anstößig ist seine Differenzierung zwischen einem »Vernichtungs-Antisemitismus« und einer »moderaten Judeophobie«, die er »Salonantisemitismus« nennt. (S. 226.)

23 Norman G. Finkelstein, Die Holocaust-Industrie. Wie das Leid der Juden ausgebeutet wird, München 2000. Kritisch dazu: Martin Dietzsch/Alfred Schobert (Hrsg.), Ein »jüdischer« David Irving? Norman G. Finkelstein im Diskurs der Rechten – Erinnerungsabwehr und Antizionismus, Duisburg 2001; und: Wolfgang Wippermann, Ein »Spezialist für Israelfragen«. Finkelstein gegen Goldhagen und andere »jüdische Geschäftemacher«, in: Rolf Surmann (Hrsg.), Das Finkelstein-Alibi. »Holocaust-Industrie« und Tätergesellschaft, Köln 2001, S. 92–103.

24 Eine sehr knappe, aber zutreffende Beschreibung bei: Alex Gruber, Sekundärer Antisemitismus. Wiederkehr des Verdrängen, in: calcül. Zeitschrift für Wissen und Besserwissen 9, 1999, S. 46–52.

25 Dazu: Lars Rensmann, Kritische Theorie über den Antisemitismus. Studien zu Struktur, Erklärungspotential und Aktualität, Berlin 1998.

26 Rensmann, Kritische Theorie, S. 225, spricht von »Folie der Weltverschwörung«.

27 Die Zeit Nr. 51, 15.12.2005, S. 24.

9. »Kalter Krieg«

1 Dazu unter anderem: Wilfried Loth, Die Teilung der Welt. Geschichte des Kalten Krieges 1914–1955, München 2000; Rolf Steininger, Der Kalte Krieg, Frankfurt/M. 2003; John Lewis Gaddis, The cold war, London 2005.

2 Zur Propaganda im Kalten Krieg den Katalog der Ausstellung des Deutschen Historischen Museums: Deutschland im Kalten Krieg 1945 bis 1963, Berlin 1992; und auch: Ernst Nolte, Deutschland und der Kalte Krieg, München 1974.

3 Karl Dietrich Bracher, Zeit der Ideologien, Stuttgart 1985.

4 Gabriel Kolko, Das Jahrhundert der Kriege, Frankfurt/M. 1999.

5 Vgl. dazu: Wolfgang Wippermann, Faschismustheorien. Die Entwicklung der Diskussion von den Anfängen bis heute, Darmstadt 1997; ders., Totalitarismustheorien. Die Entwicklung der Diskussion von den Anfängen bis heute, Darmstadt 1997.

6 Zu diesem »Amercian creed« liegt eine sehr umfangreiche Literatur vor. Gute Zusammenfassung bei:

Uto Sautter, Geschichte der Vereinigten Staaten von Amerika, Stuttgart 1991.

7 Zu dieser »Civil religion«: William G. Mc Longhlin/Robert N. Bellah (Hrsg.), Civil Religion in America, Boston 1968; Rainer Prätorius, In God we Trust. Religion und Politik in den USA, München 2003.

8 Lewis H. Lapham, Die Faust des Gerechten. Der religiöse Faktor in der US-Politik, in: Le Monde diplomatique, Nr. 7101 vom 11.7.2003. Allgemein zum Verhältnis von Religion und Politik in den USA: Rainer Prätorius, In God we trust. Religion und Politik in den USA, München 2003.

9 Vgl. dazu: Jürgen Bellers, Politische Kultur und Außenpolitik im Vergleich, München 1999.

10 Dazu die bemerkenswert kritische und auch die Vorgeschichte einbeziehende Studie von: Michael J. Heale, American Anticommunism. Combating the Enemy Within, 1830–1970, Baltimore 1999.

11 Robert Justin Goldstein, Political Repression in Modern America. From 1870 to the Present, Boston 1978.

12 Robert K. Murray, Red Scare. A Study in National Hysteria, 1919–1920, New York 1964.

13 Vgl. dazu: Heale, American Anticommunism; Joel Kovel, Red Hunting in the Promised Land. Anticommunism and the Making of America, New York 1994; Richard G. Powers, Not Without Honor. The History of American Anticommunism, New York 1995.

14 Zu McCarthy und dem etwas voreilig und relativierend sogenannten »McCarthyism«: Richard M.

Freedland, The Truman Doctrine and the Origins of McCarthyism: Foreign Policy, Domestic Politics and Internal Security, 1946–1948, New York 1972; David Daute, The Great Fear: The Anti-Communist Purge under Truman and Eisenhower, New York 1978; Robert Griffith, The Politics of Fear: Joseph McCarthy and the Senate, Amherst 1987; Ellen Schrecker, The Age of McCarthyism, Boston 1994; dies., Many are the Crimes: McCarthyism im America, Boston 1998.

15 Dazu: Larry Ceplair/Steven Englund, The Inquisition in Hollywood – Politics in the Film Community 1930–1969, Lexington 1980.

16 Dieses wirklich unschlagbare Argument kam von der Schriftstellerin Ayn Rand, die vom »House Committee on Un-American Activities« als Zeugin geladen war. 80th. Congress, S. 86.

17 Die Protokolle dieses »House Committees on Un-American Activities« liegen gedruckt vor: US Congress, House Committee Hearings, Senate Library, 80th Congress, Bd. 1169 ff. Knappe, aber aussagekräftige Auswahl dieser Verhöre in deutscher Übersetzung: Hartmut Keil, Sind oder waren sie Mitglied? Verhörprotokolle über unamerikanische Aktivitäten 1948–1956, Reinbek 1979.

18 Es handelte sich um den Regierungsbeamten Alger Hiss und den Atomphysiker Klaus Fuchs. Dazu unter anderen: Allen Weinstein, Perjury – The Hiss-Chambers Case, New York 1987: ders., The Haunted Wood: Soviet Espionage

in America – The Stalin Era, New York 1999; John Earl Haynes/Harvey Klehr, Decoding Soviet Espionage in America, New Haven 1999.

19 Ronald Rados/Joyce Milton, The Rosenberg File, New Haven 1997.

20 Offensichtlich um diesen Eindruck zu zerstreuen hat das amerikanische FBI einige Akten freigegeben, die die Schuld der Rosenbergs beweisen sollen. Nach Lektüre dieser ins-Internet gestellten Akten (foia.fbi-gov/roberg. htm) habe ich den gegenteiligen Eindruck gewonnen.

21 Eine zusammenfassende Studie gibt es nicht. Einige Hinweise bei: Schwan, Antikommunismus und Antiamerikanismus; Klaus Körner, »Die rote Gefahr«. Antikommunistische Propaganda in der Bundesrepublik 1950–2000, Hamburg 2004.

22 Dazu und zum Folgenden: Wippermann, Totalitarismustheorien, S. 45 ff.

23 Dazu: Alexander Brünneck, Politische Justiz gegen Kommunismus in der Bundesrepublik Deutschland 1949–1968, Frankfurt/M. 1978.

24 Abgebildet in: Reiner Diederich u. a. (Hrsg.), Die »rote Gefahr«. Antisozialistische Bildagitation 1918–1976, Berlin (West) 1976.

25 Viele Beispiele im Katalog »Deutschland im Kalten Krieg«.

26 Zur Hohmann-Affäre: Alfred Schobert, Eliten-Antisemitismus in Nazi-Kontinuität, in: Archiv-Notizen, Dezember 2003, S. 4–10.

27 Das verschwörungsideologische Grundmuster im Denken von Marx und Engels ist bisher nicht hinreichend erkannt worden. Verschiedene Hinweise dazu in: Wolf-

gang Wippermann, Die Bonapartismustheorie von Marx und Engels, Stuttgart 1983.

28 Karl Marx, Herr Vogt (1860), in: Marx Engels Werke 14, S. 381–686.

29 Karl Marx, Die Geschichte der Geheimdiplomatie des 18. Jahrhunderts. Über den asiatischen Ursprung der russischen Despotie. Mit Kommentaren von Bernd Rabehl und D. B. Rjasanov, hrsg. von Ulf Wolter, Berlin 1977.

30 Hinweise dazu bei: Richard Pipes, Die Russische Revolution, Bd. 1–3, Reinbek 1992–1993.

31 Stark betont bei: Martin Malia, Vollstreckter Wahn. Rußland 1917–1991, Stuttgart 1994.

32 Siehe: Robert Conquest, Der große Terror, München 1992.

33 Dazu: Jonathan Brent, Stalin's last crime. The plot against the Jewish doctors 1948–1953, New York 2003.

34 Georg Hermann Hodos, Schauprozesse. Stalinistische Säuberungen in Osteuropa 1948–1954, Frankfurt/M. 1988.

35 Karel Kaplan, Die politischen Prozesse in der Tschechoslowakei 1948–1952, München 1986.

36 Dazu: Jeffrey Herff, Antisemitismus in der SED. Geheime Dokumente zum Fall Paul Merker aus SED-und MfS-Archiven, in: Vierteljahreshefte für Zeitgeschichte 42, 1994, S. 635–667.

37 Thomas Haury, Antisemitismus von links. Kommunistische Ideologie, Nationalismus und Zionismus in der frühen DDR, Hamburg 2002. Zurückhaltender dagegen: Mario Keßler, Die SED und die Juden – zwischen Repression und

Toleranz. Politische Entwicklung bis 1967, Berlin 1995.

38 Theodor Eichberger, An den Colorado-Käfer, in: Mainzer Schwewwel 2, Nr. 27, 8.7.1877. Im Internet unter: theodor.eichberger.info/humorist/werk/satire.

39 Tatsächlich haben Wissenschaftler der Wehrmacht in den Jahren 1943 und 1944 Feldversuche mit eigens zu diesem Zweck gezüchteten Kartoffelkäfern gemacht, die als biologische »Wunderwaffe« gegen England eingesetzt werden sollten. Vgl. dazu: Erhard Eißler, Hitler und die Biowaffen, Münster 1998.

40 Deutschland im Kalten Krieg, S. 92.

41 Sammlung des Deutschen Historischen Museums www.dhm.de/ausstellungen/kalter_krieg/a_r04_2htm.

42 Deutschland im Kalten Krieg, S. 93.

10. »Kampf der Kulturen«

1 Samuel P. Huntington, Der Kampf der Kulturen. The Clash of Civilizations. Die Neugestaltung der Weltpolitik im 21. Jahrhundert, München 1996.

2 Zu nennen ist vor allem: Paul Berman, Terror und Liberalismus, Hamburg 2004.

3 Edward W. Said, Orientalism, London 1978.

4 In den allgemeinen Arbeiten über die Verschwörungsideologien werden die islamistischen nicht erwähnt. Hinweise dazu in verschiedenen Publikationen über den Islam und den Islamismus, vor allem: Bassam Tibi, Die Verschwörung. Das Trauma arabischer Politik, Hamburg 1993.

5 Zum Islam liegen verschiedene Einführungen vor. Vgl. vor allem: Annemarie Schimmel, Im Namen Allahs des Barmherzigen. Der Islam, München 2001; Gudrun Krämer, Geschichte des Islam, München 2005.

6 Zum islamischen und islamistischen Antisemitismus vor allem: Bernard Lews, »Treibt sie ins Meer!«. Die Geschichte des Antisemitismus, Frankfurt/M. 1987. Zur neueren Entwicklung: Matthias Küntzel, Djihad und Judenhass. Über den neuen antijüdischen Krieg, Freiburg 2003.

7 Zur Geschichte der Juden in den islamischen Reichen: Mark Cohen, Under Crescent and Cross, Princeton 2002.

8 Zu Husseini und seinen Kontakten zu Hitler: Klaus Gensicke, Der Mufti von Jerusalem. Amin el-Husseini und die Nationalsozialisten, Frankfurt/M. 1988.

9 Dazu jetzt: Klaus-Michael Mallmann/Martin Cüppers, »Beseitigung der jüdisch-nationalen Heimstätte in Palästina«. Das Einsatzkommando bei der Panzerarmee Afrika 1942, in: Jürgen Matthäus/Klaus-Michael Mallmann (Hrsg.), Deutsche, Juden, Völkermord. Der Holocaust als Geschichte und Gegenwart, Darmstadt 2006, S. 153–176.

10 Zum Folgenden: Hadassa Ben-Itto, Die Protokolle der Weisen von Zion – Anatomie einer Fälschung, Berlin 1998, S. 391 ff.

11 Ebenda S. 391.

12 Alle Vorwürfe nach Ben-Itto, Die Protokolle, S. 394 ff.

13 Zu Hassan al-Banna und die »Muslimbruderschaft«: Muhammed Ab Al-Fattach El-Awaisi, The Muslim Brothers and the Palestine Question 1928–1947, London 1998.

14 Zu Sayyid Qutb und seine Bedeutung für den islamistischen Terrorismus: Berman, Terrorismus und Liberalismus, S. 127 ff.

15 Zur Ideologie der Hamas: Andrea Nüsse, Muslim Palestine. The Ideology of Hamas, London 2002.

16 Charta der Hamas vom 18.8.1989, zitiert nach: Friedrich Schreiber, Aufstand der Palästinenser. Die Intifada, Opladen 1990, S. 119 f.

17 Zu Begriff und Sache: Mark Cohen, Under Crescent and Cross, Princeton 2002.

18 Mehr dazu in dem sehr instruktiven Reader: Bundesministerium der Verteidigung (Hrsg.), Islamismus, Berlin 2004.

19 Vgl. u. a.: Peter L. Bergen, »Heiliger Krieg Inc.« Osama bin Ladens Terrornetz, Berlin 2001; John Gray, Die Geburt al-Quaidas aus dem Geist der Moderne, München 2004; John L. Esposito, Terror in the Name of Islam, Oxford 2002; Paul Berman, Terror und Liberalismus, Hamburg 2004.

20 Dies hat er inzwischen auch zugegeben. In der amerikanischen Propaganda wird jetzt statt von »Kreuzzug« mehr von »War on terrorism« gesprochen. Doch auch dieser Krieg gegen den Terrorismus wird nicht selten mit religiösen Begriffen gerechtfertigt und als »heilig« dargestellt.

21 Eine Geschichte des Kreuzzugsgedankens bzw. der Kreuzzugsideologie in der Moderne fehlt. Knappe Hinweise dazu bei: Wolfgang Wippermann, Lizenz zum Töten. Kreuzzüge in Mittelalter und Moderne, in: Evangelische Kommentare 2/1997, S. 90–92.

22 Vgl. u. a.: Peter Waldmann, Terrorismus. Provokation der Macht, München 1999; Bruce Hoffmann, Terrorismus – der ungeklärte Krieg. Neue Gefahren politischer Gewalt, Frankfurt/M. 1999; Walter Laqueur, Die globale Bedrohung. Neue Gefahren des Terrorismus, München 2001; Kai Hirschmann/ Christian Leggemann (Hrsg.) Terrorismus als weltweites Phänomen, Berlin 2000.

23 Noam Chomsky, Power and Terror. US-Waffen, Menschenrechte und internationaler Terrorismus, Hamburg 2004.

24 Treffend herausgearbeitet von: Albrecht Funk, Terrorismus (internationaler), in: Ulrich Albrecht/ Helmut Vogler (Hrsg.), Lexikon der Internationalen Politik, München 1997, S. 483–448.

25 Umgekehrt können Terrorakte auch mit Hilfe der verschwörungsideologischen Cui-bono-Frage bestritten oder jemand ganz anderem unterstellt werden, so bei den Verschwörungsideologien über den 11. September.

26 Beste Darstellung: Gilles Kepel, Das Schwarzbuch des Djihad. Aufstieg und Niedergang des Islamismus, München 2002.

27 Lawrence Davidson, Islamic Fundamentalism, London 1998; Karen Armstrong, Im Kampf für Gott. Fundamentalismus in Christentum, Judentum und Islam, München 2004; Thomas Meyer, Fundamen-

talismus. Aufstand gegen die Moderne, Hamburg 1989.

28 Vgl. dazu: Andreas Meier, Politische Strömungen im modernen Islam. Quellen und Kommentare, Wuppertal 1995.

29 Vgl. dazu: Laila Abdallah, Islamischer Fundamentalismus – eine fundamentalistische Fehlwahrnehmung? Zur Rolle von Orientalismus in westlichen Analysen des islamischen Fundamentalismus, Berlin 1998.

30 So bei Peter Heine, Terror in Allahs Namen. Extremistische Kräfte im Islam, Freiburg 2001; und in verschiedenen anderen Presseartikeln.

31 Bernard Lewis, The Assassins. A Radical Sect in Islam, New York 1968; Farhard Daftary, The Assassine legend. Myths of Ismailis, London 1995.

32 Martin Luther, Vom Schem Hamphoras und vom Geschlecht Christi, in: WA 53, S. 61.

33 Hinweise auch bei: Bruce Hoffman, Terrorismus – der unerklärte Krieg, Bonn 2002.

34 Zitiert nach Der Tagesspiegel vom 16.12.2005, S. 7.

35 Speech by Prime Minster Mahathir Mohamed 16.10.2003: htttp://www.adl.org/Anti_semitism/malaysian.asp.

11. »Kosher Conspiracy«

1 Mathias Bröckers, Die Kosher Conspiracy, in: teleopolois 2.3.2002 (www.telepolis.de./deutsch/special/wtc/11 974/1.html), abgedruckt bei: Tobias Jaecker, Antisemitische Verschwörungstheorien nach dem 11. September. Neue Varianten eines alten Deutungsmusters, Münster 2005, S. 197–200.

2 Ebenda.

3 Mathias Bröckers, Verschwörungen, Verschwörungstheorien und die Geheimnisse des 11.9., 30. durchgesehene Auflage, Frankfurt/M. 2003. Dieses Buch ist wie das vorangegangene über »Fakten, Fälschungen und die unterdrückten Beweise des 11.9.« beim Verlag Zweitausendeins erschienen. Vor und nach diesen Veröffentlichungen hat sich Bröckers mit Rauschmitteln wie LSD und Cannabis beschäftigt und darüber ebenfalls Bücher geschrieben.

4 Ebenda S. 236.

5 Gerhard Wisnewski, Operation 9/11. Angriff auf den Globus, München 2003.

6 Oliver Schrön/Dirk Laabs, Tödliche Fehler. Das Versagen von Politik und Geheimdienst im Umfeld des 11. September, Berlin 2003; Stefan Aust/Cordt Schnibben (Hrsg.), 11. September. Geschichte eines Terrorangriffs, Stuttgart 2002.

7 Andreas v. Bülow, Die CIA und der 11. September. Internationaler Terror und die Rolle der Geheimdienste, München 2003.

8 Ebenda S. 8.

9 Ebenda S. 10.

10 Ebenda S. 216.

11 Ebenda S. 216.

12 Ebenda S. 213.

13 Ebenda S. 217.

14 Gemeint ist offensichtlich der Fernsehjournalist Carl Cameron, der für »Fox News« einen vierteiligen

Bericht über das israelische Vorwissen gedreht haben soll, der jedoch nicht gesendet wurde, angeblich, weil »Fox News« und das amerikanische Fernsehen generell von Juden kontrolliert würden. Vgl. ebenda S. 219.

15 Die Silverstein-Geschichte auch bei von Bülow, CIA, S. 160.

16 Vgl. dazu Jaecker, Antisemitische Verschwörungstheorien, S. 130 ff.

17 Beispiele bei Jaecker, Antisemitische Verschwörungstheorien, S. 84.

18 National Journal, 19.6.2003; http://www.globalfire.tv/nj/03de/politik/wtc.htm.

19 Gundolf Freyermuth, Sie beobachten uns. Verschwörungstheorien blühen im Internet richtig auf, in: c't. 13, 1986, S. 64–70. Die Rolle des Internets wird in den Werken über die Verschwörungsideologien meist nur am Rande erwähnt. Vgl.: Pipes, Verschwörung, S. 307; Roth/Sokolowsky, Der Dolch im Gewande, S. 121, Caumanns/Niendorf (Hrsg.), Verschwörungstheorien, S. 29.

12. »Illuminati«

1 Kritisch dazu: Allen Oslo, Freimaurer. Humanisten? Häretiker? Hochverräter?, Frankfurt/M. 1998.

2 Dan Brown, Illuminati, Bergisch Gladbach 2003; ders., Sakrileg. Der Da Vinci Code, Bergisch Gladbach 2006.

3 Große Teile stammen Henry Lincoln, Michael Baigent und Richard Leigh, die einzelnen und zusammen verschiedene offiziell als Sachbücher firmende Verschwörungsgeschichten über »Das Vermächtnis des Messias«, »Als die Kirche Gott verriet« und »Der Heilige Gral und seine Erben« veröffentlich haben, die in deutscher Übersetzung im Bastei Lübbe Verlag erschienen sind.

4 Antonine Faivre, Esoterik im Überblick. Geheime Geschichte des abendländischen Denkens, Freiburg 2001; Julia Iwersen, Esoterik im Überblick. Ideen und Ziele, Freiburg 2003; Kocku von Stuckrad, Was ist Esoterik? Kleine Geschichte des geheimen Wissens, München 2004.

5 Nicholas Goodrick-Clarke, Die okkulten Wurzeln des Nationalsozialismus, Graz 1997; Michael Ley/Julius H. Schoeps (Hrsg.), Der Nationalsozialismus als politische Religion, Bodenheim 1997; Rüdiger Sünner, Schwarze Sonne. Entfesselung und Mißbrauch der Mythen in Nationalsozialismus und rechter Esoterik, Basel 1999.

6 Josef Ackermann, Heinrich Himmler als Ideologe, Göttingen 1970.

7 Wolfgang Wippermann, Der Ordensstaat als Ideologie, Berlin 1979, S. 241 ff.; Bernd Wegner, Hitlers Politische Soldaten. Die Waffen-SS 1933–1945, Paderborn 1996.

8 Karl Hüser, Wewelsburg 1933 bis 1945. Kult- und Terrorstätte der SS, Paderborn 1987.

9 Michael H. Kater, Das »Ahnenerbe« der SS 1935–1945, München 1997.

10 Wolfgang Wippermann, »Auserwählte Opfer«? Shoah und Porrajmos im Vergleich, Berlin 2005; S. 45 ff.

11 Sönke Lorenzten u. a. (Hrsg.), Himmlers Hexenkarthothek, Bielefeld 1999.

12 Vorausgegangen war ein entlarvender Artikel des Spiegels über »Draculas Ufo«. Der Spiegel Nr. 51, 16.12.1996, S. 73.

13 Zu Holey: Gugenberger u.a, Weltverschwörungstheorien, S. 170 ff.; Eduard Gugenberger, Kosmische Mächte im Widerstreit – Esoterische Grundlagen im Verschwörungsbild des Rechtsextremismus, in: Reinalter (Hrsg.), Verschwörungstheorien, S. 107–120.

14 Jan van Helsing, Geheimgesellschaften und ihre Macht im 20. Jahrhundert oder Wie man die Welt nicht regiert. Ein Wegweiser durch die Verstrickungen von Logentum mit Hochfinanz und Politik, Trilaterale Kommission, Bilderberger, CFR, UNO, Rhede-Lathen 1995; ders., Geheimgesellschaften II. Interview mit Jan van Helsing. Die Verbindungen der Geheimregierung mit dem Dritten Weltkrieg, dem Schwarzen Adler, dem Club of Rome, AIDS, UFOs, Kapar Hauser, dem reichsdeutschen Dritten Macht, dem Galileo-Projekt, dem Montauk-Projekt, der Jason-Society, dem Jesus-Projekt, dem Anti-Christ u. v. m., Rhede-Lathen 1995.

15 Jan van Helsing, Unternehmen Aldebaran. Kontakte mit Menschen aus einem anderen Sonnensystem, Lathen 1997. Hier wird eine Verbindung von trivialen Utopien und Verschwörungsideologien vorgenommen.

16 Van Helsing, Geheimgesellschaften II, S. 67 ff.

17 Zitiert nach Gugenberger u. a., Weltverschwörungsideologien, S. 170.

18 Van Helsing, Geheimgesellschaften II, S. 159 ff.

19 Van Helsing, Geheimgesellschaften II, S. 62.

20 Van Helsing, Geheimgesellschaften II, S. 107.

21 Van Helsing, Geheimgesellschaften II, S. 148 ff.

22 Inzwischen hat van Helsing weitere Bücher herausgebracht, so »Die Kinder des neuen Jahrtausends«, 2000, und »Hände weg von dem Buch«, 2004. (Dieser Mahnung sollte man folgen!)

23 Zitiert nach: Margret Chatwin, Falsche Fuffziger. Verschwörungsthesen, Zahlenmystik und Außerirdische, 1998, S. 4.

24 Jo Conrad, Entwirrungen, Langenbruch 1996.

25 Ebenda S. 16.

26 Ebenda S. 61 ff.

27 Ebenda S. 87.

28 Ebenda S. 19.

29 Ebenda S. 117.

30 Ebenda S. 59.

31 Ebenda S. 85.

32 Ebenda S. 40.

33 Ebenda S. 88. Hier beruft sich Conrad auf einige alte und neue Holocaustleugner wie Gerd Honsik und Harm Menkens.

1 Berliner Illustrirte Zeitung, Beilage der Berliner Morgenpost, Heiligabend/Weihnachten 2005, S. 16.

2 Karl Veitschegger, Teufel und Dämonen – 12 Thesen. Statement aus katholischer Sicht als Diskussionsgrundlage für Jugendliche, Mai 2002, in: http://members.surfeu.at/veitschegger/texte/teufel.htm.

3 Abgedruckt bei: Haag, Teufelsglaube, S. 506–510.

4 Zitiert nach: Zenit – Die Welt von Rom aus gesehen, in: Die Zeit, 30.1.2006.

5 Stanford, Der Teufel.

6 Zitiert nach Di Nola, Der Teufel, S. 426.

7 Ebenda.

8 Josef Ratzinger, Zur Lage des Glaubens, München 1985, S. 141–151.

9 Ernst Bloch, Erbschaft dieser Zeit, Frankfurt/M. 1962 (zuerst: 1935).

10 Haag, Teufelsglauben, S. 59 ff.

11 Zitiert nach: Zenit – Die Welt von Rom aus gesehen, Die Zeit vom 30.1.2006.

12 Klaus Berger, Wozu ist der Teufel da? Stuttgart 1998. Berger hat sich inzwischen emeritieren lassen, nachdem herausgekommen war, dass er nur zum Schein bzw. um evangelischer Theologieprofessor zu werden zum Protestantismus übergetreten, tatsächlich aber Katholik geblieben ist.

13 Ebenda S. 238.

14 Tagesspiegel vom 16.4.2004.

15 Dazu vor allem: Friedrich Wilhelm Haack, Von Gott und der Welt verlassen. Der religiöse Untergrund in unserer Welt, Düsseldorf 1974.

16 Hinzuweisen ist vor allem auf Lord Byrons »Manfred« (1818) und »Cain« (1821) sowie Baudelaires »Satanische Litaneien« und »Blumen des Bösen«. Eindeutig satanistisch ist der Roman von Joris-Karl Huysmans, Là bas, Paris 1881, dt. Übersetzung Köln 1963.

17 Mario Praz, Liebe, Tod und Teufel. Die schwarze Romantik, München 1994.

18 Gerhard Zacharias, Der dunkle Gott – Satanskult und Schwarze Messen, Wiesbaden 1982.

19 Dazu: Di Nola, Der Teufel, S. 431 f.

20 Zum Folgenden: Friedrich Wilhelm Haack, Von Gott und der Welt verlassen. Der religiöse Untergrund in unserer Welt, Düsseldorf 1974, S. 116 ff.

21 Guido und Michael Grandt, Schwarzbuch Satanismus, München 1996.

22 Ulrich Rausch/Eckhard Türk, Geister-Glaube. Arbeitshilfe zur Fragen des Okkultismus, Düsseldorf 1991; Heide-Marie Cammans, Ratgeber Okkultismus, 1998.

23 Stanford, Der Teufel, S. 292 ff.

Quellen- und Literaturverzeichnis

Ackermann, Josef: Heinrich Himmler als Ideologe, Göttingen 1970

Agethen, Manfred: Geheimbund und Utopie. Illuminaten, Freimaurer und die deutsche Spätaufklärung, München 1987

App, Austin J.: The Six Million Swindle. Blackmailing the German People for Hard Marks with Fabricated Corps, Tacoma Park 1973

Arendt, Hannah: Elemente und Ursprünge totaler Herrschaft, München 1998

Aring, Paul Gerhard: Christen und Juden heute – und die »Judenmission«. Geschichte und Theologie protestantischer Judenmission in Deutschland, Frankfurt/M. 1987

Armstrong, Karen: Im Kampf für Gott. Fundamentalismus im Christentum, Judentum und Islam, München 2003

Baier-Galanda, Brigitte u. a. (Hrsg.): Wahrheit und »Auschwitzlüge«. Zur Bekämpfung »revisionistischer« Propaganda, Wien 1995

Baleanu, Avram Andrei: Der »ewige Jude«, in: Julius H. Schoeps/Joachim Schlör (Hrsg.): Antisemitismus. Vorurteile und Mythen, München 1995, S. 96–102

Baroja, Juli Caron: Die Hexen und ihre Welt, Stuttgart 1967

Barruel, Augustin: Denkwürdigkeiten zur Geschichte des Jakobinismus, nach der in London 1797 erschienen Original-Ausgabe ins Teutsche übersetzt von einer Gesellschaft verschiedener Gelehrten, Bd. 1–4, Hannover 1800–1803

Bartov, Omar: Hitlers Wehrmacht. Soldaten, Fanatismus und Brutalisierung des Krieges, Reinbek 1995

Bastian, Till: Auschwitz und die »Auschwitz-Lüge«. Massenmord und Geschichtsfälschung, München 1994

Battenberg, Friedrich: Das europäische Zeitalter der Juden, Bd. 1–2, Darmstadt 1990

Baumann, Joachim/Dietl, Andreas/Wippermann, Wolfgang: Blut oder Boden. Doppelpaß, Staatsbürgerrecht und Nationsverständnis, Berlin 1999

Behringer, Wolfgang: Hexen. Glaube, Verfolgung, Vermarktung, München 1998

Behringer, Wolfgang (Hrsg.): Hexen und Hexenprozesse, München 1988

Bein, Alex: Der »jüdische Parasit«. Bemerkungen zur Semantik der Judenfrage, in: Vierteljahrshefte für Zeitgeschichte 13, 1965, S. 121–149

Bein, Alex: Die Judenfrage. Biographie eines Weltproblems, Bd. 1–2, Stuttgart 1980

Bekker, Balthasar: De betoverde wereld, 1691, in: Soldan/Heppe/Bauer, Geschichte der Hexenprozesse, Hanau 191, Bd. 2, S. 237 ff.

Ben-Itto, Hadassa: »Die Protokolle der Weisen von Zion«. Anatomie einer Fälschung, Berlin 1998

Benz, Wolfgang (Hrsg.): Legenden, Lügen, Vorurteile. Ein Wörterbuch zur Zeitgeschichte, München 1992

Benz, Wolfgang (Hrsg.): Antisemitismus in Deutschland. Zur Aktualität eines Vorurteils, München 1995

Benz, Wolfgang: Was ist Antisemitismus?, München 2004

Berding, Helmut: Moderner Antisemitismus in Deutschland, Frankfurt/M. 1988

Berg, Nicolas: Der Holocaust und die westdeutschen Historiker. Erforschung und Erinnerung, Göttingen 2003

Bergen, Peter L.: »Heiliger Krieg Inc.« Osama Bin Ladens Terrornetz, Berlin 2001

Berger, Klaus: Wozu ist der Teufel da?, Stuttgart 1998

Bergmann, Werner: Geschichte des Antisemitismus, München 2002

Bergmann, Werner/Erb, Rainer (Hrsg.): Antisemitismus in der Bundesrepublik Deutschland. Ergebnisse der empirischen Forschung von 1946 bis 1989, Opladen 1991

Bergmeister, Karl: Der jüdische Weltverschwörungsplan. Die Protokolle der Weisen von Zion vor dem Strafgericht in Bern, Erfurt 1937

Berman, Paul: Terror und Liberalismus, Frankfurt/M. 2004

Bieberstein, Johannes Rogalla v.: Die These von der Verschwörung 1776–1945. Philosophen, Freimaurer, Juden, Liberale und Sozialisten als Verschwörer gegen die Sozialordnung, 3. Aufl., Flensburg 1992

Bieberstein, Johannes Rogalla v.: »Jüdischer Bolschewismus«. Mythos und Realität, Schnellroda 2003

Bienert, Walther: Martin Luther und die Juden, Frankfurt/M. 1992

Blauert, Andreas (Hrsg.): Ketzer, Zauberer, Hexen. Die Anfänge der europäischen Hexenverfolgungen, Frankfurt/M. 1990

Bodin, Jean: De daemononamia magorum, Straßburg 1581

Brackert Helmut u. a.: Aus der Zeit der Verzweiflung. Zur Genese und Aktualität des Hexenbildes, Frankfurt/M. 1977

Brent, Jonathan: Stalin's last crime. The plot against the Jewish doctors 1948–1953, New York 2003

Bröckers, Mathias: Verschwörungen, Verschwörungstheorien und die Geheimnisse des 11.9., Frankfurt/M. 2003

Braun, Christina v./Heid, Ludger (Hrsg.): Der ewige Judenhaß, Stuttgart 1990

Bronner, Stephen Eric: Ein Gerücht über die Juden. Die »Protokolle der Weisen von Zion« und der alltägliche Antisemitismus, Berlin 1999

Buchbender, Ortwin: Das tönende Erz. Deutsche Propaganda gegen die Rote Armee im Zweiten Weltkrieg, Stuttgart 1978

Bülow, Andreas v.: Die CIA und der 11. September. Internationaler Terror und die Rolle der Geheimdienste, München 2003

Burgmer, Christoph (Hrsg.): Rassismus in der Diskussion, Berlin 1999

Burleigh, Michael/Wippermann, Wolfgang: The Racial State. Germany

1933–1945, Cambridge 1991,
9. Aufl. 2003

Butz, Arthur E.: The Hoax of the
Twentieth Century, Richmond-Surrey 1976

Carpzow, Benedikt: Pracitica rerum
criminalium, Wittenberg 1646

Caumanns, Ute/Niendorf, Matthias
(Hrsg.): Verschwörungstheorien:
Anthropologische Konstanten – historische Varianten, Osnabrück 2001

Christophersen, Thies: Die Auschwitz-
Lüge, Mohrkirchen 1973

Clark, Christopher: The Politics of
Conversion. Missionary Protestantism and the Jews in Prussia 1728–
1941, Oxford 1995

Claussen, Detlev: Vom Judenhaß zum
Antisemitismus. Materialien einer
verleugneten Geschichte, Darmstadt
1987

Claussen, Detlev: Grenzen der Aufklärung. Zur gesellschaftlichen Geschichte des modernen Antisemitismus, Frankfurt/M. 1987

Cohn, Norman: Das Ringen um das
tausendjährige Reich, München 1961

Cohn, Norman: Die Protokolle der
Weisen von Zion. Der Mythos von
der jüdischen Weltverschwörung,
Köln – Berlin 1969

Colpe, Carsten: Der Heilige Krieg. Benennung und Wirklichkeit. Begründung und Widerstreit, Bodenheim
1996

Daim, Wilfried: Der Mann, der Hitler
die Ideen gab. Die sektiererischen
Grundlagen des Nationalsozialismus, 2. Aufl., München 1985

Daxelmüller, Christoph: Zauberpraktiken. Die Ideengeschichte der Magie,
Düsseldorf 2001

Daute, David: The Great Fear: Anti-
Communist Purge under Truman
and Eisenhower, New York 1978

Delumeau, Jean: Angst im Abendland.
Die Geschichte kollektiver Ängste
im Europa des 14. bis 18. Jahrhunderts, Bd. 1–2, Reinbek 1985

Der Leuchter-Bericht – Ein Ingenieursbericht über die angeblichen
Gaskammern in Auschwitz, Vlotho
1988

Deutsches Historisches Museum
(Hrsg.): Deutschland im Kalten
Krieg 1945–1963, Berlin 1992

Die Communisten-Verschwörung des
neunzehnten Jahrhunderts. Im amtlichen Auftrag zur Benutzung der
Polizei-Behörden der sämmtlichen
Bundesstaaten auf Grund der betreffenden gerichtlichen und polizeilichen Acten vorgestellt von Dr. jur.
Wermuth, Königl. Hannöverschen
Polizei-Directors, und Dr. jur Stieber, Königl. Preußischer Polizei-
Director, Berlin 1853

Dietl, Wilhelm: Heilige Kriege für
Allah, München 1983

Diner, Dan (Hrsg.): Zivilisationsbruch.
Denken nach Auschwitz, Frankfurt/
M. 1988

Diner, Dan: Feindbild Amerika. Über
die Beständigkeit eines Ressentiments, München 2002

Dülmen, Richard van (Hrsg.): Hexenwelten. Magie und Imagination,
Frankfurt/M. 1987

Düriegl, Günter/Winkler, Susanne
(Hrsg.): Freimaurer. So lange die
Welt besteht, Wien 1992

Dundes, Alan (Hrsg.): The Blood Libel
Legend. A Casebook in Anti-Semitic
Folklore, Madison 1991

Eagleton, Terry: Ideologie. Eine Einführung, Stuttgart 1993

Ebach, Jürgen: Streiten mit Gott, Hiob,
Neukirchen 1995

Eckart, Dietrich: Der Bolschewismus
von Moses bis Lenin. Zwiegespräche

zwischen Adolf Hitler und mir, München 1924

Eisenmenger, Johann Andreas: Entdecktes Judenthum, Königsberg 1717

Erb, Rainer (Hrsg.): Die Legende vom Ritualmord. Zur Geschichte der Blutbeschuldigung gegen die Juden, Berlin 1993

Erb, Rainer/Bergmann, Werner: Die Nachtseite der Judenemanzipation. Der Widerstand gegen die Integration der Juden in Deutschland 1780–1860, Berlin 1989

Erich, Oswald: Die Darstellung des Teufels in der christlichen Kunst, Berlin 1931

Finkelstein, Norman G.: Die Holocaust-Industrie. Wie das Leiden der Juden ausgebeutet wird, München 2000

Ford, Henry: Der internationale Jude. Ein Weltproblem, Leipzig 1921

Frankel, Jonathan: The Damascus Affair: »Ritual Murder«, Politics, and the Jews in 1840, Cambridge 1997

Freedland, Richard M.: The Truman Doctrine and the Origins of McCarthyism, New York 1972

Freisacher, Bernhard: Anderl von Rinn. Ritualmordkult und Neuorientierung in Judenstein, Innsbruck 1999

Gabriel, Mark A.: Islam und Terrorismus – Was der Koran wirklich über Christentum, Gewalt und Ziele des Djihad lehrt, Gräfeling 2004

Gensicke, Klaus: Der Mufti von Jerusalem. Amein el-Husseini und der Nationalsozialismus, Frankfurt/M. 1988

Gerrits, André: Antisemitism and anticommunism. The myth of Judeo-Communism in Eastern Europe, in: East European Affairs 25, 1995, S. 49–72

Gerson, Daniel: Der Jude als Bolschewist. Die Wiederbelebung eines Stereotyps, in: Wolfgang Benz (Hrsg.), Antisemitismus in Deutschland. Zur Aktualität eines Vorurteils, München 1985, S. 157–180

Ginzburg, Carlo: Hexensabbat. Entzifferung einer nächtlichen Geschichte, Frankfurt/M. 1997

Goehausen, Heinrich: Processus juridicis contra sagas et veneficos, das ist: Rechtlicher Prozeß, wie man mit Unholdten und Zauberische Personen verfahren soll, Rinteln 1630

Görres, Joseph: Die Christliche Mystik, München 1879

Goldhagen, Daniel Jonah: Hitlers willige Vollstrecker. Ganz gewöhnliche Deutsche und der Holocaust, Berlin 1996

Goldhagen, Daniel Jonah: Die katholische Kirche und der Holocaust. Eine Untersuchung über Schuld und Sühne, Berlin 2002

Goldstein, Robert Justin: Political Repression in Modern Ameria. From 1870 to the Present, Boston 1978

Goodrick-Clarke, Nicholas: Die okkulten Wurzeln des Nationalsozialismus, Graz 1997

Gougenot des Mousseaux, Henri-Roger: Les Juifs, le judaisme et la judaisation des peuples chrétiens, Paris 1869

Grandt, Guido und Michael: Schwarzbuch Satanismus, München 1996

Graumann, Carlfriedrich/Mosovici, Serge (Hrsg.): Changing Conceptions of Conspiracy, New York 1987

Graus, Frantisek: Judenpogrome im 14. Jahrhundert: Der Schwarze Tod, in: Martin/Schulin (Hrsg.), Die Juden als Minderheit, S. 68–84

Gray, John: Die Geburt der al-Quaida aus dem Geist der Moderne, München 2004

Greive, Hermann: Geschichte des modernen Antisemitismus in Deutschland, Darmstadt 1983

Grimm, Jacob: Deutsche Mythologie, Bd. 1–2, Nachdruck der vierten Ausgabe, Graz 1952

Groh, Dieter: Negative Integration und revolutonärer Attentismus. Die Sozialdemokratie in der deutschen Politik am Vorabend des Ersten Weltkrieges (1909–1914), Berlin 1973

Groh, Dieter: Die verschwörungstheoretische Versuchung oder: Why do bad things happen to good people?, in: ders., Anthropologische Dimensionen der Geschichte, Frankfurt/M. 1999, S. 267–303

Groß, Johannes T.: Ritualmordbeschuldigungen gegen Juden im deutschen Kaiserreich (1871–1914), Berlin 2002

Gugenberger, Eduard: Kosmische Mächte im Widerstreit – Esoterische Grundlagen im Verschwörungsbild des Rechtsextremismus, in: Reinalter (Hrsg.), Verschwörungstheorien, S. 107–120

Gugenberger, Eduard/Petri, Franko/ Schweidlinka, Roman: Weltverschwörungstheorien. Die neue Gefahr von rechts, Wien 1998

Haack, Friedrich Wilhelm: Von Gott und der Welt verlassen. Der religiöse Untergrund in unserer Welt, Düsseldorf 1974

Haag, Herbert: Teufelsglaube, Stuttgart 1974

Hagemeister, Michael: Die »Protokolle der Weisen von Zion« und der Basler Zionistenkongreß von 1897, in: Heiko Haumann (Hrsg.), Der Traum von Israel. Die Ursprünge des modernen Zionismus, Weinheim 1998, S. 250–273

Hagemeister, Micheal: Sergej Nilus und die »Protokolle der Weisen von Zion«, in: Jahrbuch für Antisemitismusforschung 5, 1996, S. 127–147

Hahn, Michael (Hrsg.): Nichts gegen Amerika. Linker Antiamerikanismus und seine lange Geschichte, Hamburg 2003

Hansen, Joseph: Zauberwahn, Inquisition und Hexenprozeß im Mittelalter und die Entstehung der großen Hexenverfolgung, München 1900

Haug, Wolfgang Fritz: Einführung in die Ideologiekritik, Hamburg 1993

Haury, Thomas: Antisemitismus von links. Kommunistische Ideologie, Nationalismus und Zionismus in der frühen DDR, Hamburg 2002

Heale, Michael: American Anticommunism. Combating the Enemy Within, 1830–1970, Baltimore 1999

Heine, Peter: Terror in Allahs Namen. Extremistische Kräfte im Islam, Freiburg 2001

Heinemann, Evelyn: Hexen und Hexenangst. Eine psychoanalytische Studie des Hexenwahns der Frühen Neuzeit, Göttingen 1998

Helsing, Jan van: Geheimgesellschaften und ihre Macht im 20. Jahrhundert oder Wie man die Welt nicht regiert, Rhede-Lathen 1995

Helsing, Jan van: Geheimgesellschaften II. Interview mit Jan van Helsing, Rhede-Lathen 1995

Helsing, Jan van: Unternehmen Aldebaran. Kontakte mit Menschen aus einem anderen Sonnensystem, Rhede-Lathen 1995

Herzinger, Richard/Stein, Hannes: Endzeit-Propheten oder Die Offensive der Antiwestler, Reinbek 1995

Hieronymus, Ekkehard: Jörg Lanz von Liebenfels, in: Uwe Puschner u. a. (Hrsg.), Handbuch zur »Völkischen

Bewegung« 1871–1918, München 1996, S. 131–146

Himmler, Heinrich: Geheimreden 1933 bis 1945 und andere Ansprachen, hrsg. von Bradley F. Smith und Agnes Peterson, Frankfurt/M. 1974

Hitler, Adolf: Mein Kampf, München 1936

Hoffmann, Hilmar: »Und die Fahne führt uns in die Ewigkeit« – Propaganda im NS-Film, Frankfurt/M. 1988

Hofmann, Werner: Stalinismus und Antikommunismus, Frankfurt/M. 1967

Hoffman, Bruce: Terrorismus – Der unerklärte Krieg. Neue Gefahren politischer Gewalt, Frankfurt/M. 2001

Holstein, Dorothea: Antisemitische Filmpropaganda. Die Darstellung des Juden im nationalsozialistischen Spielfilm, München 1971

Holz, Klaus: Nationaler Antisemitismus. Wissenssoziologie einer Weltanschauung, Hamburg 2001

Holz, Klaus: Die Gegenwart des Antisemitismus. Islamische, demokratische und antizionistische Judenfeindschaft, Hamburg 2005

Honegger, Clauda (Hrsg.): Die Hexen der Neuzeit. Studien zur Sozialgeschichte eines kulturellen Deutungsmusters, Frankfurt/M. 1978

Hornshöh-Möller, Stig: »Der ewige Jude«. Quellenkritische Analyse eines antisemitischen Propagandafilms, Göttingen 1995

Horst, Georg Conrad: Dämonologie oder Geschichte des Glaubens an Zauberei und dämonische Wunder mit besonderer Berücksichtigung des Hexenprocesses seit den Zeiten Innocentius des Achten, Bd. 1–2, Frankfurt/M. 1818

Hsia, Ronnie Po-Chia: The Myth of Ritual Murder. Jews and Magic in Reformation Germany, New Haven 1988

Hund, Wulf D.: Rassismus. Die soziale Konstruktion natürlicher Ungleichheit, Münster 1999

Jaeckel, Eberhard: Hitlers Weltanschauung. Entwurf einer Herrschaft, Stuttgart 1981

Jaecker, Tobias: Antisemitische Verschwörungstheorien nach dem 11. September. Neue Varianten eines alten Deutungsmusters, Münster 2005

Jahn, Peter: Russenfurcht und Antibolschewismus. Zur Entstehung und Wirkung von Feindbildern, in: Jahn/Rürup (Hrsg.), Eroberung und Vernichten, S. 47–64

Jahn, Peter/Rürup, Reinhard (Hrsg.): Erobern und Vernichten. Der Krieg gegen die Sowjetunion 1941–1945, Berlin 1991

Jochmann, Werner: Gesellschaftskrise und Judenfeindschaft in Deutschland 1870–1945, Hamburg 1988

Joly, Maurice: Gespräche in der Unterwelt zwischen Machiavelli und Montesquieu, Hamburg 1948 (frz. Original 1864)

Juergensmeyer, Mark: Terror im Namen Gottes. Ein Blick hinter die Kulisse des gewalttätigen Fundamentalismus, Freiburg 2004

Kapferer, Jean-Noel: Gerücht. Das älteste Massenmedium der Welt, Berlin 1997

Katz, Jacob: Jews and Freemasons in Europe 1723–1939, Cambridge 1970

Katz, Jacob: Vom Vorurteil bis zur Vernichtung. Der Antisemitismus 1700–1933, München 1988

Kepel, Gilles: Das Schwarzbuch des

Dschihad. Aufstieg und Niedergang des Islamismus, München 2002

Kepel, Gilles: Die neuen Kreuzzüge, München 2004

Keßler, Mario: Antisemitismus, Zionismus und Sozialismus. Arbeiterbewegung und jüdische Frage im 20. Jahrhundert, Mainz 1993

Klein, Thomas (Hrsg.): Judentum und Antisemitismus von der Antike bis zur Gegenwart, Düsseldorf 1984

Kloke, Martin W.: Israel und die deutsche Linke. Zur Geschichte eines schwierigen Verhältnisses, Frankfurt/M. 1994

Koch, Gertrud: Die Einstellung ist die Einstellung. Visuelle Konstruktionen des Judentums, Frankfurt/M. 1992

Körner, Klaus: Die »rote Gefahr«. Antikommunistische Propaganda in der Bundesrepublik 1950–2000, Hamburg 2003

Kommoss, Rudolf: Juden machen Weltpolitik, Berlin o. J.

Konzelmann, Gerhard: Dschihad und die Wurzeln eines Weltkonfliktes, München 2003

Kovel, Joel: Red Hunting in the Promised Land. Anticommunism and the Making of America, New York 1994

Kramer, Heinrich: Der Hexenhammer, Malleus Maleficarum, neu übersetzt und kommentiert, München 2000 (zuerst 1487)

Kremers, Heinz (Hrsg.): Die Juden und Martin Luther – Martin Luther und die Juden, Neukirchen 1987

Küntzel, Matthias: Djihad und Judenhass, Freiburg 2002

Labouvie, Eva: Zauberei und Hexenwerk, Frankfurt/M. 1991

Laqueur, Walter: Der Schoß ist fruchtbar. Der militante Nationalismus der russischen Rechten, München 1993

Laqueur, Walter: Krieg dem Westen.

Terrorismus im 21. Jahrhundert, Berlin 2004

Lee, Albert: Henry Ford and the Jews, New York 1980

Lendvai, Paul: Antisemitism in Eastern Europe, London 1971

Lenk, Kurt: Volk und Staat. Strukturwandel politischer Ideologien im 19. und 20. Jahrhundert, Stuttgart 1971

Levack, Brian P.: Hexenjagd. Die Geschichte der Hexenverfolgungen in Europa, München 1999

Lewis, Bernard: »Treibt sie ins Meer!« Die Geschichte des Antisemitismus, Frankfurt/M. 1989

Ley, Michael: Genozid und Heilserwartung. Zum nationalsozialistischen Mord am europäischen Judentum, Wien 1991

Ley, Michael: Kleine Geschichte des Antisemitismus, München 2003

Lipstadt, Deborah F.: Betrifft: Leugnen des Holocaust, Zürich 1994

Longerich, Peter: Politik der Vernichtung. Eine Gesamtdarstellung der nationalsozialistischen Judenverfolgung, München 1998

Lorenz, Sönke u. a.: Himmlers Hexenkarthothek. Das Interesse des Nationalsozialismus an der Hexenverfolgung, Bielefeld 1999

Lotter, Friedrich: Hostienfrevelvorwurf und Blutwunderfälschung bei den Judenverfolgungen von 1298 (»Rintfleisch«) und 1336–1338 (»Armleder«), in: Fälschungen im Mittelalter 5, Hannover 1988, S. 533–583

Ludendorff, Erich: Vernichtung der Freimaurerei durch Enthüllung ihrer Geheimnisse, München 1927

Lüders, Michael: Wir hungern nach dem Tod. Woher kommt die Gewalt im Djihad-Islam?, Zürich 2001

Lüthi, Urs: Der Mythos von der Weltverschwörung: Die Hetze der

Schweizer Frontisten gegen Juden und Freimaurer – am Beispiel des Berner Prozesses um die »Protokolle der Weisen von Zion«, Zürich 1992

Luks, Leonid (Hrsg.): Der Spätstalinismus und die »jüdische Frage«. Zur antisemitischen Wendung des Kommunismus, Köln 1998

Lustiger, Arno: Rotbuch: Stalin und die Juden. Die tragische Geschichte des Jüdischen Antifaschistischen Komitees und der sowjetischen Juden, Berlin 1998

Luther, Martin: Das Magnificat verdeutscht und ausgelegt (1420), in: Martin Luthers Werke, Weimarer Ausgabe (WA) 7, S. 544–604

Luther, Martin: Daß Jesus Christus ein geborener Jude sei (1523), in: WA, 11, S. 314–336

Luther, Martin: Vier tröstliche Pslamen an die Königin zu Ungarn (1526), in: WA 19, S. 595–613

Luther, Martin: Wider die Sabbather an einen guten Freund (1538), in: WA 50, S. 312–337

Luther, Martin: Von den Juden und ihren Lügen (1543), in: WA 53, S. 417–552

Luther, Martin: Vom Schem Hamphoras und vom Geschlecht Christi (1543), in: WA 53, S. 579–648

Luther, Martin: Eine Vermahnung wider die Juden (1546), in: WA 51, S. 195–1977

Maiwald, Stefan: Ungelöst. Unglaubliche Verschwörungstheorien von A wie Anastasia bis Z wie Zeppelin Hindenburg, München 1999

Mannes, Stefan: Antisemitismus im nationalsozialistischen Propagandafilm »Der ewige Jude« und »Jud Süß«, Köln 1999

Martin, Bernd/Schulin, Ernst (Hrsg.): Die Juden als Minderheit in der Geschichte, München 1982

Marx, Karl: Enthüllungen über den Kommunisten-Prozeß zu Köln (1953), in: Marx Engels Werke 8, S. 405–470

Maurer, Trude: Ostjuden in Deutschland 1918–1933, Hamburg 1986

Mayer, Arno J.: Der Krieg als Kreuzzug. Das Deutsche Reich, Hitlers Wehrmacht und die »Endlösung«, Reinbek 1989

Melzer, Ralf: Konflikt und Anpassung. Freimaurerei in der Weimarer Republik und im Dritten Reich, Wien 1999

Merz, Kai-Uwe: Das Schreckbild. Deutschland und der Bolschewismus 1917 bis 1921, Berlin 1996

Messadié, Gerald: Teufel, Satan, Luzifer. Universalgeschichte des Bösen, München 2002

Meyer, Klaus/Wippermann, Wolfgang (Hrsg.): Gegen das Vergessen. Deutsch-sowjetische Historikerkonferenz über Ursachen, Opfer, Folgen des deutschen Angriffs auf die Sowjetunion, Frankfurt/M. 1992

Meyer zu Uttrup, Wolfram: Kampf gegen die »jüdische Weltverschwörung«. Propaganda und Antisemitismus der Nationalsozialisten 1919–1945, Berlin 2003

Meyfahrt, Johann Matthäus: Christliche Erinnerung an Gewaltige Regenten, Erfurt 1635

Michelet, Jules: Die Hexe. Hrsg. und mit einem Nachwort versehen von Günther Emig, Stuttgart 1982

Michelis, Cesare G. de: The Non-Existent Manuscript, Lincoln 2004

Molitor, Ulrich: Von Hexen und Unholden, Konstanz 1489

Mosse, George L.: Die Geschichte des Rassismus in Europa, Frankfurt/M. 1990

Mühlen, Patrik von zur: Rassenideolo-
gien. Geschichte und Hintergründe,
Berlin 1977

Münkler, Herfried: Die neuen Kriege,
Reinbek 2002

Murray, Margaret: The Witch-Cult in
Western Europe, London 1921

Murray, Robert K.: Red Scare. A Study
in National Hysteria, 1919–1920,
New York 1964

Naudon, Paul: Geschichte der Freimaurerei, Frankfurt/M. 1982

Nettelsheim, Agrippa v.: De vanitate
scientarum, Köln 1531

Neuberger, Helmut: Freimaurereri und
Nationalsozialismus, Bd. 1–2, Hamburg 1980

Neuhaus, Dietrich (Hrsg.): Teufelskinder oder Heilsbringer – die Juden im
Johannes Evangelium, Frankfurt/M.
1990

Nitschke, August: Der Feind. Formen
politischen Handelns im 20. Jahrhundert, Stuttgart 1964

Nola, Alfonso di: Der Teufel. Wesen,
Wirkung, Geschichte, München
1990

Nolte, Ernst: Eine frühe Quelle zu Hitlers Antisemitismus, in: Historische
Zeitschrift 192, 1961, S. 584–606

Nolte, Ernst: Der Faschismus in seiner
Epoche, München 1963

Nolte, Ernst: Der europäische Bürgerkrieg 1917–1945. Nationalsozialismus und Bolschewismus, Berlin
1987

Nolte, Ernst: Streitpunkte. Heutige und
künftige Kontroversen um den Nationalsozialismus, Berlin 1993

Nüsse, Andrea: Muslim Palestine. The
Ideology of Hamas, London 2002

Oberman, Heiko A.: Luther. Mensch
zwischen Gott und Teufel, Berlin
1987

Osten-Sacken, Peter von der: Martin
Luther und die Juden. Neu untersucht anhand von Anton Margarithas »Der gantz Jüdisch glaub«
(1530/1531), Stuttgart 2002

Pagels, Elain: Satans Ursprung, Berlin
1996

Paul, Gerhard: Aufstand der Bilder. Die
NS-Propaganda vor 1933, Bonn ·
1990

Petri, Franko: Der Weltverschwörungsmythos. Ein Kaleidoskop der politischen Esoterik, in: Reinalter (Hrsg.),
Das Weltbild des Rechtsextremismus, S. 188–223

Pfahl-Traughber, Armin: Der antisemitisch-antifreimaurerische Verschwörungsmythos in der Weimarer Republik und im NS-Staat, Wien 1993

Pfahl-Traughber, Armin: »Bausteine«
zu einer Theorie über »Verschwörungstheorien«, in: Reinalter
(Hrsg.), Verschwörungstheorien,
S. 83–120

Picker, Henry: Hitlers Tischgespräche
im Führerhauptquartier, Frankfurt/
M. 1989

Piper, Ernst: »Die Jüdische Weltverschwörung«, in: Schoeps/Schlör
(Hrsg.), Antisemitismus, S. 127–135.

Pipes, Daniel: Verschwörung. Faszina-
tion und Macht des Geheimen,
München 1998

Plewnia, Margarete: Auf dem Weg zu
Hitler. Der »völkische« Publizist
Dietrich Eckart, Bremen 1970

Poliakov, Léon: Geschichte des Antisemitismus, Bd. 1–8, Worms 1977–
1988

Poliakov, Léon u. a.: Über den Rassismus. Sechzehn Kapitel zur Anatomie, Geschichte und Deutung des
Rassenwahns, Frankfurt/M. 1984

Praz, Mario: Liebe, Tod und Teufel.
Die schwarze Romantik, München
1994

Rachold, Jan: Die Illuminaten: Quellen und Texte zur Aufklärungsideologie des Illuminatenordens (1776–1785), Berlin 1984

Rassinier, Paul: Die Lüge des Odysseus, Wiesbaden 1959

Rauschning, Hermann: Gespräche mit Hitler, Zürich 1938

Reinalter, Helmut (Hrsg.): Der Illuminatenorden (1776–1785/87)

Reinalter, Helmut (Hrsg.): Verschwörungstheorien. Theorie – Geschichte – Wirkung, Innsbruck 2002

Reinalter, Helmut (Hrsg.): Das Weltbild des Rechtsextremismus. Die Strukturen der Entsolidarisierung, Innsbruck 1998

Rengstorf, Karl Heinrich/Kortzfleisch, Siegfried v. (Hrsg.): Kirche und Synagoge. Handbuch zur Geschichte von Christen und Juden, Bd. 1–2, Stuttgart 1968

Rensmann, Lars: Kritische Theorie über den Antisemitismus. Studien zu Struktur, Erklärungspotential und Aktualität, Berlin 1998

Rensmann, Lars: Demokratie und Judenbild. Antisemitismus in der politischen Kultur der Bundesrepublik Deutschland, Wiesbaden 2004

Retcliffe, John (=Hermann Goedsche): Biarritz. Historisch-politischer Roman, München 1924

Riesenbrodt, Martin: Die Rückkehr der Religionen. Fundamentalismus und der »Kampf der Kulturen«, München 2000

Rogger, Hans: Jewish Policies and Right-Wing Politics in Imperial Russia, Berkeley 1986

Rohling, August: Die Polemik und das Menschenopfer des Rabbinismus, Paderborn 1884

Rohrbacher, Stefan/Schmidt, Michael: Judenbilder. Kulturgeschichte antijüdischer Mythen und antisemitischer Vorurteile, Reinbek 1991

Rosenberg, Alfred: Der Mythos des 20. Jahrhunderts, München 1935

Rosenberg, Alfred: Die Protokolle der Weisen von Zion und die jüdische Weltpolitik, München o. J.

Roskoff, Gustav: Geschichte des Teufels, Bd. 1–2 Leipzig 1869

Roth, Jürgen/Sokolowsky, Kay: Wer steckt dahinter? Die 99 wichtigsen Verschwörungstheorien, Köln 1998

Roth, Jürgen/Sokolowsky, Kay: Der Dolch im Gewande. Komplotte und Wahnvorstellungen aus zweitausend Jahren, Hamburg 1999

Rürup, Reinhard: Emanzipation und Antisemitismus. Studien zur »Judenfrage« der bürgerlichen Gesellschaft, Frankfurt/M. 1975

Said, Edward: Orientalism, New York 1979

Sammons, Jeffrey L. (Hrsg.): Die Protokolle der Weisen von Zion. Die Grundlage des modernen Antisemitismus – eine Fälschung. Text und Kommentar, Göttingen 1998

Schaeper-Wimmer, Sylvia: Augustin Barruel 1741–1820, Frankfurt/M. 1985

Scheit, Gerhard: Verborgener Staat, lebendiges Geld. Zur Dramaturgie des Antisemitismus, Freiburg 1999

Scheit, Gerhard: Monster und Köter, großer und kleiner Teufel. Thesen zum Verhältnis von Antiamerikanismus und Antisemitismus, in: Uwer u. a. (Hrsg.), Amerika. Der »War on Terror«, S. 75–100

Schleiermacher, Friedrich: Der christliche Glaube nach den Grundsätzen der evangelischen Kirche (1821), hrsg. von M. Redeker, Berlin 1969

Schoeps, Julius H./Schlör, Joachim

(Hrsg.): Antisemitismus. Vorurteile und Mythen, München 1995

Schormann, Gerhard: Hexenprozesse in Deutschland, Göttingen 1981

Schrecker, Ellen: The Age of McCarthyism, Boston 1994

Schudt, Johann Jakob: Jüdische Merckwürdigkeiten, Frankfurt/M. 1717

Schulz, Uwe (Hrsg.): Große Verschwörungen. Staatsstreich und Tyrannensturz von der Antike bis zur Gegenwart, München 1998

Schwaabe, Christian: Antiamerikanismus. Wandlungen eines Feindbildes, München 2003

Schwagerl, Hans-Joachim: Rechtsextremes Denken. Merkmale und Methoden, Frankfurt/M. 1993

Schwaiger, Georg (Hrsg.): Teufelsglaube und Hexenprozesse, München 1999

Schwan, Gesine: Antikommunismus und Antiamerikanismus in Deutschland. Kontinuität und Wandel nach 1945, Baden-Baden 1999

Schwarzer, Alice (Hrsg.): Die Gotteskrieger und die falsche Toleranz, Köln 2002

Segel, Benjamin: The Protocols of the Elders of Zion. The Greatest Lie in History, New York 1984

Segl, Peter: Heinrich Institoris. Persönlichkeit und literarisches Werk, in: ders. (Hrsg.), Der Hexenhammer. Entstehung und Umfeld des Malleus maleficarum von 1487, Köln 1988

Shachar, Isaiah: The Judensau. A medieval anti-jewish motive and its history, London 1984

Silberner, Edmund: Sozialisten zur Judenfrage, Berlin 1962

Silberner, Edmund: Kommunisten zur Judenfrage, Opladen 1983

Sokolowsky, Kay: »Alljuda« – Die Protokolle der Weisen von Zion und ihre mörderischen Folgen, in: Jürgen Roth/Kay Sokolowsky, Lügner, Fälscher, Lumpenhunde. Eine Geschichte des Betrugs, Leipzig 2000, S. 193–207

Soldan, Gottlieb/Heppe, Heinrich/Bauer, Max: Geschichte der Hexenprozesse, Hanau 1911

Spee, Friedrich: Cautio criminalis, München 1982 (zuerst: Rinteln 1631)

Stadtler, Eduard: Weltkriegsrevolutionen. Vorträge, Leipzig 1920

Stäglich, Wilhelm: Der Auschwitz-Mythos. Legende oder Wirklichkeit?, Tübingen 1979

Stanford, Peter: Der Teufel. Eine Biografie, Frankfurt/M. 2000

Stein, Lorenz von: Der Socialismus und Communismus des heutigen Frankreichs. Ein Beitrag zur Zeitgeschichte, Bd. 1-2, Leipzig 1842–1848

Stieber, Wilhelm: Denkwürdigkeiten des Geheimen Regierungsrathes Dr. Stieber. Aus seinem hinterlassenen Papieren bearbeitet von Dr. Leopold Auerbach, Berlin 1884

Stieber, Wilhelm: Spion des Kanzlers. Die Enthüllungen von Bismarcks Geheimdienstchef, Stuttgart 1978

Stoecker, Adolf: Das moderne Judentum in Deutschland, besonders in Berlin, Berlin 1980

Stöss, Richard: Die extreme Rechte in der Bundesrepublik, Opladen 1989

Sünner, Rüdiger: Schwarze Sonne. Entfesselung und Mißbrauch der Mythen in Nationalsozialismus und rechter Esoterik, Freiburg 1999

Surmann, Rolf (Hrsg.): Das Finkelstein-Alibi. »Holocaust-Industrie« und Tätergesellschaft, Köln 2001

Sywottek, Jutta: Mobilmachung für den totalen Krieg. Die propagandistische Vorbereitung der deutschen Bevölkerung auf den Zweiten Weltkrieg, Opladen 1976

Thomasius, Christian: De crimine magiae. Vom Laster der Zauberei, München 1986 (zuerst Halle 1701)

Tibi, Bassam: Die Verschwörung. Das Trauma arabischer Politik, Hamburg 1993

Tibi, Bassam: Fundamentalismus im Islam. Eine Gefahr für den Weltfrieden?, Darmstadt 2000

Todt, Rudolf: Der radikale deutsche Sozialismus und die christliche Gesellschaft, Wittenberg 1978

Trachtenberg, Joshua: The Devil and the Jews. The Medieval Conception of the Jews and its Relation to Modern Antisemitism, Philadelphia 1961

Ueberschär, Gerd R./Wette, Wolfram (Hrsg.): Der deutsche Überfall auf die Sowjetunion, Paderborn 1984

Uwer, Thomas/von der Osten-Sacken, Thomas/Woeldicke, Andrea (Hrsg.): Amerika. Der »War on Terror« und der Aufstand der alten Welt, Freiburg 2003

Volkov, Shulamit: Antisemitismus als kultureller Code, München 1990

Volkov, Shulamit: Die Juden in Deutschland 1780–1918, München 2000

Vondung, Klaus: Magie und Manipulation. Ideologischer Kult und politische Religion des Nationalsozialismus, Göttingen 1971

Vondung, Klaus: Die Apokalypse in Deutschland, München 1988

Waldmann, Peter: Terrorismus. Provokation der Macht, Hamburg 2005

Weyer, Johannes: De praestigiis damonum, 1563

Wichtl, Friedrich: Weltfreimaurertum – Weltrevolution – Weltrepublik. Eine Untersuchung über Ursprung und Endziele des Weltkrieges, München 1919

Wilson, Robert A.: Das Lexikon der Verschwörungstheorien, Frankfurt/M. 2000

Wippermann, Wolfgang: Von Luther bis Hitler? Der deutsche Protestantismus und die Judenfrage, in: Evangelisches Bildungswerk Berlin (Hrsg.): Wirkungen der Reformation, Berlin 1984, S. 31–45

Wippermann, Wolfgang: Geschichte der deutschen Juden. Darstellung und Dokumente, Berlin 1994

Wippermann, Wolfgang: Ideologien des Rassismus. Von den Anfängen bis Hitler, in: Autorenkollektiv Psychologen gegen Rassismus (Hrsg.), Ringvorlesung: »Wehret den Fortgängen«, Berlin 1994, S. 11–36

Wippermann, Wolfgang: Was ist Rassismus? Ideologien, Theorien, Forschungen, in: Barbara Danckwortt/Throsten Querg/ Claudia Schöningh (Hrsg.): Historische Rassismusforschung. Ideologen – Täter – Opfer. Mit einer Einleitung von Wolfgang Wippermann, Hamburg 1995, S. 8–33

Wippermann, Wolfgang: »Wie die Zigeuner«. Antisemitismus und Antiziganismus im Vergleich, Berlin 1997

Wippermann, Wolfgang: »Gefängnisse von langer Dauer«. Stand und Aufgaben der historischen Rassismusforschung in Deutschland, in: Claudia Lepp/Barbara Danckwortt (Hrsg.), Von Grenzen und Ausgrenzung. Interdisziplinäre Beiträge zu den Themen Migration, Minderheiten und Fremdenfeindlichkeit, Marburg 1997, S. 159–174

Wippermann, Wolfgang: »Auserwählte

Opfer«? Shoah und Porrajmos im Vergleich. Eine Kontroverse, Berlin 2005

Wippermann, Wolfgang: Rassenwahn und Teufelsglaube, Berlin 2005

Wisnewski, Gerhard: Operation 9/11. Angriff auf den Globus, München 2003

Wistrich, Robert: Der antisemitische Wahn. Von Hitler bis zum Heiligen Krieg gegen Israel, Ismaning 1987

Zacharias, Gerhard: Der dunkle Gott – Satanskult und Schwarze Messen, Wiesbaden 1982

Zerger, Johannes: Was ist Rassismus? Eine Einführung, Göttingen 1977

Personenregister